基于职业素养习养的闲暇教育课程研究

蒋晓明　著

中国教育出版传媒集团
高等教育出版社·北京

内容提要

　　新时代职业教育不仅要培养学生的技术技能，更要使学生学会做人、学会生活，真正履行培养多样化人才、传承技术技能、促进就业创业的重要职责，实现技术教育和素质教育的紧密结合，培养适应现代化生产的高素质劳动者。

　　本书基于学生职业素养和个人素质的培养，坚持社会主义办学方向，紧紧围绕"立德树人"根本任务和培养高素质技术技能人才的内在要求，从智能化时代的职业教育与闲暇教育、闲暇理想博弈劳动哲学入手，探索基于职业素养习养的闲暇教育的发展现状，讨论了基于职业素养习养的闲暇教育的内核、理路调适、高效能教学模式等内容。

　　本书将职业素养与学生课堂之外的时间规划巧妙结合，培养学生的学习主动性，将闲暇时间的有效利用作为发展素质教育的主要手段，为学校大力发展素质教育提供了有益的参照。

　　本书基金来源：全国教育科学"十三五"规划 2019 年度国家社会科学基金教育学一般课题《基于职业素养习养的闲暇教育课程研究》（课题批准号：BJA190097）

图书在版编目（CIP）数据

　　基于职业素养习养的闲暇教育课程研究 / 蒋晓明著. -- 北京：高等教育出版社，2024.10
　　ISBN 978-7-04-061230-1

　　Ⅰ. ①基… Ⅱ. ①蒋… Ⅲ. ①素质教育 - 课程建设 - 教学研究 - 高等职业教育 Ⅳ. ①G718.5

　　中国国家版本馆 CIP 数据核字（2023）第 187463 号

Jiyu Zhiye Suyang Xiyang de Xianxia Jiaoyu Kecheng Yanjiu

策划编辑　李伟楠	责任编辑　李伟楠	封面设计　王　洋	版式设计　李彩丽
责任校对　王　雨	责任印制　高　峰		

出版发行	高等教育出版社	网　　址	http://www.hep.edu.cn
社　　址	北京市西城区德外大街 4 号		http://www.hep.com.cn
邮政编码	100120	网上订购	http://www.hepmall.com.cn
印　　刷	固安县铭成印刷有限公司		http://www.hepmall.com
开　　本	787mm×1092mm　1/16		http://www.hepmall.cn
印　　张	11.25		
字　　数	260 千字	版　　次	2024 年 10 月第 1 版
购书热线	010-58581118	印　　次	2024 年 10 月第 1 次印刷
咨询电话	400-810-0598	定　　价	29.80 元

本书如有缺页、倒页、脱页等质量问题，请到所购图书销售部门联系调换
版权所有　侵权必究
物　料　号　61230-00

前　言

20世纪科技革命极大地提高了劳动生产率,社会闲暇时间空前增加,闲暇成为人类生活的重要构成部分,为人的全面发展赢得了广阔的空间。职业教育如何引导学生睿智地利用闲暇时间,提升职业素养和可持续发展能力,陶铸整全人格,是新时代职业教育必须回答的问题,而本书能够对这一问题作出积极应答。

现代职业教育人才培养已从原有的只注重培养学生的职业技术技能的"单一性"教育目标,转移到不仅关注学生的职业技能教育,还兼顾学生的思想政治、职业道德、职业素养、人文通识、艺体美等与其丰盈内部世界相关的"全面性"教育目标,即从培养"技能人"转移到"全面发展的人",从关注学生的职业技能,发展为关注学生的职业素养,教会学生如何"乐生",教会学生如何实现自身的全面自由发展和个体精神成长,而培养有职业素养的技术技能人才是职业教育的本义。这直接要求职业院校要改变传统的育人方式:一是要用整全性教育替代传统智育和以职业技能为中心的办学模式,注重学生的适应性发展;二是要构建个性化教学模式替代传统以教师和课程为中心的教学模式,营造工学结合、知行合一的体验式教学情境及构建能力本位的教学模式。三是要开发渗透闲暇理念的通识课程,关注职业道德与职业精神的人文课程,凸显思维、过程和方法的职业课程及拓展校园文化的活动课程,以作为职业教育与闲暇教育融合的有效载体。四是要打造跨专业学习共同体,实现学习、工作与家庭及社群的良性互动,以及学校与行业企业及其他组织的跨界融合。

本书内容极具特色。一是丰富了人的全面发展教育理念的内涵,人的全面发展教育理念转化为教育现实的纽带和载体在于"职业教育与闲暇教育的有机结合",闲暇教育与职业教育共同构成学生和谐发展的双翼。二是强化了现代职业教育的育人价值观念,整个社会为学生的全面发展提供了一个自由而广阔的社会空间、文化途径及学校规定课程之外的极有价值的继续"学习"过程,对学生获取知识信息、学习生活技能、规范思想行为、形成兴趣特长、激发创造能力,具有不可替代的社会学习和个性发展功能。三是拓展了现代职业教育的跨界研究领域,把学生的经验课程、生活课程、社会课程、自然课程与学科课程有机地结合起来,成为闲暇教育的和谐构成,构建学校闲暇教育、家庭闲暇教育、社会闲暇教育、自我闲暇教育和自然闲暇教育的立体网络,使整个职业教育活动成为一个完整的过程。

　　本书的顺利出版，要感谢团队成员的努力和付出，他们是唐春霞、易希平、张晓琳、周望高、徐伟红、李昱、刘亚琴、莫丽荣、蔡莉、韩燕平、赵雪婷。

　　鉴于编者水平有限，虽竭尽全力，但难免有许多不足，望各位专家学者批评斧正。

蒋晓明

2023 年 3 月 1 日

目　录

第一章　智能化时代的职业教育与闲暇教育

第一节　时间去向：工作与闲暇格局的嬗变

一、从无到有的闲暇

马克思明确指出："任何人都没有特殊的活动范围，而是都可以在任何部门内发展，社会调节着整个生产，因而使我有可能随自己的兴趣今天干这事，明天干那事，上午打猎，下午捕鱼，傍晚从事畜牧，晚饭后从事批判，这样就不会使我老是一个猎人、渔夫、牧人或批判者。社会活动的这种固定化，我们本身的产物聚合为一种统治我们、不受我们控制、使我们的愿望不能实现并使我们的打算落空的物质力量，这是迄今为止历史发展中的主要因素之一。"[①]人类社会经历了农业耕作时代、手工劳作时代、机器生产时代、后工业化时代，并在加速引领智能化时代发展。不同时代的劳作造就人类进程中各个发展阶段的职业分工，而闲暇正贯穿于个体发展始终。无论是在东方还是西方的早期社会中，对劳作与休闲都有着'殊途同归'的见解，古代东方从集体劳作到个体农耕，古希腊从家庭自给上升到城邦共治，都流传着"臧息相辅""一切劳作都是为了闲暇"的千古佳话。但是随着社会变革和阶层分化，休息和闲暇越来越成为少数人的"特权"；民主社会的到来改变了"少数人特权"时代，但是人们似乎难以转变"根深蒂固"的观念，在有充分休息时间的当下却无法恰当地"享受"闲暇时光。

诚然，不同时期的劳动和闲暇的格局不尽相同，这一格局在我国社会发展历程中被体现得淋漓尽致。农业耕作时代并无明显的劳作与休憩之分，因为多数劳作形式都是通过模仿或在实际操作下习得的；到了手工业劳作时代便出现了明显的阶层差距带来的劳作与闲暇分化，表现形式便是有闲阶层可以进入教育场所接受教育而劳动阶层只能靠体力劳动获取生存机会；这一差距在机器生产时代更为明显，到了后工业化时代，闲暇时间增多，但由此带来的社会问题与衍生出的对教育质量的思考无不牵动人心。

在农业耕作时代，人们栖居在简单的原生态自然环境下，无论是务农或赋闲都将身体和心灵付诸大自然，人们遵循大自然的发展节律，日出而作，日落而息，呈现与大自然之间的和谐状态。不仅如此，在劳作中享受劳作也是当时人们的普遍心理。之所以有"昼出耘田夜绩

---

① 马克思，恩格斯．马克思恩格斯全集（第 1 卷）[M]．北京：人民出版社，1995：85．

1

麻,村庄儿女各当家。童孙未解供耕织,也傍桑阴学种瓜。"(范成大《夏日田园杂兴·其七》)这般情愫,是因为当时的劳动人民即使"带月荷锄归"(陶渊明《归园田居·其三》),也因身心自由而灵魂驰荡,生存之道只在单纯而美好的半陇农田之间而悠然自得。历史学者斯顿普和科森斯恩斯在对毛利人生产劳动进行研究后指出:"不管他们的捕鱼、捉鸟、耕田,或者盖房子、造独木舟,所有这些场合中,都能找到可以被认为是娱乐性的活动的痕迹。"①最初农业耕作时代的劳动场所"本身是社会生产的技艺养成所,是进行职业教育的'学校'"②,这一时期社会形态初步显现,人们生存和生活方式简单且单一,主要的劳作形式便是小农种植,人们主要以体力输出获得劳动成果,农业经济为主导的社会生产无须进入专门学校学习耕作技能,劳动生产力落后且技术含量低,只需要进行手眼相传的实际模仿即可获得劳动技能的传承。由于农业耕作时期并没有出现丰富的生产形式,更不必说存在多样化的休憩娱乐方式,因此这一时期即便人们从事的劳动形式单一,但劳作与闲暇并无明显分化,也可以说这一时期并未出现"工作"和"闲暇"的概念,只不过是后人在特定语境下,将当时的生活方式如此定义。

到了手工劳作时代,职业分工逐渐细化,开始出现除小农耕作以外的其他生产方式,如小作坊式的农业副产品生产和小家庭式的纺织业逐渐增多,各类生产需要劳动者具备一定的职业技能操作劳动工具。这一时期手工操作逐渐增多,而与之对应的是社会财富会不断增多从而出现贫富差距的初步分化,但是大部分人都需要日复一日地劳作维持生计,"职业教育"的雏形开始显现。人们获取劳动技能的方式以独立的作坊式"师徒传授""父子传承"和手工技能培训为主,这种作坊式的"师徒传授"的技能传承形式基本上满足了当时的社会生产生活需求。通过此技能传承方式,劳动者的休闲时间逐渐减少:对于传承者而言,他们不仅是手工业商品生产者,更是劳动者,但同时也是技能传授者;对于被传承者而言,他们需要长时间的学习才能获得技能并"独当一面"。但是上层阶级的人们因为地位和财富便可获得较多的劳动力为他们生产和劳作,由此便获得更多的休闲时间。为了"打发"闲暇时间,有闲阶层的人们便进入最初的教育集合场所开始习得教育。西周时期出现的"庠""序"等教育场所,也就是最初的学校雏形便由此诞生。较之农业耕作时代,手工劳作时代的社会与生活相对进步,生活方式也逐渐多样化。"有闲阶层"开始在闲暇时间里接受教育,闲暇与教育联系的密切程度超过了与劳动的结合,这是人类生活方式多样性的表现,人们可以通过劳作增加闲暇时间,正如亚里士多德所言:"一切劳作都是为了闲暇"③。

进入机器生产时代,社会生产逐渐由手工人力劳作转向机器生产,"机器则取代工人而具有技能和力量,它本身就是能工巧匠"④。工业生产中开始由越来越多的机器操作取代人力劳作,雇主对单纯出卖体力的劳动者需求量开始减少,对劳动者的职业技能有所增加,"一百个劳动力不如一台机器"的现象随处可见。显然,手工劳作时代的师徒小作坊式的劳作技能传承已经无法满足机器生产时代的社会生产需求,由此便在英国、德国等国家出现了废除学徒制的相关法规和条例。人类一方面面临着机器取代人工技能导致失业的危机,另一方面社会

---

① 冯建军.差异与共生——多元文化下学生生活方式与价值观教育[M].成都:四川教育出版社,2010:147.
② 冯建军.智能化时代的职业教育[J].南方职业教育学刊,2015(05):01-06.
③ 亚里士多德.政治学[M].颜一,秦典华,译.北京:中国人民大学出版社,2003:269.
④ 马克思,恩格斯.马克思恩格斯全集(第49卷)[M].北京:人民出版社,1982:244.

发展使得对能熟练操作机器的技术人员需求上升，因此这一阶段的职业教育应时而生并逐步成为各个国家国民教育的重要枝干。但由于早期职业教育，如我国早期的职业教育，办学历史短且经验尚浅，为了培养高密度的机器制造者和熟练机器的工人而畸形发展：以育养职业技能为核心而忽视人文教育，将人培养成为符合机器运作节奏的局部"零件"而不是主宰机器的独立个体。这一阶段人们被迫适应着大机器高效率生产，并为了工作上的高产而忽视人文关怀，仅有的闲暇也被机器的轰鸣声所占据，这种现象甚至持续到 21 世纪。

社会不断发展进步，科技化推动社会生产的同时也改变着社会对人本身的需求。原来的手工劳作已经不能满足快节奏的社会变化需求，机器化、半自动化的大批量生产逐渐成为社会生产的主力军。这一变化带来的连锁反应便是：社会生产中对手工劳作的依赖减少，对机器生产的依赖逐渐增加，同时对劳动力本身的需求逐渐减少，对劳动者"技能"的需求逐渐增加。如果说前者是人类社会的进步，那后者也可称得上是劳动力的解放，我们将这样的时代定义为"后工业时代"。后工业时代的到来使得岗位职能发生变化，只适合单一职位的劳动者已然不能适应变化的岗位职能，只有不断地学习新技能才能立足于变化着的社会生产环境中。工人的工作性质因岗位流动和职能更替等灵活性替代了原有单一操作和局部辅助的机械性。后工业时代中，给仅仅靠出卖劳动力为生的劳动者带来的是危机感：因无法适应机器半自动化生产而遭到淘汰，由此闲暇时间增多；为综合型多技能型人才带来了更多的工作机遇的同时也带来了更多的闲暇可能性：机器化、半自动化生产中，人们只需要通过操作装置而使得机器运作，机器操作后人们便可解放手脑，从而拥有更多的闲暇时间。这一时期，职业教育培训和发展劳动者的技能显得尤其重要。职业教育不仅被要求提供技能教育，为靠出卖劳动力为生的劳动者在闲暇时间内习得职业技能，教授单一技能型劳动者应对更迭的社会生产与发展，也提供适应未来社会的人文教育，以适应丰富的闲暇时光。随着人口的加速发展和人们对机器的熟练程度提升使得闲暇时间增多，科技革命的加速到来使社会逐渐步入智能化时代，人类和智能机器在工作场域的交涉较之机器生产时代更为密切，这意味着职业教育传授合格的职业技能已经无法满足需求。智能技术在人们生产和生活等方面的大量应用，导致的是劳作时间减少，休闲时间增多。如何在闲暇时间满足现代人日益增长的精神、物质和文化需求，学会并利用闲暇时间，这些都成为职业教育不容忽视的重大转向。

二、工作与闲暇的变化

如果说从手工劳作到机器生产，是人类生产方式的一大进步，那么从局部性的半人工、半机器生产到一体化的智能化机器生产，则可以称得上是人类生活方式的又一次变革。在智能化机器逐渐普及的当下，无论是对于职业人的体力技能还是职业技术，都呈现出不断下降的需求。自动化的生产环节给予职业人前所未有的"解放"：只需要启动某一个机器装置的按钮，智能化机器就直接进入相对连续的一体化连续生产闭环中完成此前本该由人工去完成的工作。智能化的生产方式也会给很多工作岗位带来威胁。据《人工智能（AI）前沿报告》分析，到 2030 年全球大约有 70% 的企业至少采用一种 AI 技术。[①] 从而随着智能化生产的逐渐

---

① 李越. 智能化生产方式对产业结构变迁的作用机理——基于马克思主义政治经济学视角［J］. 财经科学，2021（01）：53-64.

普及，职业人的就业危机不断加大。

社会科技的发展，由手工劳动力才能解决的生产现在越来越多地被机器和人工智能所取代，生产的自动化不仅带来了劳动效率的提升，缩短了劳动时间，与此同时带来了越来越多的休闲时间，因为劳动者几乎不用加班去完成既定任务，一台机器甚至可以超额完成工作量。劳动效率的提升使得社会越来越关注人本身的健康与发展，因此，世界上多数国家很早就实施了周休息制度，如新西兰于1936年就实施了每周休息两天的工作制度。而作为发展中国家的我国，也是从20世纪末期就开始实施了周休两日的制度。目前我国法定节假日春节6天，再加上清明节、劳动节、中秋节、国庆节等节日，差不多有近一个月的法定休息日，而且双休日占了全年约三分之一。随着科学技术的提升，劳动时间缩短将会带来更多的闲暇时间，我国在几年前也做过一些关于休假制度的社会调查，大部分职业人赞同周休三日的工作制度。自然，职业人面对由此带来的闲暇时间，可谓是喜忧参半：喜的是自己有更多的可自由支配的时间，忧的是越来越多的职业人在闲暇时间内无法获取自我提升的机会，无法适应闲暇时间从而引起职业人的焦虑。

智能化时代的机器大闭环生产，看似给予劳动者体力劳动的"解放"，实则给职业劳动者造成一定的"威胁"：一方面，意味着企业不再需要太多的体力劳动者，而更加注重职业人职业技能的凸显；另一方面，对于职业人而言，劳动时间的缩短意味着不需要将太多时间花在可以由机器代替生产的工作上，从而使得闲暇时间增多，职业劳动者学会在闲暇时间内提升自我是关键所在。

根据现实状况，闲暇时间的确为娱乐放松等人类活动方式提供了可能性，职业人在闲暇时间内获得一定的压力释放。但不可否认的是，大部分职业人在"享受"闲暇时间的同时，结合职场上日益增加的竞争力，也会感受到"存在压力"：越来越多的职业人似乎适应了"996"的工作和生活状态，反而一到假期或者是较长假期就无法适应和及时调节，这非但没有释放物质基础带来的"生存压力"，反而会增加无形的"存在压力"。因此觉得还不如工作。根据人的"生物性"属性，"物质基础"在任何时候都是人类生存的前提和保障，在没有获得一定物质和社会地位满足的情况下，大部分人无法将心平静下来去寻求心灵上的丰富。

问题在于，大部分职业劳动者即便拥有一定的闲暇时间，也无法适应，反而还成了生活的负担。就像是一个恶性循环的怪圈，在工作中难免会有压力和焦虑，这种压力的个人反馈即只有继续加倍努力工作，但是加倍努力工作会产生心理承受过多的责任感而导致压力过大。人要生存就避免不了工作，当工作占据了人生大部分时间时就会失衡，就像大部分人在意的，生存永远是第一位的，无论如何都需要先工作。休闲活动被看成可有可无的生活形式，人们也并不认为闲暇时间的活动能改善心理压力。

第二节　闲暇分化:闲暇及闲暇教育的意义

一、闲暇的意义

(一)闲暇获致创造思维以丰富劳作

在自然资源相对充足的农业耕作时代,人们栖居在简单的原生态自然环境下,无论是务农或赋闲都将身体和心灵付诸大自然,不仅如此,在劳作中享受劳作也是当时人们的普遍心理。在农业耕作时代,辛苦的劳作与精神的愉悦及心灵的舒旷联系在一起。随着社会分化和职业分工影响,"工作至上"和"财富自由"的社会理念大行其道,享受闲暇与在工作上的忙碌格格不入而被视为游手好闲,人们逐渐由追求精神自由转为追求物质财富自由。而当自然资源作为生存发展的资源濒临枯竭时,"人"本身则成为新一轮生存方式的被掠夺者:人们的身体被束缚在机器旁边并与毫无生气的机器相伴,精神灵魂也因终日不见"诗和远方"而失望,这必将导致人创造能力的约束和自由精神的缺失。殊不知,人类多数伟大的创造并不是通过早九晚五的忙碌工作来实现的,而是产自闲暇。1665年的整个欧洲都被鼠疫所笼罩,牛顿因剑桥大学关闭而回到家乡,也就是在家乡的十八个月"无所事事"的时光里,牛顿创立了微积分并发现了万有引力定律。1905年,本是瑞士专利局的一个三等鉴定技术员的爱因斯坦,就在这看似毫不起眼的职位上为打发业余时间发表了六篇关于光量子假说和狭义相对论的论文,同时也证实了原子的存在。

(二)休闲(闲暇)理想蕴含个体生命价值

在汉语中,休闲与闲暇、休憩等词意思相近;闲暇提供休闲发生的机会,是一个比休闲更为广泛的概念,是休闲的必要条件。古今语境的"休闲"不尽相同,现代意义上的休闲代表着娱乐与休息,而古代休闲更多地被赋予一种遵循大自然和追求自我价值的人生哲学。无论是传统东方,还是古代西方,休闲理念自然而明确地流露在主流文化和个人理想之中。对于休闲的向往是人们对生活追求的最高境界,是人们获取个体生命的精神家园。

我国的休闲理想孕育于与大自然的和谐相处的过程中,"天人合一"的休闲智慧在原始社会已初见端倪。石器时代的人们懂得与自然共生并分享,物质上的丰裕远远比不上精神关照来得充实。马克思指出:"我们的目的是要建立社会主义制度,这种制度将给所有的人提供健康而有益的工作,给所有的人提供充裕的物质生活和闲暇时间,给所有的人提供真正的充分的自由。"[①] 此话道出"自由王国"会给社会主义国家的人们提供更多的闲暇时间。

生产力发展与私有制出现冲击着原始社会的自给自足,由此带来的物质追求和社会动荡引发先秦道儒智者对美好生活的探索与思考。首先是先秦儒家创始人孔子通过教育来继承休闲文化,同时强调修身养性、劳逸结合的生活艺术。摆脱了物质束缚的"有闲阶层"通过教育来追求本体意义的自我超越。而教育和求学不仅是休闲的表达形式(即便是"有教无类",受教育在当时仍然是少数阶层的专属),"学而优则仕"更道出了人们对于完满人生和休闲自然的追求(仕途相比于农工商更有休闲的可能)。此外,孔子向往自由和谐的社会理想。几乎与

---

① 马克思.马克思恩格斯全集(第21卷)[C].北京:人民出版社,1965.570.

孔子同一时期的老子则主张通过人的"自然化"以达至休闲：社会出现的种种矛盾揭示了人类生存困境，而走出这一困境则是要回归个体感性的生命体验和无为而为的生存之道中。将"返归自然"理念升华的庄子同时也将诸子百家的休闲思想进行了超越。他不但在《逍遥游》中通过对鲲鹏之势的描述强调对独立精神与自由的向往，而且还在《庖丁解牛》中将劳作艺术化以反对过度劳作而扭曲生命的现象。庄子继承并发展了老子的生死自然观，认为求道精神的制高点是超越物质和生死，这也是进入休闲状态的真境界，从而才能达到自由生命的状态。个人本位的价值取向使公民基于个人意志选择适合自己的休闲生活。沉思和静观可以产生最高的幸福，而这种沉思与静观必然以摆脱各种实体需求和利益关系为前提，以个人身心和谐的闲暇状态为基础。休闲要"以自由为前提，增强对必然性的认识和对客观世界的改造，促使人们的个体生活得到解放，从平庸生活中摆脱出来，从'社会压力体系'中解脱出来，展示本原角色和本原自我，尽情发挥自由的精神感知世界，成就自我、实现自我。这才能够真正体现休闲的理想"[1]。

二、闲暇教育源古至今

闲暇教育无论在西方还是东方，都有着由来久远的丰富思想，闲暇的轨迹甚至可以追溯至人类文明的起源时期。两千多年前的春秋战国时期，我国文化中就孕育出闲暇思想。最初的学校"庠"等就是当时人们传授知识的地方。无论是所传授的知识，还是获取知识的人，抑或是知识传授者，都是在当时无须劳作而"有闲"的阶层人群。在闲暇中获取知识就是闲暇教育在中国的最初由来。后来逐渐发展的"六经"（《诗》《书》《礼》《易》《乐》《春秋》）和"六艺"（礼、乐、射、御、书、数），也大多离不开类似音乐、骑马、射箭等休闲活动。此外，我国乃至世界上最早的专门论述教育和教育问题的论著《学记》中也提出"藏、修、息、游"的教育观念，系统而全面地阐述教育目的作用的同时，也提倡学习离不开休息和娱乐。

人的天性求取的不仅是能够胜任劳作，而且是能够安然享有闲暇。这里需再一次强调，这是一切的唯一本原。即便两者都属必需，但闲暇更值得选择，且是劳作的目的，于是需要思考在闲暇时该做什么。[2]亚里士多德把闲暇放到了"一切的唯一本原"的位置，可见闲暇对于成为"公民"的重要性。而且闲暇是劳作的目的，人似乎一生的绝大部分时刻都在忙碌于劳作，社会价值观和个人价值观充斥着利益主义和实用主义，阻碍了人自由本性的回归。亚里士多德把并不实用的音乐作为回归闲暇的教育，就说明了自古以来闲暇教育不具备物质上的实用性，而指向自由灵魂的找寻。由此看来，古人对闲暇的活动方式不仅在日常生活中实践，而且将发展闲暇的教育、适合闲暇的论述都著书立说。由东、西方的闲暇相关的经典论述可以看出闲暇教育是一个古老的话题，这个古老的话题历久弥新，对于解决当下人们饱受物质的浸淫、享乐的浮躁、缺乏休闲的正确引导等问题具有极其深刻的积极意义。

---

① 刘海春.论马克思的人本理想与休闲教育目标[J].自然辩证法研究,2005(12):95-97+120.

② （古希腊）亚里士多德著.政治学（卷八）[M].吴寿彭,译,北京:商务印书馆,1965:30-36.

三、闲暇教育的意义

（一）闲暇教育传承自由教育

自由教育虽然随着不同时代的声音变化成丰富多彩的释义，但是其呈现出的对人的自由的追求在任何时代都显得熠熠生辉。"既非必需亦无实用而毋宁是性属自由、本身内含美德的教育"[①]，高尚的灵魂需要以闲暇和自由为伴，只有闲暇时光才能获得对自由的向往，同时才能产生适应自由的自由教育。那如何在闲暇时间内获得自由思想，便是闲暇教育的独特价值所在。闲暇教育正是一种心灵不受约束的、内心高尚的人性光辉，而这种人性光辉是存在于自由人的内心里的。对于那些受生活所迫、受情感所迫、受工作所迫而整日忧愁的人而言，他们需要在闲暇时间接受自由教育。但是那些受生活所迫而心境依然向往自由的人，正是受过自由教育良好熏陶的人。我们人类生活在社会中，与动物的本质区别就是有心灵的交涉和对自由的精神性向往，我们需要努力奋斗才能获得生存的物质基础，但是生活并不是全部用来获得物质财富的。需要明确的是，获得一定物质基础的最终价值是收获闲暇，从而获得精神自由。我们无法真正地毫无顾忌地追求"自由"，但是鄙夷限制性的技能获得和专业教育，认为这样会禁锢"自由人"通向自由的思维和精神。人类劳作的目的是获得闲暇，但并不是希望获得闲暇后游乐消遣，而是通过闲暇获得心灵的升华，丰富人的精神和智慧。

闲暇生活是人的生活的一部分，人们在闲暇时间既可以休息、娱乐，也可以学习，实现自身全面的发展。教育便是人们提高闲暇生活质量的一种方式，这既能深化他们自身对闲暇的认识，也能提高他们的受闲暇教育水平，养成较好的闲暇习惯。众所周知，工业革命的浪潮使得专业教育获得新生和发展，培养适合社会生产发展的专门型人才是当时大多数教育的不二选择，但是这种专业教育并没有关注到人精神性和可持续性发展：大多数教育者根据社会需求培养出大量"实用性"社会人，受教育者则屈服于生产发展而忽视了对完满理智和精神自由的向往。继专业教育之后的职业教育能使人们获得财富，但这时人们也为获得物质财富不惜牺牲自然环境为代价。因为此时的职业教育片面强调技能的获得和职业财富的增长而忽视人文精神，培养出越来越多的"精致主义者"。可教育的目的应该是追求自由和真理，提倡知识的传承，要引导受教育者学会思考和迁移能力的传承。闲暇教育就能实现这一点。

无论是哪个时期，当有违背自由教育理念的其他形式出现后，总会有人坚守自由教育的这片"净土"，去保持人文气息和自由精神。回望古希腊时期的社会背景，我们想到的是奴隶主贵族统治的具有森严等级的社会，但即便是这样的社会，也从不缺失向往自由的公民，这一时期的自由教育是一种精英式的教育，其目的是让奴隶主贵族和拥有财富的自由民享受闲暇时光带来的乐趣，这同古代东方如出一辙，大多数底层人民都只有日复一日地辛勤劳作，只有高高在上的人才能获得闲暇中的自由教育。但是历经社会的进步，人人平等的社会使得越来越多的人可以获得闲暇时光，自由教育不再是贵族和上层阶级才有的特权，而是变成绝大多数人都能获得的教育，社会发展是人们获得自由教育的催化剂，但是自由教育本身倡导以人为本，正是获得大多数人认可的根本所在。闲暇的本质是自由，但是我们悉知——自由是相对而言的，闲暇更是如此。只有开展闲暇教育才使得人们不至于在闲暇中迷失自我，闲暇教育

[①]　（古希腊）亚里士多德著．政治学（卷八）[M]．吴寿彭，译，北京：商务印书馆，1965：06-07．

正是自由教育中发展人精神性和理智性的教育方式之一。21 世纪的当下,人们获得越来越多的闲暇时间,职业院校的学生因课程设置较少,更多的是实训或者见习,因此拥有占几乎在校期间近一半的闲暇时间。如果不能够合理地利用闲暇时间,则必将把时间浪费在沉迷网络游戏等无意义的娱乐消遣方式中,从而阻碍人体成长发展和健康心智的培养。反之,如果能合理利用闲暇时光,通过在闲暇时光中获得闲暇教育诸如阅读经典和发展个人爱好等,培养正确的人生观和价值观,这对于懵懂的学生而言,必将能获得理性和自由精神的发展,创造出不可估量的价值。

(二)闲暇教育旨在心灵和谐与美好生活

从闲暇教育的起源可以看出,闲暇教育起源于与劳作的分离,那些不需要劳作的有闲阶级能够享受教育的熏陶,教育本身成为一种闲暇方式。随着社会经济发展,教育与劳作逐渐交织融合,人们在教育中获得职业技能,同时也获得素质提升,但是现实并非如此。在物质财富极其丰富而精神财富却难以平衡的当下,人们似乎总在忙碌于实体价值的获得,好不容易得来的闲暇时光却被看成消遣的最佳时刻。越来越丰富的物质生活淹没了大多数人的自由心灵,认为尽可能多地获得物质财富便是人生成功的标志,忽略了教育中的自由精神和人文素养的习得。因此,毫无功利性的闲暇教育必须发挥当下的作用,引导人们寻求人之本性。

闲暇教育的真正习得需要摆脱对物质利益的追求,转向对自我真正价值的追寻,即一切的劳作是为了获得闲暇。闲暇教育通过引导人们对"自由时间该做什么才更有价值"的发问,采用理论和具体实践相结合的形式,传授人们在闲暇中可进行的活动和为了闲暇的生活方式。因此,闲暇教育的最高理想在于使受教育者探寻生命存在的意义,有哲学的意蕴,但同时也是源于生活和人本身。闲暇教育正是呼唤人们沉思自我意义和"努力"价值的教育。柏拉图说过:"教育乃心灵的转向,不是转向外在可以标识的东西,而是转向人性的自然回归",闲暇教育仍然不求获取任何回报,仍然可以是柏拉图这位教育先哲口中的心灵转向教育。

智能化的机器取代了大多数传统手工生产活动,当人们开始逐渐拥有大众的闲暇时间时,也越来越多地去寻找生活的美好。我国社会目前的主要矛盾是人民日益增长的美好生活需要和不平衡不充分的发展之间的矛盾,这是人们生活质量提高的一种表现,同时也可以看出人们对美好生活的永恒追求。美好生活必然会有闲暇的影子,美好生活的享有者也一定是闲暇时光的合理利用者。但是,如何过好闲暇时光,才算是真正的美好生活的获得呢?这是一个值得思考的问题。人们从繁忙的工作中脱身出来,意味着闲暇时间的增多,但是通过看电影和睡大觉来消遣时光并不是享用闲暇,而是虚度闲暇。大量的无处安放的闲暇时间对于人们来说逐渐成为一种负担,"如何享受闲暇则是一个难题"[①]。由此看来,为了在闲暇和劳动中获得美好生活,在闲暇中的教育必不可少。

没有闲暇,就没有教育,教育的基础条件是闲暇。从这一层面上看,闲暇教育似乎与美好生活存在千丝万缕的联系。另外,闲暇中的教育目的就是为了享用闲暇,为了更好地生活。此外,人们对美好生活的追求,正是对自由的向往和对人本身的意义的追寻。诸如去寻找"我是谁""我在哪""我要干什么"等问题的答案,这又与闲暇教育的初衷不谋而合。闲暇教育正是为了帮助受教育者获得自由思考问题的方式和能力,从而寻求人本身的意义和价值。从

---

① 亚里士多德.政治学[M].颜一,秦典华,译.北京:中国人民大学出版社,2003:269;55.

这一方面来看,闲暇教育正是致力于对美好生活的追寻。享用闲暇需要一定的能力,更需要相应的教育,所以为了培养能够享用闲暇之人,促进未来生活之美好,需要将闲暇融入当下教育生活的目的与内容之中,实施闲暇教育。

第三节　工作与闲暇融合：走向人的全面发展的职业教育

一、工作与闲暇的分离

社会发展像一根强有力的杠杆般撬动着人类生活的方方面面:资本扩张和科学发展带来物质财富的无限富足,人们开始寻求从忙碌的工作中"脱身"的机会。随之科技文明浪潮涌来并占据着至高无上的地位,由此制造出的智能化机器取代了大量体力劳动甚至部分脑力劳动。人们实现了生产效率不变的前提下工作时长缩短的可能:每周休息两天的工作制度最早实施于 1936 年的新西兰,而后各个国家陆续实施周双休的工作制度,我国于 1995 年也开始实施每周劳动双休制度,每年的法定节假日加上双休日假期约占全年的三分之一。科技时代的高歌猛进,工作时长的逐渐缩短已成为大势所趋。由科技文明带来的智能化时代确实为人们提供了生活和休闲的便利。一条自动化生产链就能使工厂实现"生产自由",一部手机就能实现"信息自由"。然而,在智能化时代的今天,现代人看似以足够理性之态生活着,人们"渐渐爱上压迫,崇拜那些使他们丧失思考能力的工业技术"[①]。殊不知,人们一边在努力符合社会规范,一边却在牺牲闲暇时间可能形成的个人价值,这冲击着个体的自由精神。人们似乎习惯了工作日的忙碌而在闲暇时间无所适从,在休息时间内简单的"读书自由"却因浮躁的内心而难以实现。

随着社会分化和职业分工影响,带来了工作与休憩的"竞争",人们总想通过休息时间的加班加点获得"财富自由",这种存在偏差甚至是畸形的社会理念逐渐大行其道。享受闲暇与在工作上的忙碌格格不入,因而被视为游手好闲。职业院校作为人进入职业最直接的教育场所,在使学生获得基本职业技能的同时更应该加强隐性人文素养的培养。职业教育应该也必须使"准职业人"适应未来社会的职业价值和生活状态。

从 19 世纪初"实业学堂"的创办伊始,中国的职业教育就随着时代而曲折向前,始终担当着为各行各业输送职业技术人才的大任。回望职业教育创办的源头,19 世纪初饱受外侮的国人不满现状而建立具有职业教育性质的学堂。改革开放初期,国家政策和财政经费的强力扶持,加之社会市场经济形势不断向好使得职业教育得以跨越式发展并成为服务经济高速增长的动力。由于劳动者职业素养偏低以及产业发展的诉求,众多的职业院校如异军突起般出现在中华大地上。

即便如此,职业教育在发展过程中仍存在着价值取向的错位,片面强调"职业性"而忽视

---

① 朱海松.碎片化传播:网络舆论背后的传播规律与认知方法[M].北京:机械工业出版社,2020:047.

了"教育性"和"人"本身。并同时存在着与高等教育"身份差异"这一刻板印象。历经近两个世纪,中国的职业教育也仅仅处于量变而非质变的阶段,中国科学院院士杨叔子曾说:"在继续加强职业技能教育的同时,关注高等职业教育人文精神及人文素养的培育,是顺应时代发展主潮的时代选题"①。职业院校为匹配市场的人才需求,以企业需求为标准对学生进行职业理论性的单一教育,无论是课程体系或评价机制都注重"职业性"。固然职业教育的基本诉求是"为劳动做准备"的教育,但缺乏"人"本身价值的挖掘和培养,忽视人文情怀的发展,将导致职业教育中人文素养的结构性缺失。如果职业教育"仅仅教学生职业,而于精神陶冶全不注意,是一种'器械教育',并不能称之为'职业教育'"②。这般教育下的"职业人"也仅仅适应"生存"而远离"生活"。机械化培育出的"职业人"也因不能适应日益增多的闲暇时间使得"生命体将会萎缩、无节制、变得晦暗不明和无知粗俗"③。随时代进步,职业教育"过度理性"并与感性精神日益分离,其培养的"单向度"人才已然不能充分适应现代社会的发展。

　　兴起于 20 世纪 30 年代的泰勒主义和福特主义,对职业教育模式产生深刻影响。泰勒主义的劳动组织方式要求管理者、设计者与执行者严格分离,这也是福特主义下经济发展模式所依赖的支柱,两大主义盛行下的任务式生产方式机械且独立,且多由机器操作,生产效率在泰勒主义和福特主义的经济模式运行下得以提升并实现了批量产生。社会经济效益的提高使得大规模市场由此建立起来。④ 这样的发展模式被当时处于改革开放初期的我国效仿。这一阶段我国建立了适应社会经济发展的职业教育体系,为改革开放初期输送了大量技术人才。但是毫无疑问这种视经济发展为目标的职业教育培养体系明显存在弊端:职业教育培养的是适应工作的"职业人",仅仅满足"人职匹配"的生存原则而非可持续发展原则。加之当时我国职业教育理论和实践经验的缺乏,"职业人"并未获得系统的职业训练,其职业素养更未得到提升。缺乏职业训练的劳动者本就不具备较高的职业素养,高强度的机器生产也逐渐消磨着劳动者的内心世界。这一出卖劳动者体力的经济生产方式随着社会的进步而遭到淘汰,伴随着生产方式的现代化,西方国家在 20 世纪 70 年代初期掀起了新职业主义思潮。这种思潮完全摒弃了泰勒主义和福特主义的机械化职业生产和终止性人才培养方式,主张对劳动者进行智能开发,重视劳动者自身价值,强调加强职业基础教育和核心能力的培养。⑤

　　福特主义下狭隘的职业训练已经不适用于现代职业对劳动者的能力要求,生产科技化与技术复杂化使得企业更加注重职业人的职业精神,要求劳动者具备较强职业能力和自身素质,且对内心涵养和创造能力的要求越来越高。由此,现代职业教育应以培养全面发展的人才而非"职业人"为归宿。为适应社会经济发展和学习型社会的时代趋势,职业院校培养目标的转型刻不容缓。职业教育应由就业导向转向关注学生整个职业生涯成长与发展,这意味着职业院校不但要注重对学生在校期间的职业基本技能、职业素养的培养,而且要注重为学生适应就职后的休闲生活做准备。职业生涯成长是动态的发展过程,学生在职业院校中获得

①　杨叔子.现代高等教育:绿色科学人文[J].现代高等教育,2002(01):18-24.

②　高奇.黄炎培职业教育思想研究与实验[J].教育研究,1998(05):32.

③　高闰青."以人为本"理念及其教育实践问题研究[M].兰州:甘肃教育出版社,2008:093.

④　徐国庆.职业教育原理[M].上海:上海教育出版社,2007:111-112.

⑤　岑艺漩.美国新职业主义教育改革运动研究[D].吉林:东北师范大学,2008:05.

基本的职业技能和职业素养是其进入职业发展的第一步。为使职业院校所培养的人才适应后工业社会发展和实现在职期间的良性成长，职业院校必须注重学生的人文教育和自由精神习得。显性职业文化教育和隐性职业素养习得的融合将是职业教育落实复合型职业人才培养目标的指向，而这一指向所培育的全面发展的人才不仅具备职业性的显性能力和隐性素养，更为重要的是，其具备基本的人文素质和自由精神更能适应后工业社会中日益增多的休闲时间。

为确保"全面开展质量提升行动，推进与国际先进水平对标达标，弘扬劳模精神和工匠精神，建设知识型、技能型、创新型劳动者大军，来一场中国制造的品质革命"[①]这一国家战略的顺利实现，作为技能型人才的主要培养机构，职业院校首先要培养学生技能，因为职业教育的培养目标是为国家输送知识型、技能型、创新型的职业人才；其次要教会学生如何做人，职业教育的核心要求是对劳模精神和工匠精神的传承与发展；最后是要教会学生学会生活（这一点最重要），职业教育的终极价值是使学生通过自我奋斗以享受人生，成为全面发展的人才。反观当代职业教育的现状，越来越多的职业院校认识到校企合作的重要性，建立了与各种企业的联合培养机制以不断顺应社会经济的发展，但这种培养机制所培养出来的人才只是职业技术人才，而非全面发展的人才。职业教育这一价值误导不仅不能为国家经济发展输送人才，而且还不利于我国制造业的高质量发展。众所周知，教育是为国家和社会培养人的事业，对这一问题的探讨必然涉及培养什么样的人以及怎样培养人等问题，职业教育尤其是高等职业教育为把学生培养成全面发展的人才，必须进行目标和价值观的调整。

我国当下的职业教育过于强调工具理性而忽视价值理性，换句话说，对职业性的重视程度远远大于教育性。为消除这一弊端，则需要专业教育和通识教育的相互融合，从而实现职业教育培养目标和价值观的调整。通识教育与专业教育的关系可概括为："广义地说，教育可以被分成两个部分：通识教育和专业教育。通识教育是学生整个教育中的一部分，该部分旨在培养学生成为一个负责任的人和公民。而专业教育旨在培养学生将来从事某种职业所需的能力的教育"[②]，它强调通识教育和专业教育的一致性："专业教育和通识教育不是两种教育，而是一个人所应该接受的教育的两个方面"[③]。闲暇教育是通识教育中不可或缺的一种形式，它不但引导学生合理安排时间，而且还引导学生提高并体验生活质量和生命价值，具有"乐生"的教育功能。职业教育与闲暇教育的有机结合即为通过向职业院校的学生传授闲暇知识，不仅能去除职业教育中通识教育缺失的弊端，激发职业精神和职业素养的养成，而且还能促使职业院校学子习得闲暇教育之下的人文道德和自由精神，逐渐适应未来生活。

二、智能化时代对职业教育的挑战

（一）科技革命的新浪潮给传统技能训练的职教模式带来巨大冲击

马克思主义认为，科学技术是"历史的有力的杠杆"和"最高意义上的革命力量"[④]。世界工业革命发展史业已屡屡证明科学技术是推动社会前行的火车头，每一次科技革命都会转化

---

① 习近平.决胜全面建成小康社会夺取新时代中国特色社会主义伟大胜利[N].人民日报,2017-10-28.

②③ 汪建华.大学通识教育课程变革史论[M].成都：西南交通大学出版社,2019:062.

④ 马克思,恩格斯.马克思恩格斯全集（第19卷）[M].北京：人民出版社,1963:372.

为直接生产力,引发社会产业结构和经济结构变革,并对教育提出与时俱进的时代要求。科技进步与职业教育在社会发展的历史进程中表现为相互适应与促进的动态关系,面对现代科技革命浪潮,以培养技术型人才为使命的职业教育变革必然应时而生。

在人类社会早期,闲暇、劳动与教育密不可分,人们在日常生活中通过手口相传获得劳动技能。原始社会晚期,伴随三次社会大分工,出现了劳动经验代际世袭的家庭作坊,随着生产规模扩大进而逐步走向工场制,劳动教育则从初始形态的父子关系演变为师徒关系。

（1）18世纪60年代后期,以蒸汽机为标志的第一次工业革命开创了大机器生产取代手工劳动的工业1.0机械化时代。这时个体工场劳动的学徒模式已不能满足大生产对劳动力的需求,班级授课制开始成为培养具有相当文化程度和工业生产技能劳动者的职业训练组织形式。

（2）19世纪后期,以电力技术为标志的第二次科技革命将人类带进工业2.0电气化时代。社会发展需求促使中等职业教育制度化,以培养专门化、标准化的生产和管理人才。

（3）第二次世界大战后,人类对物质、能量、时空、信息、生命、地球和宇宙的革命性认知,不但产生了原子能、电子计算机、空间技术、生物工程、材料科学等边缘学科、新兴学科和交叉学科,而且贯通了学科鸿沟,形成整个自然科学的多层面统一体,进而引发了第三次科技革命,人类进入工业3.0的自动化时代。学校形态的职业教育逐渐转向与企业合作的双元制高等教育,从单一培养"蓝领"和"白领"企业人才归并为培养"灰领"企业人才。从科技进步与人才培养互动的历史不难发现,职业教育总是积极适应科技发展的需要,不断进行社会所需要的人才供给侧结构性改革,为发展生产力提供人力资源。

（4）到了21世纪初,生产自动化开始向网络信息化迈进。制造业计划以及相关的新材料、互联网、云计算、工业机器人、智能制造、3D打印等高新科技,统称为第四次工业革命。第四次工业革命绝非简单的科技进步,而是整个生产方式、产业生态和商业模式的变革,"前工业社会的'意图'是'同自然界的竞争',它的资源来自采掘工业,它受到报酬递减律的制约,生产率低下;工业社会的'意图'是'同经过加工的自然界竞争',它以人与机器之间的关系为中心,利用能源来把自然环境改变成为技术环境;后工业社会的'意图'则是'人与人之间的竞争',在那种社会里,以信息为基础的'智能技术'同机械技术并驾齐驱"[①]。这次工业革命呈现出鲜明的人机协作、多任务组合与跨界融合等新特征,提出了复合型、创新型、智能型和生态型人才规格的全新劳动力市场需求,对单一性、功利性技能训练的职教模式带来极大冲击,直逼职业教育供给侧结构性改革。

（二）产业发展的转型升级,要求职业教育适时调整供给侧结构性结构

新一轮科技革命,彻底改变了传统的生产方式和生活方式,重塑了劳动力市场格局,催生出新职业、新行业和新服务的需求。为适应社会发展的市场需求变化,促进就业,引导创业,人力资源和社会保障部自2019年先后三次发布了共计38个新职业,涵盖人工智能、物联网、大数据、云计算、区块链、机器人、无人驾驶、互联网营销、直播销售、在线学习服务、社群健康、养老等新业态领域;连锁经营管理师、供应链管理师、人工智能训练师、全媒体运营师、无人机装调检修工、出生缺陷防控咨询师、康复辅助技术咨询师、老年人能力评估师等这些以高新专

①　[美]丹尼尔·贝尔.后工业社会的来临——对社会预测的一项探索[M].高铦,王宏周,魏章玲,译.北京:新华出版社,1997:128.

业知识、技术和能力为支撑的闻所未闻的职业，在崭露为吸纳就业香饽饽的同时，也意味着人工智能和机器人将取代大量低技能型"蓝领"，传统的简单劳动职业将谢幕历史舞台，从而为职业教育供给侧机制调整指明了方向。现代职业人仅有传统技能是远不能适应社会发展需要的，技术、技能型人才只能满足用户对产品物理功能的需求，而要沟通用户的心理和情感需求，除了需要掌握必需的专业知识，习得娴熟的操作技能，还需要掌握广博的人文知识，培养卓越的创新能力。如果职业教育的专业设置和人才培养的知识结构不能顺应时代的发展变化，高技能人才培养的品质与时效落后于产业变革的步伐，仍以传统的教育内容和方式去应对学生毕业后的经济形势，也许学生毕业即意味着失业。这就需要职业教育与时俱进，前瞻性地创新和设置学科专业，扬弃和升级传统课程，为未来职业人的专业能力和学习能力提供广阔的进取空间和生长点，进而培养新兴产业的高端专业技术人才。

（三）定制化生产方式引发传统工作世界变革，呼唤造就高素质综合人才

4G 改变生活，5G 改变社会。在工业社会，如果想买一双皮鞋，只能接受工厂的批量化产品，消费者是没有话语权的。但在万物互联的 5G 时代，完全可以根据自己的脚型和喜好，决定样式、材料和尺寸，通过电脑设计、3D 打印定制鞋子，所买到的鞋是唯一的，消费者享受的是个性化服务，服务将取代产品成为企业成功的标杆。但做好服务的关键在于转变经营观念和模式，以用户潜在需求和实际体验为起点，以满足用户需求的个性化产品为中心，差异化设计产品和提供服务。这就需要通过调整企业内部组织和流程，通过 5G 物联网的横向集成技术实现人类智慧与机器智能的人机协同，实时掌控产品设计、制造、销售和维护方式等整个价值链的每一个环节，提供实时产品和服务，促使专业化制造向综合化经营发展。因此，基于供应链驱动经济将向基于用户需求驱动经济转变，单一产品服务提供商将向综合产品服务提供商转型。企业从提供产品到提供服务，服务成为企业行为的本质，服务质量取决于用户的体验。传统的经营理念和行业分工被打破，整个工作世界在第四次工业革命引发的社会转型中重新洗牌。然而，面对个性化世界的发展需求，我们专一的职业人才培养模式远没有适应劳动者的生产技能由单一变为多样、操作为主变为心智为主以及劳动方式由独立完成变为小组合作、生产领域为主变为生产服务业为主的个性化定制生产方式要求。因此，职业教育必须顺应科技进步趋势，培养能够全程掌控和协调产品研发、设计、制造、营销、服务的所有关键环节的人才。这类人才不但能实现全流程的生态创新，而且还能不断拓展和延长产业链，是适应社会生产力跨越式发展的高素质、综合型人才。

三、工作与闲暇的融合

21 世纪的社会期待告诉我们：教育与人的生活息息相关，这项最具生命智慧的活动，应当使青少年对生活和生命持有一个完整的理解——全面发展的人才。所以从当今的职业教育发展看，工作与闲暇融合的意蕴就是在全人教育理念引领下，着眼于人的全面发展的要求，塑造"有才的职业人""有魂的社会人""有趣的自由人"。这一指向所培育的全面发展的人才要具备职业性的显性能力和隐性素养，他们所具备的基本人文素质和自由精神更能适应智能化时代日益增多的闲暇时间。

（一）学会知能，有才，成为职业人

现在职业教育普遍重视工匠精神的培养，大国工匠是职业教育人才培养的最高境界。一个从业者最引以为傲的是融会知识与能力的精湛技艺,这种技艺才能真正诠释一个职业人最纯粹的工匠精神。在后工业化时代,人类社会先后历经农业时代的体格型社会、工业时代的技工型社会,再迈入知识型社会。知识经济是人类知识尤其是科学技术方面知识的历史产物,它是一种有别于物质、资本在生产中起主导作用的农业和工业经济,是一种"以知识为基础、以脑力劳动为主体的经济"。尽管经济增长取决于能源、原材料和劳动力等物质基础的社会也离不开知识,但知识经济的"知识"内涵是一个已发生变化的拓展概念,即呈现为"知道是什么的事实知识""知道为什么的原理知识""知道怎么做的技能知识"和"知道是谁的人际知识"等多维知识域。

　　教育是传承知识的主要部门,肩负着提供人力资源的重任。传统职业教育主要采取一种学习与扩充职业人员知识与技能的传导式学习方式,即所谓的"知能传授""能力培养"模式,单一地培养职业工作者的专业知识与技能,围绕供给方的智能、意志和审美制造消费产品。当今社会消费已经从卖方市场转向买方市场,消费者对产品体验的认可,不仅仅来自物理层面,还有心理层面和情感层面因素。相对于物理功能层面,心理和情感需求难以捕捉和量化,而用户的追求往往更强烈。这种超越产品实用功能的精神和审美体验,是企业从提供产品转向提供服务的深层动因,最能体现服务的价值。因此,现代职业人仅有传统技能是远不能适应社会发展需要的,技术、技能型人才只能满足用户对产品物理功能的需求,而要沟通用户的心理和情感需求,除了需要掌握必需的专业知识,习得娴熟的操作技能,还需要掌握广博的人文知识,培养卓越的创新能力,这就对职业教育提出了培养知识、能力、素质等复合型人力资源的要求,即培养学生具有扎实宽广的基础知识、与时俱进的专业知识和复合交叉的新兴知识,占有、处理、运用、扩展、寻找、创新知识的能力,习得科学的思维方式和行为习惯,在知识传播、能力培养和素质提高上实现根本转变,实现知识、技能、能力的协调发展,成为手脑并重、兼备科学和人文精神的职业人,是个体立足职业生涯的基本素养。

（二）学会做人,有魂,成为社会人

　　职业教育的对象是人,培养人是首要且根本的任务。然而,如何评判人与人的发展,在传统社会与后工业社会却存在截然不同的认知。托马斯·古德尔对秉承希腊传统的座右铭"让每一个人都得到充分的发展"发问,"'充分发展'意味着什么?是意味着体验所有能体验的事情吗?是意味着在自由时间内的各种活动中变得更有技能和博学吗?也许,它所意味的是在生活中达到最高的伦理和道德状态。"[①]显然,在他的认知中,人的道德伦理养成要优先且高于"技能""博学"。然而,"今天,许多人受到的训练和获得的收入使他们看上去是成功者,但是,由于他们片面发展,因而在明眼人看来他们是失败者。在工商业界供职的人员中,因为人际关系问题遭到解雇的人数要远远多于由于不胜任工作而被炒鱿鱼的人数。"[②]这一事实提醒我们,学校应当将学生从传统观念中解放出来,教学生学会做人。

　　人无德不立,育人的根本在于立德。故职业教育的立身之本在于立德树人,即以爱党、爱国、爱社会主义、爱人民、爱集体为主线,围绕理想信念、政治认同、家国情怀、道德修养、法治意识、文化素养。其一是要引导学生处理好与自然、他人、社会和自我的关系,传承中华优

---

①　章海荣,方起东.休闲学概论[M].昆明:云南大学出版社,2005:182.

②　柳平,等.闲暇社会的教育[J].国外社会科学,1986(08):41.

秀传统文化,践行社会主义核心价值观,遵守和履行社会主义道德准则和行为规范。其二是要引导学生增强社会责任感,在促进个人价值实现,推动社会发展进步的过程中,引导道德取向,激扬道德理性,强化道德追求。其三是构建积极、向上、和谐的闲暇生活,习近平总书记指出:"要通过学习知识,掌握事物发展规律,通晓天下道理,丰富学识,增长见识。人的潜力是无限的,只有在不断学习、不断实践中才能充分发掘出来。建设社会主义现代化强国,发展是第一要务,创新是第一动力,人才是第一资源",是个体融入社会的先决条件。

（三）学会生活,有趣,成为自由人

职业教育是培养人的活动,可职业教育培养的人既不是只会工作的机器人,也不是仅有理想信念的"苦行僧",而是有血有肉、有情有义的人,有温度、会生活、懂情趣的人。生活充满七彩阳光,人生的价值不但需要掌握劳动技能,需要立德做人,而且还需要懂得柴米油盐酱醋茶,谈论琴棋书画诗酒花,这样的灵魂才是真实、饱满的,也才是有趣的。人活得有趣,不一定要腹载五车,富埒王侯,但要热爱生活,幽默乐观,对世界充满敏感与好奇。活得有趣,取悦自己,是人最和谐、最完美的状态,也是人生的至高境界。流行语"好看的皮囊千篇一律,有趣的灵魂万里挑一",正说明了"有趣"的价值与稀缺。21世纪以来,生活的富足和医学的进步使人类的寿命大为延长,"但是,统计学意义上的寿命延长与人们的社会存在的延长之间有巨大的差距。在延长人的寿命方面我们已经取得巨大的成就,但在如何使人们多出来的那部分时间更有创造力、更有价值的问题上,我们却没能做得那么好"[1],生命中的美好、诗意和幸福都淹没在工作和职业的忙碌中。现代职业教育应当提供有足够营养的土壤培育有趣的灵魂,让学生拥有更多的选择权和主动权,尽显幽默和智慧,优雅地享受情趣生活,由职业技术人才成长为全面发展的人才。

有趣并非天生,人活得是否有趣取决于自身。有趣的灵魂一定是自由独立,保持初心,不受外界束缚,随心所欲地专注于放松身心的兴趣爱好,在自我充实中陶冶性情,收获内心深处由衷的满足,活成自己喜欢的样子,进而内化为谈吐、性格、态度和价值观;有趣的灵魂是对生活的不妥协,哪怕是时世艰难,容颜被岁月侵蚀,一颗风光霁月的心依然能在年华里发光,玉汝于成;有趣的灵魂能够有效管理自己的学习、工作和生活,认识和发现自我价值,发掘自身潜能,积极应对复杂多变的环境,成为有明确人生方向、有生活品位的自由人,是个本幸福人生的根本属性。《国家职业教育改革实施方案》明确要求"大幅提升新时代职业教育现代化水平",有才、有魂、有趣是"新时代职业教育现代化水平"的具象,"既相对独立,又相互关联,次第推进,协同塑造出一个'知识渊博、有负责心、能探寻真理并坦然面对真理的人,而且是能理解自己与人类的命运紧密相连,能使人变得更强'""'有生存能力'的'自由的人''完整的人'和'活出精彩的人'"[2]。

---

① ［美］查尔斯·K·布莱特比尔,托尼·A·莫布莱.休闲教育的当代价值［M］.陈发兵,译.北京:中国经济出版社,2009:19.

② ［美］查尔斯·K·布莱特比尔,托尼·A·莫布莱.休闲教育的当代价值［M］.陈发兵,译.北京:中国经济出版社,2009:30.

第二章　闲暇理想博弈劳动哲学

第一节　闲暇理想的起源及其发展

随着社会的不断发展,人们有了更多的可能去做自己想要做的事情,也就是拥有了更多的时间——闲暇。闲暇对人和社会的价值意义受到重视,闲暇本身就是目的,而不是从属于工作,生活乐趣将取代以工作为中心的传统伦理,进而对人的日常生活世界诸多方面(如家庭、经济、工作、交往、教育和人的发展)产生极大的影响。闲暇与人的发展密切相关,而正是随着闲暇时间的增多,逐步形成了以培养和发展人为目的的教育——闲暇教育。

在提到闲暇这个词的时候,总会涉及与"闲暇"相近的概念,比如"休闲",二者的意义虽然密切相关,但是其概念又不完全相同。休闲是与闲暇意义最近的概念和用语,在日常生活中人们经常把两者混同使用,但细分起来,两者又有细微的差别。休闲是人的生活中不可或缺的一部分,并随着人的生命历程的发展而不断发展,它能够使人的生活更加完满。闲暇教育的目的就是为了使人们学会享受闲暇,帮助人们寻找生命的真谛,实现有价值的人生。从根本上说,休闲是对生命意义的探索,能够帮助人们实现人生的价值,追求快乐的生活。

马克思曾指出:"人们每次都不是在他们关于人的理想所决定和所容许的范围之内,而是在现有的生产力所决定和所容许的范围之内取得自由的,但是,作为过去取得的一切自由的基础是有限的生产力"[①],中国的休闲文化虽然历史悠久,闲暇思想在中国的传统文化中可以找到源头,但受落后的生产力和生产关系的影响,人们的理想都不能脱离这个影响。上至《诗经》《楚辞》《汉赋》,下至唐诗宋词元曲明清小说等,无不反映了古人对于休闲的思索和认识。由于中西方闲暇理想在不同文化土壤中扎根,人们闲暇的方式及价值取向各不相同,正如杰弗瑞·戈比在《你生命中的休闲》中文版序言中所说:"不同的文化会孕育出不同的休闲概念,每种文化对于休闲的概念都有自身独特的理解"。下面分别从西方和中国的休闲文化的发展进行论述。

---

① 马克思,恩格斯.马克思恩格斯全集(第3卷)[M].北京:人民出版社,1960:507.

一、中国传统的休闲思想的起源、发展及其特征

（一）中国传统的休闲思想的起源、发展

1. 春秋战国时期的休闲思想

休闲思想的起源和人类文明史同样悠久，中国亦不例外。在两千多年前，孔子就提出了"有教无类""仁者乐山"等教育原则，这对于我们今天弘扬和发展中华民族的传统文化具有重要的意义。休闲是一种生活方式。约在公元前1100年以前，中国人就开始热情洋溢地歌颂人生，至公元前500年以前，反映中国远古休闲文化之《诗经》，成了孔子教授门徒的教材。

"朝吟风雅颂，暮唱赋比兴，秋看鱼虫乐，春观草木情"，休闲思想占据《诗经》的中心地位，《国风·汉广》云："南有乔木，不可休思"，《小雅·六月》云："比物四骊，闲之维则，维此六月，既成我服"。《诗经》除在动植物、天文地理、爱情等歌颂自然与人生的诗中，表现出大量休闲思想、休闲文化外，最为引人瞩目的是周朝大夫进谏周王时，把休闲作为治国安邦之策。

《周易》古经显示，在思想处于神灵主宰的年代，个人的精神与人格仍被保存下来，蛊卦中"不事王侯，高尚其事"就是其中最具代表性的宣示，是后世隐逸文化观念最早的一种表述。老子哲学和《周易》有着莫大的联系，老庄哲学则更加充分地体现出对闲适精神自由之追求，而这也恰恰是传统哲学最重要的实践意义。《诗经》以后，中国休闲文化受老庄哲学影响较大，在不同历史时期呈现出各有特色的特征：六朝隐逸，唐宋包容，明清记述多彩多姿休闲活动小品文，现代人文主义闲适。孔子说："志于道，据于德，依于仁，游于艺"（《论语·述而》）。一方面，这里的"游"在当时逐渐成为士大夫阶层的一种闲暇生活的方式或态度，普通老百姓一辈子谋生，是极少有闲暇时间的；另一方面，"游于艺"主要指的是要能掌握适应人与自然发展规律的各类知识，要把这些知识灵活运用到实践当中去，实现天人合一，最终达到"仁"的境界。庄子说："乘云气，御飞龙，而游乎四海之外"（《庄子·齐物论》），"若夫乘天地之正，而御六气之辩，以游无穷者，彼且恶乎待哉"（《庄子·逍遥游》），"游"是庄子思想的核心，既强调自然"游"，又注重精神"游"，其重点在于尊重人的天性，尊重人的精神归属，从而让人达到自在自为的生活境界。与孔子注重仁以实现政治理想比较起来，庄子更注重的是闲暇生活。庄子的"游"在于自然之道，并不是停留在技术的熟练，如庖丁解牛强调的是一种悠然自在感，而孔子强调的是人要服从"天命"："吾十有五而志于学，三十而立，四十而不惑，五十而知天命，六十而耳顺，七十而从心所欲，不逾矩"（《论语·为政》）。"不知命，无以为君子也。不知礼，无以立也。不知言，无以知人也"（《论语·尧曰篇》）。顺理成章，故"游于艺"是建立在服从天命和现实的基础上。庄子则不注重现实，强调的是个体存在的意义，人与天、地是平等的，人与天齐。由此看出，孔子和庄子的思想虽然有很大差异，但是他们都涉及了人在农业生产关系中所面临的"闲"，这种"闲"是建立在超脱身心疲惫的极高的精神境界基础上的，是建立在"在时间上的'慢'和空间上的'散'"上的[①]。

2. 隐逸文化与田园生活

汉朝由于建立封建中央集权政府，罢黜百家，独尊儒术，直至魏晋，道家思想盛行。魏晋文人善辩白，通晓"三玄"（老庄《易》），不但清谈时才思敏捷，滔滔不绝，著述也有所成就。

---

① 冯爱琳. 从"游"至"闲"：休闲的历史境遇与当代命运［J］. 创作与评论，2013（161）：09-14.

他们把自己的人生体验和审美理想,融入诗歌、绘画、书法等艺术之中,形成一股独特而又开放的玄学思潮。其中最引人注目的便是陶渊明。魏晋时代是一个崇尚自然的时代。这一思想在整个六朝精神生活中烙下了深刻的印记,隐逸文化是其中的一个杰出代表。陶渊明作为"隐逸文化"的典型代表,其早年崎岖的仕途经历让他渐渐意识到那个时代官场的阴暗与腐败,遂于41岁时还家归隐,过着逍遥悠闲的田园生活,其休闲思想表现在两个方面:一是承袭汉魏以降抒情言志传统,所写辞赋《归去来兮辞》,诗歌《饮酒》,散文《桃花源记》,这些"隐逸诗"都发自内心地歌颂怡然自得。二是表现隐逸的田园诗,后世多以朴素、平淡、自然为词,而隐士则受益于山丘中,怀抱山水之情,咏叹山水之情,借山水之情,抒写山水之情,表现山水之美,这也正是陶渊明田园诗中"归去来兮,归去来兮"之意所在。

3. 唐宋灿烂的休闲文化——休闲思想的发展

春秋战国以后,秦时焚书坑儒,汉时独尊儒术,六朝文风追求玄学,或者一味堆砌辞藻,流于浮靡,中国文化到了唐朝才得以再发展,唐宋更是中国封建社会最繁荣的一个历史时期。在此期间,中国政治、经济、文化等各方面均获得了前所未有的发展,以此为基础的休闲文化更是呈现出绚丽多姿的图景。汉唐以降,文化无不讲究古传统朝气雄风,勇于开拓,而唐代则是帝国海纳百川、兼容并包的中外风采。唐王朝建立以后,吸取了前代先进文明成果,实行对外开放政策,对外交往非常活跃,从而使唐长安成为当时世界东方最繁华、最具活力的城市之一。西方文明也随着丝绸之路传入了中土。文化交流和融合使中国传统文化发生了重大变革,唐朝经济和文化的积淀,在宋代更适宜的土壤中有了长足的进步。宋代,文化发达,文化教育普及于民间,科举、游学成为文人生活的主体。士子应试,游学活动频繁,旅行不辍,旅行文学(如《行程录》《游记》等)异军突起,游山玩水等休闲书籍以其体例新颖、文化资料丰富,历来成为畅销书。唐宋休闲文化有助于向广大民众广泛普及文化地理知识,对于推动文化知识传播,激发民众爱国主义情怀具有巨大作用。

4. 明清休闲——追求精致的艺术化生活

明清小说开始细述种种游戏之类的人文雅致,亦常论人生处世之态度与闲适雅趣。几千年来,士大夫普遍重理轻情,把个人休闲生活当作消磨意志之洪水猛兽。明朝严禁任何胆敢违反封建纲常礼教的思想学说,动摇儒家道德伦理至上主义,以"发乎情,止乎礼"为行为准则,束缚人们的个性自由,而"存天理,灭人欲"则更多抹杀人们理性的自然欲求,窒息自由人性。至晚明,时局动荡,前景诡谲,文官多厌仕途。以李贽、袁牧为代表,社会出现了以寻求心灵自由、个性解放为主要内容的潮流。明末清初的著名戏曲理论家李渔,是继唐宋之后,自觉对休闲活动进行理论探讨和讨论的第一位文人墨客,他的成名作《闲情偶寄》是那个时代最著名的畅销书。在这本书里,李渔探讨休闲环境、休闲活动、休闲方式,希望能把各阶层读者都吸引进他精心打造的"闲情大厦"里,不管是穷人还是富人,也不管是男是女。其作品非常贴近百姓生活,语言简洁风趣。在这样的社会背景下,以李渔为代表的明代文人积极倡导"休闲教育"理念,并形成一个庞大而完善的休闲文化体系。李渔的生活态度、良苦用心以及他传道、授业、解惑之道,符合当今休闲教育理论及世界休闲协会休闲宪章之核心思想。

由上述可知,我国早期的休闲观念和落后的农耕生产方式和生产力分不开,是农耕文明的重要组成部分之一。第一,从劳动者角度来讲,从原始社会后期开始,社会进入农耕畜牧时代,有了剩余产品,但这些剩余产品通常为有实权的人所有。劳动者整日劳动,所以休闲基本上为有实权的人所享有。劳动者根据季节的变化对土地采取相应耕种方式,而自身经过休养以提高劳动的质量和效率,休养与劳动共同组成了人们的生活方式。但是这时的休闲会经常被误认为是"游手好闲"或者"闲逛"等,人们主要从事体力劳动,经常被教导要勤俭节约,要以勤为本,这种农耕时期的价值标准决定了此时所谓的休闲只是顺应自然和气候的休息,劳动者主体意识在增强,人生境界在不断提高。第二,从特权阶层来讲。特权阶层通常指那些掌握实权的人,但也包括那些不用劳作、不为生活所奔波的生活富裕的知识分子。他们相比劳动者有较多的时间发展自己的兴趣爱好,进行各种休闲。明张萱在《西园闻见录·知止前言》中言,闲有二:有心闲,有身闲。辞轩冕之荣,据林泉之安,此身闲也;脱略势力,超然物表,此心闲也①,这种有"身""心"的"闲"者主要是"士",他们属于知识阶层,跟统治阶级联系较为紧密,"学而优则仕"是他们的向往,但面临乱世,他们却保持心灵的宁静,在山水与艺术中徜徉。

（二）中国传统的休闲思想的特征

1. 普通劳动者的休闲——重在休养生息,适应地理、自然或气候的变化

一方面,普通劳动者最关心的是填饱自己肚子,衣食住行有着落;另一方面,人不可能是永动机,普通劳动者要适应地理、自然或气候的变化进行劳作,要休养生息,这种休养生息是建立在以生存为目的的基础上的。在具有广泛的社会性与科学性,即与人的健康、体力精神和技能相适应的前提下,劳动就成为创造性活动,回归人的本质发展②,伴随着劳动或休养生息,如果能有某种创造性活动的出现,如风筝、舞龙、舞狮、斗兽、斗鸡、踩高跷、踢毽子等③,意味着劳动与休闲相互进行了融合,但人们的农闲时间一般在农闲时节或节日期间,"以农业生产的时令与节气的转换为基础来编排"④。从男女性别来讲,在农业耕作时代,一般男性参与休闲比女性要多,因为当时女性地位低下,主要以生存为目的,以服务男性为目的。但是到了近代社会,随着经济社会的日益发展,女性参与休闲的时间和机会日益增多,相比古代社会有了很大的进步。男性和女性休闲的目的和时间发生了很大的变化,劳动和休闲开始有了明显的界限,并逐渐往身、心的自由发展。

2. 特权阶层的休闲——重在"身闲"与"心闲"

"动物只是按照它所属的那个物种的尺度和需要来进行塑造,而人则懂得按照任何物种的尺度进行生产 …… 人也按照美的规律来塑造物体"⑤,特权阶层产生社会分工和社会分化的结果,虽然各个国家或地区都不同,所处的历史时期也不同,但是他们都有共同点,那就是都注重"身闲"与"心闲",他们不从事农耕生产,但有着相应的社会责任,如艺术、科学、思想、政治、文化等方面的责任,还有的进行荡秋千、踏青、观灯等⑥,让自己实现身、心的健康和自由。在时间上,在农耕社会时期,特权阶层的人们一般休闲时间比普通劳动者要多得多。他们的休闲实践如"或赏花、或为垂钓、或泛舟湖上、或吟诗作画、或抚琴弄月、纵声高歌,不少

①　赵丽霞.初盛唐旅游诗歌研究[M].武汉:武汉大学出版社,2018:195.

②　马克思,恩格斯.马克思恩格斯选集(第3卷)[M].北京:人民出版社,1972:113.

③⑥　谢红霞.中国社会休闲方式的变迁与休闲产品的开发[J].陕西财政税务专科学校学报,2005:53—56.

④　李雪飞.现代大众休闲运动的历史与发展趋势研究[J].浙江体育科学,2010:23—25.

⑤　马克思,恩格斯.马克思恩格斯选集(第1卷)[M].北京:人民出版社,2012.57.

诗赋、游记等文艺作品都是记录他们心灵活动的文字"[①] 体现了超乎物外的"心闲",这是人生的最高境界。这种境界以他们"身心的自由感和快乐感为旨归,是人之所以为人的本真生命状态,是对人的生命本质的烛照"[②]。

二、中国近现代休闲思想的发展及其特征

（一）中国近现代休闲思想的发展

到了近代社会,国外的休闲思想开始传入中国,受世界工业化的影响,"很长一段时间以来,劳动与休闲相对立,劳动之美成为主流意识形态认可的唯一的美的状态得到价值上的推广,它甚至一度成为当时年轻人择偶的唯一标准,这与勤奋苦干的传统价值观念是联系在一起"[③],迅速成了当时人们适应时代发展的追求,"时间是一种需要被节俭地使用和谨慎地管理以扩大价值回报的手段"[④]。这时人们有了工作和休闲的区分,根据不同的时间有规律地进行安排,出现了一批崇尚闲适生活的小品文作家,林语堂就是第一个用哲学观点来观察、探讨闲适问题的人。西方科学危机与心灵失落语境中,人文主义提倡的终极关怀与本体追求,表现为现代哲学思潮对于科学、理性、价值与生命等重要议题的自省与深思。林语堂熟谙西方当下的人文主义,认识到人文主义思想乃是挽救物质主义和科学主义危机之良药。林语堂休闲思想体现为其对于人生意义的理解和人文主义关怀,他以其深厚的儒学修养为基础,结合西方哲学的发展,提出了"乐学"这一概念。"乐学"既是一种人生态度也是一种生活态度。在20世纪科学主义与人文主义两大哲学思潮剧烈碰撞的文化语境中,林语堂毫无疑问地立于人文主义之列,坚定地为人文世界辩护,其人文主义眼光极为开阔,不仅有着古典人文主义精神,而且也容纳着现代人文主义精神,所以其思想对于当今现代化建设仍有着重要启示。但在近代中国,由于战乱,现实中,只有很少一部分人能有休闲消费和休闲活动。

我国工业化起步较晚,在社会主义改造时期以及早期社会主义建设探索时期,我国还没有形成休闲意识。到了改革开放初期,我国人民生活水平有了极大的提高,老百姓有机会从生存转向休闲。国内真正的休闲研究开始于20世纪80年代。首先,问题的提出自1978年改革开放后,经过一定时间的发展,中国社会生产力得到迅速发展,现代化生产线也逐渐建立健全,脑力劳动比重不断增加,逐步把人从沉重体力劳动中解脱出来,从而具有一定休闲观念。其次,是工业生产企业从"科学管理"观念到"以人为本"观念,人们得到"八小时工作制"权,使人们对闲暇生活更重视。加之我国从1999年开始实行"五一,十一,春节"三长假制度,使我国一般人拥有更多的可自由支配的时间,这就为休闲活动在时间方面的发展提供了可能,并为各种休闲研究提供材料。此外,经济的发展对进行休闲是十分必要的,根据中国人民大学休闲经济中心主任王琪延先生的观点,当人均GDP到达1000美元后,人们对休闲有了需求,2003年我国已经跨入了这一阶段。随着生产力和生产关系的发展,人民社会生活得到很大改善时,休闲已经逐渐成了大众的日常。由于人们闲暇时间不断增加,对怎样合理地利用与享有闲暇,已日益成为今天急需解决的课题。

---

①②③　冯爱琳. 从"游"至"闲":休闲的历史境遇与当代命运[J]. 创作与评论,2013(161):09–14.

④　包亚明. 现代性与空间的生产[M]. 上海:上海教育出版社,2003:13.

（二）中国近现代休闲思想的特征

众所周知，休闲的价值"不在于实用，而在于文化。她使你在精神的自由中历经审美的、道德的、创造的、超越的生活方式。它是有意义的、非功利性的，她给我们一种文化的底蕴，支撑我们的精神"[①]，中国近现代史上的休闲思想有其自身的特征。

1. 休闲逐渐趋向大众化

近代中国由于是半殖民地半封建社会，普通老百姓基本上没有休闲，只有极少数特权者享有。但是在中华人民共和国成立以后，在社会主义社会人人平等，人们享有的休闲权利是平等的，休闲逐渐趋向大众化。这种大众化的休闲建立在社会主义公有制基础上，让全体社会劳动者都享有休闲的权利。

社会主义社会相比资本主义社会，其最大的优越性在于要实现共同富裕。作为社会主义社会的劳动者，我们要富裕，就要发挥自身的主体性作用，享有的劳动权利和休闲权利都是平等的。众所周知，休闲的关键是要自主，要能全面发展。随着经济社会的发展，我们国家已经进入了社会主义新时代，我们的休闲已经是美好生活需要的重要组成部分，开始逐渐趋向大众化。我们要满足美好生活的需要，就需要在休闲状态下自由自在地实践，发挥个性，实现自我。这样，我们都能从整个休闲的过程中体会到快乐和幸福。到了共产主义社会，我们能对自己的休闲时间有自主控制的能力。但这并不意味着每个劳动者享有的休闲是一样的，而是指我们不会因为特权、财富的不同而不能实现某一类休闲，我们的休闲是出于自身的需求，是因为自己的个性需要。

2. 休闲以逐步实现人的全面发展为目的

近代中国，只有极少数特权阶层者有休闲时间。随着新中国的建立，生产力和生产关系得到进一步的发展，尤其是在改革开放以后，人们"有了充裕的休闲时间，就等于享有了充分发挥自己一切爱好、兴趣、才能、力量的广阔空间，有了为'思想'提供自由驰骋的天地。在这个自由的天地里，人们可以不再为谋取生活资料而奔波操劳，个人才能在艺术、科学等方面获得发展"[②]，"个人的充分发展又作为最大的生产力反作用于劳动生产力"[③]，即休闲是人的本质的发展，以人的全面发展为目的。人的全面发展与休息的发展有着非常紧密的联系。

一方面，人的全面发展是社会主义劳动者自身的发展，也是社会主义社会对劳动者的根本要求，是增强对唯物主义和历史唯物主义的认识。另一方面，我们改造客观世界，使得自身能解放自己的个性，尽情发展自身的精神世界，实现自我。我们知道，休息是一种实践，这种实践有利于人的全面发展。"实现人的解放和全面自由发展有两个支点，一是劳动，二是休闲，一切人的全面自由发展都存在于两者之中"[④]，我们可以参与文化娱乐活动，也可以参与经济和政治活动，或者参与社会服务活动，以满足自身的各种需要，最大程度地实现自身的价值。而要实现人的全面发展，我们的这些实践就要以"乐生"为目的，以逐渐"成为人"。也就是说，休闲是我们"成为人"的时空，我们可以在这个时空里领悟生命的真谛，而不是无所事事。当我们感受到生活压力过大，不符合自身的本性发展时，休闲就能为我们提供一个符合人性

---

①② 　马惠娣. 人类文化思想史中的休闲——历史·文化·哲学的视角[J]. 自然辩证法研究，2003（01）：55–65.

③ 　马克思，恩格斯. 马克思恩格斯选集（第2卷）[M]. 北京：人民出版社，2012：790.

④ 　王晓杰. 跨越历史时空的马克思休闲思想[J]. 社会科学战线，2011（01）：248–250.

发展的"成为人"的时空,也即实现人的全面发展。在这样的时空里,焦虑、疲惫等消极情感没有容身之处,我们将在工作与休闲的融合中实现自身的全面发展。当社会主义社会过渡到共产主义社会,我们将会实现完全的休闲,休闲成了我们的生活常态,我们能根据自身的兴趣爱好进行实践以实现自己的价值,认识清楚生活的本质,最终实现全面发展。

3. 休闲的内容和形式趋向多样化

只有坚持以人民为中心的发展思想,坚持发展为了人民、发展依靠人民、发展成果由人民共享,才会有正确的发展观、现代化观,每个人的休闲在某一地或某一时刻的要求都不一样,因而休闲的内容和形式趋向多样化是必然的。经济社会的发展为人们的休闲奠定了物质基础,能在内容和形式上不断满足人们的多样化需求。

其一是交通的发展如高速公路、高速铁路、飞机场的大量修建,使得人们的出行更为便捷,既节约了人们的成本和时间,又拓展了人们的休闲时空,使得远距离的休闲变得轻松自如。其二是数字化、信息化、网络化技术的发展,让虚拟休闲成为人们新的休闲方式,如网络游戏、电视剧、纪录片、旅游频道的节目等。其三是由于当前我们处于高新技术突飞猛进的时代,我们的创造需要更多的灵感,需要回归大自然,故很多地方服务内容和方式的创新亦丰富了人们的休闲活动,如玻璃栈道、水上吊桥等。其四是当前我国休闲的内容和形式不但非常注重和传统文化相结合,而且还特别注重和具有其他民族或国家特色的文化相结合,如"既有对场地和经费投入要求不高的传统休闲运动,如武术、气功、散步、跑步等;也有需要一些专门场地、设施和一定投入的现代休闲运动,如打网球、游泳、旅游、家庭器械健身等;还有对场地、设施、投入要求都很高的新潮体育和极限运动,如高尔夫、保龄球、赛车、登山、攀岩等"①,故我们这个社会无论是从事何种工作或处于不同年龄、不同性别的人都能根据自己的兴趣爱好找到适合自己的休闲方式。其五是我国现代的休闲注重跟科学技术硬件产品和理论结合起来,如休闲所需要设备、健康的休闲方式或理论等。一方面,这些休闲也能触发人们的各种能力,如创新、审美等能力。另一方面,这些休闲更能触发人们把自身掌握的知识和各种休闲结合起来,实现休闲形式和内容的多样化。现在我国休闲也越来越注重跟人们的个性结合在一起了,因为人们如何休闲以及对休闲的理解都不一样,都会朝着自己的个性化方向进行,只有这样,才能实现自我,带来精神上和心灵上的满足感,实现自身的全面发展。

第二节　劳动哲学与职业教育的历史演变

所谓劳动,就是人在物质、精神生活中,为满足自己的需要,为达到人的全面发展而从事的一种目的明确的活动。劳动造就人,它在人类历史中具有无可比拟的作用。不仅如此,生产物质资料是人类社会存在与发展的依据,生产过程即劳动过程,劳动哲学是关于劳动对象本质与规律的哲学思考。

---

① 李雪飞. 现代大众休闲运动的历史与发展趋势研究[J]. 浙江体育科学, 2010(05): 23–25.

一、劳动哲学的历史发展

（一）马克思主义劳动哲学的形成和发展

古时，狩猎、采集、畜牧业、农业为人类主要产业，自然要素与劳动要素之间的生产关系处于比较统一的状态，人类靠天吃饭，而劳动问题尚未受到强烈重视。在现代政治经济学、空想社会主义等领域里，劳动问题都占着相当大的比重。在 19 世纪初以前，资本与劳动、资产阶级与无产阶级之间的矛盾，并没有得到充分、公开、尖锐地展现，劳动对于资本，无产阶级对于资产阶级的抵抗，并没有到自觉、自为的阶段。所以，劳动哲学思想作为劳动者、工人阶级的思想武器，尚处在孕育状态，尚未发展成熟。19 世纪 30 年代后，欧洲先进资本主义国家工人运动汹涌澎湃，工人阶级以一支独立的政治力量出现于历史舞台，近代意义的劳动哲学得以真正展开。"现代劳动哲学"作为现代劳动运动中的一种观念与指导思想，主要指现代劳动者与工人阶级抵抗资本家与资产阶级统治，为其社会权利与地位而奋斗，使其历史价值与功能实现的一种思想意识形态。近代以来影响最大、生命力最强的劳动哲学就是马克思主义劳动哲学。

马克思认为，在具有广泛的社会性与科学性，即与人的健康、体力精神和技能相适应的前提下，劳动就成为创造性活动，回归人的本质发展。[1]一方面，马克思主义劳动哲学的形成受亚里士多德"四因说"所蕴含的劳动哲学思想影响较大。亚里士多德把劳动过程看成四种原因的相互作用：质料因（劳动对象）、形式因（劳动蓝图及其范型）、动力因（劳动对象或劳动活动）、目的因（劳动目的）；前者可称为劳动中的物因，后者可统称为劳动中的人因或精神因。这被称为"四因说"[2]，在哲学史上甚至在世界范围内最早对劳动进行某种抽象分析：亚里士多德的"四因说"和"潜能 - 现实说"，都可以被视为夸大劳动哲学这一自然和世界进程逻辑的产物。另一方面，马克思主义劳动哲学的形成也受空想社会主义的影响较大。以空想社会主义者罗伯特·欧文为代表的空想社会主义流派——欧文主义学派，其劳动哲学思想主要表现在以下几个方面：第一，财富与价值是由劳动决定的。第二，根据劳动价值论的观点，劳动者应取得并享有一切社会财富。第三，进行社会改造，其途径是成立一个劳动者占有生产资料，并共同工作和消费的合作社。

马克思主义劳动哲学有三个极其明显的特征：政治上最彻底、最具革命意义；思想上最哲学化、思辨化；历史影响最大、影响最深。时至今日不仅对发达国家仍然产生着不小的影响，而且对发展中国家劳动运动特别是对正在资本主义早期发展时期的发展中国家劳动运动也有着旺盛的生命力与现实指导意义。马克思主义哲学不但有对劳动问题最全面、最彻底的哲学思考——狭义劳动哲学，马克思主义哲学整体也可视为广义劳动哲学。一是马克思主义是从劳动出发，把劳动作为阐释社会历史以至自然界变迁的中心与辐射点，由此产生了可以称为唯物史观、劳动史观与实践史观的社会生存本体论及与之相适应的价值观与认识论；二是马克思主义哲学历史上首次公开地站在工人的位置上为工人伸张自己的权利并要求按照工人的本性与价值观去改造世界，堪称真正意义上的"工人哲学""无产阶级世界观""工人阶级争

---

① 马克思，恩格斯．马克思恩格斯全集（第 46 卷）[M]．北京：人民出版社，1972：113.

② 亚里士多德．形而上学[M]．苗力田，译．北京：中国人民大学出版社，1993：15-16.

取解放的思想武器"。

马克思主义劳动哲学观表现在以下几个方面：第一，劳动是人类改造自然界的一种有目的、有意识的物质活动，是人类与自然界进行物质变换的活动，是人类基本的生存方式。第二，是把劳动作为生产物质资料的活动，这是人类最基本的实践，人类政治实践、文化实践，无不建立在劳动活动之上。第三，是劳动创造人本身，整个所谓人的历史无非就是人通过劳动方式把自己塑造为人的过程；人的生产力、思想、感情、语言和社会关系等都是在劳动中逐渐发展的。第四，劳动的双重属性表现为：一方面是为了满足人们物质需要的工具（这是动物遗传下来的需要）、服从于"外在目的"而进行的必要劳动或者谋生劳动；另一方面也是为了满足人们创造性（这种创造性仅在偶然性认识中产生）而进行的自觉、独立和自由支配行为。第五，是强制性社会分工与私有制特别是资本主义社会分工与私有制使劳动成为"异化劳动"。因为一方面劳动所创造的剩余价值被资本家无偿占有，另一方面劳动活动本身又变成了一种纯粹谋生的活动，这就使得工人的创造天赋与潜力没有得到开发与发展，人性受到了严重摧残。其所谓"人的解放"，或者说"人类解放"，实质上是劳动者解放，是消除劳动异化性质及其异化途径，以实现每一个人自由全面的发展。这时劳动已经不是谋生的手段了，它成了人生活的首要需要，从而使人由必然王国向自由王国飞跃[①]。马克思主义哲学全面而系统地探讨了劳动问题，指出它是人的根本生存方式，并针对其诸要素作了剖析，无疑确立了它的重要地位。

马克思的历史贡献不但体现在理论上，而且在实践上贡献也非常大。为 19 世纪无产阶级——工人阶级阶级斗争提供思想武器与行动指南。但是马克思主义劳动哲学仅仅是劳动哲学的奠基形态而非最终形态。马克思认为劳动是人的价值本质表现和人获得解放的方式。由此产生了"劳动价值观"这一全新理念。从劳动哲学的维度看，人的生存方式是一种预设了劳动的本质追求，而劳动解放则是人获得自由解放的一条现实路径。在回答"劳动解放为什么能够实现"这一问题时，马克思不断把物质生产劳动纳入这一范畴，寻找人的解放之路。然而，生命前行的路上难免也会有些荆棘坎坷与羁绊，它们或源于人们对内本身的思想返思，或源于对外的社会关系与对外的自然必然。为了走出前进路上的坎坎坷坷，首当其冲的应是对现实生活中的工作的进一步分析。在人类同外部自然相联系的必然性中，不可避免地要给人类的需要和实践活动造成障碍，这时便需要劳动能动地打破自然必然性而改造外部自然环境，使人类成为自然界的主体而逐渐摆脱自然界。随后，人类将面临新的一轮挑战，在新的社会关系条件下，剩余劳动的产生、阶级社会的不平等性、阶级对立和阶级剥削等现象，就像一张渔网，笼罩着人类所处社会的关系，使人类难以跳出这张渔网。马克思在这一问题上提出：面对这一不合理的异化现象与异化状态，摆脱它的最佳途径是达到扬弃异化。[②]用资本来创造社会财富，并为此后的社会生产打下丰富的物质财富，同时也为人对自由的追求创造更多的空间。最后是使人由"物的依赖"阶段走向"自由解放"，这是马克思在著作中提到的对人类社会和历史发展的一个基本看法。可以预料，在人们互动的社交关系中，人有一个相互交织直至摆脱、冲破社交枷锁、获得真正解放的过程，这就是劳动扬弃、异化劳动阶段，这正是

---

① 王江松.如何建立和发展当代中国的劳动哲学[J].中国工人，2010,（09）：18-21.

② 马克思,恩格斯.马克思恩格斯文集（第 1 卷）[M].北京：人民出版社,1972：182.

马克思一生追求共产主义、追求人的解放所必经的道路。

（二）中国社会主义劳动哲学的形成和发展

马克思生活的时代，是资本对劳动者无情压榨和残酷剥削的时代，所以马克思主义劳动哲学具有深刻的革命性，要求彻底解放劳动者。但是自中华人民共和国成立以后，把对劳动者权利的保障也写入了宪法，因而不再需要进行激烈的对抗。改革开放以来，"在我国社会主义市场经济的发展过程中，资本和资本所有者的地位、职能、作用和贡献，已经是一个不争的事实，而且由于资本的相对稀缺和劳动的相对过剩，便不可阻挡地形成了资本的买方市场和强势地位，与此同时，也出现了劳动的卖方市场和弱势地位"[①]，但随着法律和制度的日益完善，我国劳动者的合法权利也日益得到保障，形成了我国的社会主义劳动者学说，它把马克思主义劳动哲学跟中国国情、传统文化相结合起来创立的保护劳动者正当权益的具有中国特色的哲学。虽然我国这种劳动哲学是基于"集体行动的逻辑"，但是同时也吸收了个人主义和资本主义的一些较为科学的内容。

劳动者"除计划经济时代的工人、农民、干部、知识分子外，又产生了民营科技企业的创业人员和技术人员、受聘于外资企业的管理技术人员、个体户、私营企业主、中介组织的从业人员、自由职业人员等新的社会阶层"[②]，在市场经济中新产生的这些劳动者虽然处于强势地位，对我国社会主义现代化建设不可或缺。如何平衡这些利益，尤其是普通劳动者和新兴的社会阶层之间的利益，这就需要用到中国社会主义劳动哲学。

中国社会主义劳动哲学的发展有助于把普通劳动者的利益上升到国家层面，又能维护整个社会的和谐。一方面，要完善相关法律法规，既保障普通劳动者的利益，又不能损害新兴社会阶层的利益。

二、职业教育的历史沿革

我国职业的产生与发展历史大致可划分为三个时期：古代非正式职业教育时期；现代正规职业教育出现时期；职业教育体系逐渐确立时期。

（一）古代非正式职业教育时期

古代非正式职业教育历史区间上起自原始社会晚期或奴隶社会前期，下止于清末鸦片战争后。这一历史时期职业教育和生产劳动是紧密结合的，基本上是"隐形"状态，没有形成大面积的冲击，还没有引起人们的重视。主要是通过非正式教育，也就是家庭教育或者社会教育等方式进行。职业伴随着社会分工而诞生，职业教育作为职业与社会共同发展的结果，两者的诞生几乎是同步进行的。

奴隶社会职业教育发展的初期表现为职官教育。其时，因推行世卿世禄之制，再加上生产力相对较低、传播手段欠缺，所以对职官的培训均由官府负责，即所谓"学于官府""官学合一""学宦结合"是其主要特点。在这种背景之下，政府官员拥有的文化知识和管理能力也通过家学或者官职代代传承。这种以子承父业的方式来训练职官，在封建社会中一直沿袭下

---

①　王江松.如何建立和发展当代中国的劳动哲学[J].中国工人，2010（09）：18-21.

②　王江松.中国特色社会主义工会建设之理论基础初探——劳动哲学论纲[J].中国劳动关系学院学报，2007（06）：10-15.

来。而其突出表现在对史官、太医、天文历法及其他官吏的训练上。

由上述内容可见，这类职官教育虽发生于官府，却不能说明国家对职业教育的重视，仅仅是生产力及生产力低下条件下所实施的功利性教育，并且这类教育具有浓厚的阶级性与不平等性。这个时期职业教育主要是通过社会教育来实现。自春秋战国以来，墨子开创了职业教育的社会办学。他是职业教育的提倡者，百工出身，自视"农渔工肆"。他创办了私学，并在教学过程中大量讲授了数学、力学、光学等自然科学方面的知识，进行了"百工教育"。此后，职业教育在其推动下，教学步入私学道路。此阶段社会办学和家庭教育承载着的职业教育有工匠技术教育、农业技术教育、商业教育、医学教育。应该清醒地认识到：一方面农业技术教育与医学教育的主要形式是家庭教育，而医学大多是世家。如南北朝时期徐子才出身于历代名医之家，其家六代共 11 位名医。再如明代名医李时珍祖孙三代均从医。另外，农业教育多以父传子、子承父业等方式来完成，而由于那个时代的教育阶级性特征，又决定农家子弟很少能够踏上仕途，多数只能"农之子恒务农"，子承父业而世代稼穑和农耕。从另一个角度讲，剩下的大部分教育都是社会教育，以手工作坊作为师徒制教学基地，比如，工匠技术教育是以学徒培训制为主，学徒拜师之后，师傅以实地教学的方式向学徒传授知识，他们的学习途径主要是靠师傅在劳动过程中的点拨和个人的艰苦劳动。

简言之，我国职业教育雏形阶段表现为非正式教学。它以家庭教育与社会办学为主要教学途径，同时还出现了官府办学现象。总的来看，这时的职业教育还未引起世人关注，况且受漫长封建社会约束以及儒家"学而优则仕""君子谋道不谋食""君子不泣"思想影响，职业教育应该说始终处在社会底层，被达官贵人、文人雅士所轻视。无正规学校教育和无独立社会地位是这个时期职业教育所具有的显著特征。

（二）现代正规职业教育出现时期

现代正规职业教育在时间上大致从清朝末年开始，至中华人民共和国成立前结束。这个阶段职业教育已经融入国民教育体系中，正式职业技术学校已经成立，专职教师队伍已经具备，由此，职业教育发展已经迈入正式轨道。

伴随着近代工业发展和资本主义生产方式的更新，面对资本主义列强的疯狂侵略，一批洋务派领导人，意识到要抵御外敌入侵必须"师夷之长，技以制夷"，即借鉴西方科学技术强我中华。于是，19 世纪 60 年代清政府在其主张下，先后在国内创办了中国近代军事工业、交通运输业、燃料工业和民用工业等实业。与此相伴，一些有识之士自 1866 年兴办福州船政学堂以来，相继在天津、上海、广州、北京、武汉等地兴办各类实业学堂，奏响了我国职业教育发展序曲。1903 年 11 月清政府公布的《奏定学堂章程》正式将实业教育列入学制中，使职业教育成为学校系统中的独立系统。从教育史上考究，清政府在《奏定学堂章程》中第一次在学制中规定实业教育，并初步明确其层级关系和培养目标，使职业教育的发展进入崭新时期。辛亥革命后，由于孙中山重视职业教育，在当时教育总长蔡元培的主持下，1912 年颁布《壬子学制》及有关教育改革令。1922 年颁布的《壬戌学制》正式确立了职业教育的地位并显示出正规职业教育从实践到定名的过程。从此，职业教育有了更大的发展，到 1926 年职业教育学校增加到 1 659 所，是新中国成立前职业学校机构最丰富的时期。

概括地说，这个时期的职业教育无论在实践上还是理论上都有了长足发展，正规学校的职业教育已经初步建立起来，职业教育的初步理论也已具备，职业教育的雏形结构基本成型，为中国特色的职业教育体系奠定了良好的基础。

（三）职业教育体系逐渐确立时期

从 1949 年至今为职业教育体系逐渐确立阶段。这一历史时期职业教育的整体发展轨迹可以这样来描述：这是一条既着力求发展又着力求改革的路子，使得两者相得益彰，基本上取得了成功的发展，而发展又为改革创造了条件，而改革又使得发展得到了完善。当然，基于我们国家建设之初百废待兴，职业教育体系的确立异常艰难，再加上曾经坚持"阶级斗争为纲"，背离了经济建设这个中心，因而这个发展之路曲折而艰难。

新中国成立以后，我们推行"一化三改"，改革原教育制度，有步骤地普及教育，强化中、高等教育，大力发展职业教育，针对劳动者和在职干部进行业余教育，使之能满足国家建设的普遍需求。第一次全国教育工作会议于 1949 年 12 月举行，会议提出改变过去普通教育和职业教育比例不协调、职业学校太少等状况。在此次大会精神指导下，中国教育经过变革，战争创伤得以恢复，职业教育旧貌换新颜，办学规模日益扩大，奠定了新中国教育发展基础。

1978 年 12 月召开的党的十一届三中全会，给职业教育发展送来了灿烂的春天。从此，国家将经济建设提到中心地位，开始大力发展我国的教育事业和改造中等教育的不合理结构以及大力发展职业教育。1985 年中共中央颁布了《关于教育体制改革的决定》，确定了职业教育发展的方针和目标。国家通过了大量法规文件，提倡全社会对职业教育进行扶持与创办。在党的政策正确引导下，当前我国职业教育已基本走上体系化和法治化发展之路。概言之，职业教育在其发展过程中尽管坎坷，但是它已经走在光明的道路上，如今我国职业教育蓬勃发展，显示出勃勃生机。

三、职业教育领域中劳动教育的价值

（一）培养学生服务于人民的政治观念

新时期，教育关注的不仅仅是劳动，也不仅仅是闲暇，而是要回归人性，面对人的整个日常生活世界，这是人类教育历经否定之否定的辩证发展的逻辑必然。[①] 因此，职业教育领域中劳动教育有着极强的教育价值，其一是能培养学生与劳动人民之间的亲密关系和深切情感，培养学生为人民服务、为国争光，服务社会的观念，拉近他们之间的距离，使得学生懂得劳动的价值，形成良好的劳动习惯，能亲手去创造劳动。其二是能让学生真正了解我国的国情，了解省、市、县、区、乡的情况。让学生对社会政治、经济、文化有更深的认识，进而推动学生爱国情、强国志，使他们深刻理解劳动是建设国家极为重要的必要手段，养成正确的劳动观念。其三是能够领悟我国新时期"立党为公，执政为民"的执政思想，懂得全心全意为人民谋利益。其四是能够领悟、认同、坚定中国特色社会主义道路，懂得、认同、坚定"四个坚持""四个自信""四个大局"的思想，养成政治意识、大局意识、核心意识、看齐意识，让学生能够全面了解自己国家的基本政治状况，实现远大理想。

（二）厚植学生工匠精神的文化底蕴

实现中国梦，实现中华民族伟大复兴这一历史使命，需要传承和发扬"勤劳、拼搏、敬业"

---

① 张健.劳动、闲暇、教育之关系的历史演变[J].中南林业科技大学学报（社会科学版），2014（05）：151-157.

精神意志,这是一个民族发展动力之源,只有传承和发扬勤劳献身精神,才能让国家更强盛,民族更富强,人民生活更美好。在职业教育领域实施科学的劳动教育,有助于学生学会传承和发扬以"勤劳、拼搏、奉献"为内涵的奋斗品格,使工匠精神与职业精神具有深厚的传统文化底蕴,让他们不断谱写出灿烂的中华民族精神谱系。在职业教育领域开展劳动教育,除了能够培养学生的奋斗品格,还能够增强学生的动手操作能力,在实践中增强本领,使自己的专业技能得到提升,有利于培养坚韧的毅力和耐力,从而使职业教育的质量得到提高。

（三）造就高素质劳动者和技术技能人才

劳动教育同德育、智育、体育、美育互相作用,共同组成一个整体,使学生全面发展。新时代下,职业教育有了新要求,政府越来越重视职业教育,近几年出台了很多政策文件,推动职业教育的发展。培养高素质技术技能人才已经成为时代发展的要求,在人才培养过程中劳动教育至关重要。劳动教育有助于丰富中国职业教育中产教融合、校企合作、知行合一教学模式的内涵,有助于更好地培养新时代高素质劳动者和技术技能人才,进而推动科学技术的不断革新和国家产业结构的不断升级转型,进而推动国民经济社会发展和社会主义现代化强国建设目标的实现。

（四）实现人人"人生出彩"

在全面建设社会主义现代化国家新征程上,职业教育前途广阔,大有可为。长期以来,人们对职业教育"低人一等"的严重偏见,束缚了职业教育的发展,针对这一错误认识,《国家职业教育改革实施方案》(又称"职教20条")开宗明义地提出:"职业教育同普通教育是两种不同教育类型,具有同等重要地位。"纵向贯通、横向融通的现代职业教育体系初步构建,中国职教发展进入提质培优、增值赋能、高质量发展的新时期。而如今,职业教育得到了大力发展,劳动教育越来越显示出其重要的地位。劳动教育不断发展和不断完善的历史,就是一部教育向价值理性复归的历史。基于"教育是为了人"这一基本价值,劳动教育能促使学生"德智体美劳"全面平衡发展,也就是提高他们的道德修养,既能磨砺其意志品质,开发其智力水平,强壮其健康体魄,又能丰富其个体人生体验,健全其健康人格,还能提高其认识水平、劳动技能,等等。使其具有生存能力,并能获得持久、持续的发展,继而更好地进行学习、劳动、交往,满足其生存、安全、互动、关爱、价值实现等方面的需要,从而使个体获得美好、快乐的人生。

四、劳动教育与职业教育的关系

劳动在职业教育中是起重要作用的要素,因为如果没有分工,没有职业,职业教育便不存在。一般来说,在人类社会中,劳动主要是体力劳动这种简单劳动,而在生产力发展到一定阶段,劳动主要是脑力劳动这种复杂劳动才开始产生,相应地,劳动者也就从体力劳动中分离出来,成为脑力劳动者。职业教育同劳动教育有着密切的关系,两者有着先天的必然性,又有着自然的优势。

（一）劳动与职业的关系

1. 劳动推动职业的出现和发展

原始社会劳动生产率低下,还不存在所谓社会分工,只存在偶然性或者临时性的自然分工,部落首领根据劳动情况或者成员的自然禀赋,对成员进行偶然性的分工:体壮则猎,体弱多病则采;成年则耕,未成年则收储,等等。当时,人类社会还没有从事某种特殊工作的固定群体和真正意义上的职业。在这种条件下,劳动者只能根据自己所掌握的生产技术和实践经验来选择不同的活动方式。因此,"职业"这一概念就产生了。在这个时期里,出现了专门职业。进入奴隶社会后,生产力日益发展,促使人类历史上第一次社会化大分工出现,手工业从农业中分离出来,一部分专门从事农业,另一部分专门从事手工业,人们为谋生必须选择一定的劳动形式,如固定地从事一些特殊的劳动,因此就出现了职业。所谓职业,是指人们参与社会分工,利用专门知识、技能,为社会创造财富和获得合理报酬,并将其作为自己生活主要来源的社会劳动。

随着生产力的发展,人类社会第二次和第三次大分工相继出现,职业越来越多。进入工业革命以后,生产的机械化、电气化和自动化,引起了经济结构和产业结构的变化,社会分工日益精细化,劳动专业化程度不断提高,职业更替不断加速。进入新世纪以后,科学技术日新月异,各种新型社会劳动形式层出不穷,极大地促进了职业的新生和细分,各种新型职业层出不穷。可见,专业的产生和发展是生产力进步和社会分工的结果。

2. 职业反促劳动日益进化

分工促使社会生产率不断提高,即使原始社会的自然分工,也使人类从食不果腹到生产剩余,从而为社会分工和各项事业的出现准备了条件。职业的出现,极大地促进了社会生产力发展。职业的产生大大推动了社会生产力的发展,在亚当·斯密看来,职业有三个优点:其一是提高了工作的熟练程度,促进了工人技能的提高;其二是降低了工作转换所造成的损耗;其三是职业工人能够发明出简化工作、缩减工作的机器,从而提高了劳动生产率。职业在细化和更新,同时又推动着社会劳动不断地出现新业态、新形式,推动着社会劳动持续进步、劳动生产率持续提升。

（二）劳动教育与职业教育的关系

1. 劳动教育的定位不同于职业教育

从定位问题上看,职业教育是一种类型教育,以培养高素质劳动者为目标,劳动教育是一种功能教育,以促使受教育者对劳动形成正确的认识为目标。在职业教育中坚持劳动教育,这不仅是我们教育方针的应有之义,更是职业教育本身发展的要求。职业教育是层次教育还是类型教育,国务院发布的《国家职业教育改革实施方案》曾经引起广泛争论,明确职业教育为类型教育。作为一种类型教育,职业教育和普通教育的根本区别在于培养目标,普通教育是知识型人才培养,而职业教育是技术技能型人才培养,成为类型教育的逻辑起点[①]。在2018年全国教育大会上,习近平总书记又一次强调了劳动教育的重要性,将劳动教育与德育、智育、体育、美育并列,作为我国教育制度的重要内容,丰富了全面教育方针的内涵。劳动教育具有树德、增智、强体、育美的综合育人价值,因而被称为功能教育。劳动教育,就是要促使受教育者对劳动产生正确的认识。

职业院校和普通院校都要开展劳动教育,但与普通院校相比,职业院校更应该重视劳动教育的开展。职业院校培养出来的人才是从事生产一线专业劳动的技术技能人才,属于一线劳动者。一线劳动者的劳动价值观影响着一个国家产业发展的现状和后劲,因此,在职业教

---

① 黄斌.职业教育作为类型教育的内涵、特征及其培育[J].中国职业技术教育,2020(01):67-72.

育中引入劳动教育更显得必要和现实。也有学者认为,职业教育能改变人的劳动能力和劳动形式,它实质上就是劳动力再生产,本身就带有劳动性,因此,坚持大力发展职业教育属于职业教育的题中应有之义[1]。还有学者把职业教育中的劳动教育看作劳动教育的"专业版",以区别于普通教育中劳动教育的"普及版"[2]。所谓"专业版"的劳动教育,应该是为了表明在职业教育中推行劳动教育的必要性更强、针对性更强、要求更高。

2. 职业教育与劳动教育在内涵上是有区别的

就其内涵而言,职业教育注重职业技能教育、关注劳动能力等客观因素,劳动教育注重劳动价值观教育、关注劳动认知等主观因素。职业教育与劳动教育融合具有极端必要性,也具有天然优势。

职业教育分为两方面:一是关于职业能力,包括职业知识、职业技能等方面的传授。比如,米靖认为职业教育就是向受教育者塑造职业倾向、职业道德、职业知识和职业能力,旨在培养合格劳动者(即职业人)的教育活动[3];二是如董仁忠认为职业教育主要包括职业知识、职业技能和职业态度[4]。但是在这两方面,职业教育都更加重视职业能力的培养。如俞启定、和震等人认为职业教育以实践应用性技术和技艺为主,传授职业活动必备的职业技能、职业知识、职业态度等[5];黄尧等人认为,职业教育是综合职业能力教育,其重点在于技能,其精髓在于职业教育[6]。靳伟才提出,职业教育就是要训练学生的职业技能,把他们变成操作型人才[7]。上述学者分别从不同侧面探讨了职业教育的内容,关注职业知识与职业能力是上述学者们的共识,职业知识、职业技能、职业态度和职业道德在职业教育中占有重要地位。

由上述分析可发现,职业教育着重解决劳动能力等客观因素,即"如何劳动"问题,关注劳动个体性,以及提升劳动者综合素质,关注技术层面。劳动教育关注的是劳动认识等主观因素,即"为什么要工作,为谁工作"这一问题,同时关注劳动的社会性,张扬其社会价值,关注哲学层面上的学习。由此也可以发现:第一,将职业教育和劳动教育融合在一起极为重要。职业教育如果不注重劳动教育,职业教育则会变成只有技术没有灵魂,必然会退化为纯粹的"技术教育";劳动教育如果不注重职业教育,职业教育则会变成只有"相框"没有"相片",必然会退化成纯粹的"理论教育"。二是将职业教育和劳动教育整合在一起有其天然优势,职业教育主要解决"如何工作"的问题,劳动教育主要解决"为什么要工作,为谁工作"的问题,二者结合起来解决"为什么工作,如何工作"和"为谁工作,为谁服务"的问题,"为谁工作"是职业教育整体的中心。

（三）劳动教育与职业教育相融合的途径

劳动教育和职业教育既有联系,又有差别。在教育视野下,劳动教育和职业教育均以培养人为中心,以促进人完整而全面地发展为目标。在新时期背景下,劳动教育在劳动价值观

[1] 柳靖.职业教育的劳动性探析[J].石家庄职业技术学院学报,2012,24(03):19-22.
[2] 赵伟.试论劳动、劳动教育和职业教育的关系[J].中国高教研究,2019(11):103-108.
[3] 米靖.职业教育概念、分类与使命再论[J].中国职业技术教育,2012(09):26-31+36.
[4] 董仁忠.演变、内涵界定及类型:职业教育概念再探讨[J].职业技术教育,2008,29(01):05-08.
[5] 俞启定,和震.职业教育本质论[J].中国职业技术教育,2009(27):05-10.
[6] 黄尧.职业教育学——原理与应用[M].北京:高等教育出版社,2009:03.
[7] 靳伟才.正确认识职业教育的本质[J].当代教育论坛,2005(07):119-121.

塑造中发挥着巨大作用,注重体验性、感受性、情境性和生活化。职业教育是从职业生涯发展角度出发,注重职业技能养成与职业素养培养。介绍劳动教育,应在明确与职业教育差异的情况下,将劳动教育与职业教育有机结合。

1. 重塑劳动和职业价值观,树立劳动和职业教育的发展取向

劳动教育和职业教育,在教育体系中均是不容忽视的部分,它促进了人的整体发展。推行劳动教育和职业教育,应重塑劳动价值观和职业价值观,规避劳动教育"异化"和职业教育"窄化"现象,建构劳动教育和职业教育培养一体化。

(1)必须树立劳动教育和职业教育发展的正确方向,摆正这两者的关系,而这两者又不能离开人类的发展来谈论。必须坚持马克思主义劳动教育观和职业教育观,全面贯彻落实党的二十大精神,站在培育大国工匠和创新型人才,建设制造强国,振兴中华民族的宏伟目标高度,大力发展劳动教育和职业教育。

(2)必须从科学技术发展的角度来重新看待劳动和事业、劳动教育和职业教育等问题,阐明劳动和事业之间有着不可分割的联系,职业劳动是一种重要的劳动类型,劳动是一种职业的载体和表现。劳动并不仅仅局限于体力劳动,劳动教育也不能归结为重复机械地训练体力劳动。伴随现代科技发展、信息产业、新型服务业兴起,当代社会主要劳动和职业形态不断演进和更新,蕴含较高层次脑力劳动、复合型劳动和智能型职业劳动等,改变传统业态、拓展劳动和职业内涵。当代社会呼唤手脑并用的创新型人才,用技术将人类从沉重的体力劳动中解脱出来是当今社会必然的趋势。劳动教育和职业教育应与时俱进,密切联系社会上其他产业发展,强调时代性、创新性和实践性。

(3)进行劳动教育与职业教育,要树立正确的劳动与职业价值观。要确立培育热爱劳动之情,提倡积极劳动之气,将劳动创造社会价值,自我超越等为价值追求,充分发挥劳动教育树德、增智、强体、育美的综合价值效益。职业教育应该超越"生计教育"这一价值,而不应该停留在满足人的物质生存需求这一唯一价值追求之上,止于教人谋生这一层面上,为了帮助受教育者实现对自己被动"工具化"生存的超越性,应该引导人不断追求和突出自己可能具有的价值,追求自己的生存价值与意义。

2. 加强顶层设计,正确认识劳动教育和职业教育的内涵

当代科技高度发达,区块链、物联网、云计算等新一代人工智能技术与信息技术迅猛发展,推动当代社会步入人工智能加互联网时代。信息技术和人工智能发展重塑后工业社会劳动教育和职业教育价值。把劳动教育和职业教育作为谋生手段"窄化"的传统观念,是对二者价值的肤浅认识,是对劳动教育和职业教育宗旨认识的片面和歪曲。人在工作和事业的发展过程中寻找自我,实现自己的价值。人类在劳动和职业中,既获取了生存所需的物质生活资料,又促进了人们审美水平、道德自觉和社会价值的实现。

3. 拓展劳动教育和职业教育方式,建立多方联动育人机制

2018 年全国教育工作会议上,习近平总书记强调:"办好教育事业,家庭、学校、政府、社会都有责任。"[①] 不论是劳动教育,还是职业教育,其发展均是一项需要多主体合作,共同推进的系统工程。构建劳动教育和职业教育多方联动育人机制,有利于拓宽劳动教育和职业教育

---

① 薛寒,苏德.普职联动劳动教育共同体的理论模型与实践逻辑[J].教育与职业,2020(24):05-12.

培养路径。建设劳动教育和职业教育"家庭－学校－政府－社会"协同育人体系。构建"家庭－学校－政府－社会"四位一体劳动教育和职业教育发展新格局，既是新时代劳动教育和职业教育观贯彻落实的现实要求，又是对习近平教育思想的积极应对。

如今我国的发展已经进入新时代，为了培养中国特色社会主义的建设者与接班人，让人们能够获得全面的发展与健全的人格，应该遵循"劳则仕，技则优"的原则。职业院校不仅需要重塑劳动价值观，做到"以劳树德，以劳增智，以劳强体，以劳育美，以劳创新"；还需要提高个人内在生命质量，更需要强调"做中学"，强调通过对工作的体验，促进基本劳动技能与职业素养养成，从而为个人职业生涯发展与人生幸福奠定基础。

第三节　效率主义劳动观与浪漫主义休闲观的分歧与和解

在人类社会初期，闲暇和劳动既是一种紧密结合，又是一种自然结合，是不自觉的、最原始的、不带任何目的和支配原则的。自然结合同样遵循自然规律，只是在人类可控范围以外，结合质量很难得到保证。闲暇教育和劳动教育作为非正式形式，在每一个人、每一个团体的日常生活中天然融合，其融合质量很难得到保障。伴随着社会分工和阶级对立，闲暇和劳动渐渐脱离了。近代社会，教育忽略了与闲暇之间的关系，更注重劳动（工作）；发展至现代社会，闲暇教育与人类发展的重要性又一次引起了人们的重视，闲暇教育在人类生活及社会发展中将起着举足轻重的作用。

一、劳动与闲暇的割裂

伴随着生产力发展，剩余产品出现，私有制诞生，导致人类社会主要物质生产与精神生产进行社会大分工，从而形成人类最为核心的社会关系——主奴关系。以主奴关系为媒介，劳动和闲暇开始脱离和对立。在人们看来，劳动是指休闲的中止，休闲又是指劳动中止。例如，在坚持物质世界是第一性的前提下，马克思和恩格斯进一步强调，在特定的社会关系中展开实践活动才是人类生活的根本所在，人在闲暇中根本上也是关于现实的个人革命实践活动。[1]诚然，有必要抓住劳动和闲暇这一边界，但如果把二者的划分绝对化，那就有问题了。因为很多人在休闲时都会选择做一些自己热爱的工作，如木工、种花、除草、钓鱼等。或许你会觉得他们只是工作，但他们会把这当成一种休闲。在马克思和恩格斯看来，"闲暇"首先是指"闲暇时间"，即在资本主义条件下，相对于从事雇佣劳动的工作时间以外的那部分非雇佣劳动时间。[2]由这一等级序列可知，这类人群休闲时的工作实际上就是较高一级的休闲。虽然著名的哲学家、教育家们认为闲暇教育在"成人"过程中起着举足轻重的作用，把闲暇教育视为全面教育中的一个重要环节，但是，它仅仅是有闲阶级从不体面的工作中解放出来，标榜自己身份、地位的一种工具，工作所从事的体力活动，被视为赎罪的悲哀途径，或者说是一种获取闲

---

①②　陈国才. 马克思闲暇思想研究［D］. 华侨大学，2018.

暇的工具,物质生产中的劳动者则被排斥在外,只工作,不休闲。

产生把劳动和闲暇分离和对立的原因,在于忽略了劳动若以自由为目的,而不是以生存性为强迫,也能有闲暇之价值。闲暇教育对个人的全面发展和社会的和谐发展的促进作用,在以实现人的自由全面发展为目标的未来社会,劳动、闲暇和教育高度地融为一体,既看不出,也无须分辨什么是劳动、闲暇和教育,休闲人生与休闲社会必将创造美丽自然,人与自身、人与人、人与自然的矛盾得以彻底解决,人获得了真正的自由。① 遗憾的是,现代社会仍然存在着相当多的观点,即劳动或者工作相关教育目的,就其本质而言,无法与免除劳动或者工作所享有的闲暇生活相比拟。

统治阶级占有和享用劳动者劳动成果,有大量闲暇时间,成了有闲阶级,不择手段张扬人格,把自我膨胀建基于他人辛苦劳动基础上,用自身物质消费与休闲活动标榜不是等闲之辈,蔑视劳动与劳动教育,接受闲暇教育等。在中国古代,人们不但将闲暇教育作为训练士大夫的一种过程与手段,而且连闲暇教育也被看作一种教育目的,所以那时的教育内容是礼、乐、射、御、书、数"六艺",是《诗》《书》《礼》《易》《乐》《春秋》"六经"。并迫使广大职工进行劳动教育以便更好地为生产和统治者服务。显然,这一时期劳动教育和闲暇教育在本质上处于分离和对立状态,教育失去了服务于人的全面发展的本质,成为一种异化教育。

马克思明确指出:"假定某甲工作十二小时,而某乙只工作六小时;在这种情况下,某甲只要用六小时就能交换某乙的六小时,这样某甲的其余六小时就会剩下来"②,而劳动物质生产者则由于不在沉思中使用闲暇时间,因而丧失了闲暇教育权,两者处于一种彻底分离的境地。当阶级对立时,休闲就是异化休闲,工作就是异化工作,休闲教育和工作教育之间的关系也就必然陷入异化状态。

正由于劳动和闲暇之间的分离、对立,才使社会等级分化更加严重,这无论对于社会,还是对于个人的发展来说都是极其有害的。马克思指出,资本主义社会中,工人的闲暇首先表现为给资本家创造剩余价值的"剩余劳动时间",这段闲暇实质上不属于工人,本质上是完全受资本家支配的。③ 当工人所有时间都用来工作,丧失了自我,将会使得社会矛盾更尖锐。

工业社会中,机械钟规定着劳动者应该什么时候劳动,什么时候休息,分工精细,生产效率高,但有悖于人类自然本性,扰乱人类生物节律,劳动时间与闲暇时间泾渭分明,劳动成了劳动者交换生存保障所必需的条件。"工作神圣"抛弃所有人生目标之后,就成了一种社会生存法则,具有浓厚的功利色彩和生活教条。工业时代,一个人从幼年起就受到的教育,是为自己的工作做准备,而要进行所谓的职业生涯发展,则需经历十几年的基础教育和专业训练。④闲暇不是劳动的休止,它是另一类劳动,即有人性的劳动。

①④ 张健.劳动、闲暇、教育之关系的历史演变[J].中南林业科技大学学报(社会科学版),2014(05):151–157.

② 马克思,恩格斯.马克思恩格斯文集(第4卷)[M].北京:人民出版社,1972:161.

③ 陈国才.马克思闲暇思想研究[D].华侨大学,2018.

二、劳动与闲暇的融合

增加闲暇时间对人的全面自由发展至关重要,但仅有闲暇时间并不足够,人还要具备享受闲暇的条件。当代劳动教育要处理好劳动和闲暇之间的关系,针对两者的分离,马克思认为,阶级社会中的奴隶劳动、徭役劳动、雇佣劳动,都是异化的劳动。异化的劳动同时是异化的闲暇,劳动的异化直接导致劳动者无"闲时""闲钱""闲情"的闲暇的异化,失去了自由发展的时间和条件。劳动与闲暇日益融合,劳动教育与闲暇教育相结合,是与社会发展趋势相得益彰的必然走向。①信息时代,时间界限模糊,时间结构弹性化,时间制度即时化,使"工作就是休闲"之梦不再遥遥无期,人们也就很难通过一个人从事何种活动去评判其是否工作或休闲,闲暇和工作一体化已经显现。工作和闲暇的结合,相对提高了人自由支配时间,个体能够根据自身兴趣去做他们所热爱的职业。所以,对人的教育不仅仅是人力教育,它应该是向人性、向人生、向理性的复归,由阶级剥削统治工具、谋生手段、准备择业的价值导向,向促进人、社会、文化三者有机和谐发展的和谐教育转变,使劳动教育和闲暇教育有机结合起来,真正服务于自由,发展幸福人生。在21世纪的大舞台上,时间和职能上工作和闲暇的再度牵手,不仅在物质生产活动中将奏响真、善、美相统一的动人乐章,同时,也使社会分工带来的劳动、教育、生活等更趋于协调。

在现代社会,劳动和闲暇在生活中越来越融为一体,劳动教育和闲暇教育的结合是必然的趋势。现代社会是一个知识经济的时代,虽然劳动方式已经有了很大改变,但是人们仍然以劳动来创造社会财富和满足个人需求。在现代科技飞跃发展的今天,人们物质生活水平有了很大提高,闲暇时间在生活中所占比例也越来越大,对于闲暇的渴望也才得以实现。一是自动化新技术(如人工智能)替代了各领域的人力工作,工作日及工作时间逐步减少;二是科学技术走进家庭及家务劳动社会化,交通工具日臻完善也让闲暇时间越来越多;三是现代工作发展潮流不仅服务于社会生产,满足了人类成就需求,加之人类注重自身自由发展,让劳动兼具闲暇之乐,而且休闲活动还推动了劳动,其结果是人类获得了劳动和休闲双重收益。

然而,随着时代的进步,教育本性时隐时现,也产生了某些在发展中无法回避的弊端。由于工业化的时间尚短,生产产品达不到符合全体社会成员要求的程度,不均衡、不平等以及种种对抗现象仍然存在,使得现代社会在劳动和闲暇方面仍然存在一些严重问题。一方面有人看不起工作,希望不工作也能享受空闲;另一方面也有相当一部分人在生活中遇到大量空闲时惶惶不可终日,虽然穿上休闲装,但有闲时却没有闲心闲情逸致,已不是闲暇难得,反而是闲暇伤心,由此滋长了酗酒、赌博、犯罪等恶行,成了一个重大的社会问题。显然,当劳动时间减少而闲暇时间越来越多,劳动和闲暇趋于交融之时,为了实现人、社会和文化有机和谐发展的和谐教育意识水平并向自由理想教育时代转变,我们必须重视劳动和闲暇相结合。

所以,劳动和休闲是人生很重要的两个组成部分,回顾一下历史就会发现,它们之间的关系是不断发展变化的,而从它们的发展变化轨迹就会发现,劳动和闲暇及劳动教育和闲暇教育都是从人生最初的整合走向分离对立,再逐段整合,由此也就体现出今天应对受教育者实

---

① 张健.劳动、闲暇、教育之关系的历史演变[J].中南林业科技大学学报(社会科学版),2014(05):151–157.

施劳动教育及闲暇教育。

三、劳动教育与闲暇教育的和解

（一）打造劳动教育与闲暇教育交融互通的育人环境

劳动与闲暇，其本身也是一种文化存在。在当代社会主义核心价值观引领下，创设育人文化环境，在潜移默化中熏陶学生，发挥"人师"特质，运用教师人格魅力进行言传身教，有利于学生形成良好的"德性"品质。从人才的素质结构来看，劳动能力是个体安身立命之本，闲暇教育中"德"的形塑是个体为人处世之道。首先，建构外部的文化环境，需要从认知层面促进劳动文化与闲暇文化的发展。使用浸入式教育，会影响学生对于劳动教育与闲暇教育的感性认识。通过搭建社会实践平台，让"未来产业工人"在真正的劳动参与中感受劳动，树立"劳动意识"，获得"劳动能力"，形成"爱劳动"的良好品质。以闲暇教育为主题的活动，培养优良品质，提升艺术修养与道德品行。其次，营造隐性闲暇教育与劳动教育的文化氛围，发挥师生协同作用。借助于互联网，搭建网络图书馆与智慧校园，利用慕课与宣传短片等媒介，使学生全方位深入感受劳动教育与闲暇教育的内涵与价值，同时，教师也能优化课堂教学模式，充分挖掘"经师"与"人师"的人格魅力，深刻影响并长期影响着学生对于劳动教育、闲暇教育的认知程度，持有"经师"地位在课堂上传道授业，加强学生知识储备，利用"人师"地位遵循教育规律与心理发展，开发学生"向师性"心理特质，在"以德立身，以德立学，以德施教"的教育理念驱动下，优化作为师者的道德修养与行为榜样，从而培养出具有良好道德修养与行为品质的"向善"人才。

（二）信息技术为劳动教育和闲暇教育的课程发展赋能

信息技术赋能劳动教育与闲暇教育课程开发，实现了现代新兴技术与传统教学模式的有机结合。在《基础教育课程改革纲要》中，信息技术教育、研究性学习、社区服务与社会实践、劳动与技术教育作为必修课程[①]，作为综合实践活动，新时代劳动教育课程纳入了党的教育方针，贯穿于人才培养过程。在新兴技术与社会服务日益变化的语境中，闲暇以超出劳动之外的合理性存在，闲暇教育与劳动教育也在其构成中表现出新的样态。一是劳动教育课程，应秉承"劳动育人"理念，以强化创造性劳动能力，潜移默化、深远而持久地形塑、培养劳动品质。同时，把现代新兴科学技术纳入劳动教育课程整体构建下，强化实践体验与创新意识，拓展劳动教育从单纯注重知识技能向注重品质与精神提升的意义。比如，可通过 STEAM 创新实践课程提高综合实践能力，通过 VR 浸入式职业体验课程，实现打破时空中虚拟场景进行体感互动，从知情意行中拓展操作能力和创新实践能力，加强原理质性知识的运用。二是组建有效的劳动教育与闲暇教育课程开发队伍，在理论指导下，确定课程目标定位，加深课程内容的实用价值与人文价值，发挥课程体系的整体功能，建构课程与教学质量评价指标体系。还应在劳动教育与劳动教育课程设计上，形成传统教学与"慕课""SPOC"等融合设计，强化学生的兴趣，发挥混合式教学的作用，同时形成以"翻转课堂""STEAM 教育""微格教学"等为代表的新兴课程设计，运用现代技术辅助教学，推动劳动教育与闲暇教育的教学质量。三是闲暇教育课程建设也可采用校内课程渗透模式，在原基础课程上渗透闲暇教育课程内容。

---

① 仇奔波.基础教育课程改革纲要（试行）[M].北京：北京师范大学出版社，2009：40-46.

以学生的整体发展为出发点,寻求劳动教育与闲暇教育课程内容的交叉联合、联动共享,关注学生人格塑造、道德品行、价值观形成的人文素养、批判性思维、实践操作能力,不断提升教育境界,倡导深耕教育的意义价值。

（三）提高劳动教育和闲暇教育师资培养水平

在全球范围内的思想文化交锋以及经济全球化条件下的人才争夺中,习近平总书记提出了"立德树人""加强教师队伍建设"的重要论述,鲜明地表达了教师的理想信念、思想引领、道德情操、扎实学识、仁爱情操,明确了教师队伍建设的总体原则,明确了师资队伍建设的神圣职责[①]。为闲暇教育与劳动教育师资培养奠定了良好基础。一是加强闲暇教育与劳动教育师资顶层设计,以科学理念凸显专业引领。在思政价值的引领下,更新教师观念,开展师德师风建设,内化立德树人的初心使命,在"德才兼备"与"为人师表"中塑造教师角色。通过"慎独"与"自省",加强自我规范,提升内在修养,在观念层面具有精湛的传道情怀与崇高的人文关怀,在知行合一层面做到"以理服人""以情感人""以德育人""以仁待人"。二是通过人才培养,聘请职业院校客座教授或教师轮岗等方式,保障劳动教育与闲暇教育师资来源,加强闲暇教育与劳动教育师资队伍建设。一方面,规范制定闲暇教育与劳动教育专业标准,构建相关课程价值体系。改变"论资排辈"教师隐性晋升的现象,积极调整教师研修比例,不断促进劳动教育与闲暇教育教师专业成长。另一方面,教师在教育领域不仅要"专精"更要"广博",不断开阔眼界,升级格局。在课程与教学论的指导下,积极推动劳动教育与闲暇教育一体化课程模式的探索,加强与其他领域相关知识的吸收与融合,大胆创新新型课程模式。利用现代化的教学手段和教学方法,具象化闲暇教育与劳动教育之间的合理性联系。三是强化岗位实践锻炼,通过参与社会实践,深入基层感受工作与休闲,在理论与实践结合中夯实教育教学技能,提升教书育人使命感与荣誉感,在教学过程中深化教师考核制度,不断建立健全闲暇教育与劳动教育教师考核制度,合理筛选考核要素指标,对指标分值进行科学赋权,建立科学合理的科研成果积分制,注重闲暇教育与劳动师资科研教学、师德绩效、素养能力,采用质性考核与量化考核相辅相成的全方位考核办法,引导教师走向卓越。

---

① 李璐.加强新时代高校师资队伍建设研究［D］.西南大学,2019:09.

第三章　基于职业素养习养的闲暇教育的发展现状

第一节　传统工匠精神与中国特色社会主义制度的融合

在中国传统社会尤其是封建社会中期以后,工匠阶层长期处于社会的中下层,工匠精神一直受到当时占统治地位的传统思想的压制和排斥,从而导致实业和科学技艺的发展步履艰难,这也是中国近代逐渐衰落的非常重要的一个原因。中华人民共和国成立之后,工人阶级的地位得到前所未有的提升,"工匠精神"在中国特色社会主义制度下得到了大力提倡,劳动光荣和精益求精成了社会的主流风尚。进入新时代,随着"大国制造"和"中国制造2025"等强国战略的提出,大国工匠和"工匠精神"更是得到了前所未有的重视和倡导,职业教育也获得了更加广阔的空间,职业教育的人文内涵,人的素养习养由此凸显为职业教育的热点问题,"实现职业技能和职业精神培养高度融合",也使得人们对于职业教育的关注点从单一的专业技能向职业素养习养、核心价值观、人文精神和建构高尚人格的多元视角转变。

一、传统工匠精神在中国传统社会未能得到彰显的原因

成书于春秋战国时期的《考工记》载"知者创物、巧者述之守之,世谓之工。百工之事,皆圣人作也"[①],可见中华民族在早期就对百工之事和工匠精神是非常推崇的。中华民族历史长河中涌现出了很多杰出的工匠,如匠人祖师鲁班、三国"名巧"马钧、设计建设隋大兴城和洛阳城的隋代大匠宇文恺、被英国汉学家与科技史学家李约瑟称为"中国的狄德罗"、撰写《天工开物》的明代宋应星,还有李春、黄道婆等人。正因为中国古代工匠具有追求极致、精益求精的"工匠精神",使得古代中国的手工业产品以其精美和高品质闻名于世,成为世界知名的"丝绸之国"和"陶瓷之国"。因此可以说工匠精神是我国古代工匠安身立命的精神力量。但在中国传统社会,工匠精神并未得到足够的彰显,没有得到主流社会和主流思想的普遍认同。

(一)中国传统社会对工匠阶层的压制和对工匠精神的歧视

如果我们今天要追溯中国传统的"工匠"及"工匠精神",都会追溯到这么一个人,那就是创立墨家的墨子。墨子本身出身于小手工业者家庭,自幼精于器械制造,与当时著名的

---

① 张道一.考工记注译[M].西安:陕西人民美术出版社,2004:01.

工匠公输班(即鲁班)齐名。墨家和先秦其他学派相比较,具有一个独特而显著的特点:墨者多来自社会下层,墨家的主要成员是当时的手工业者及新生的个体农民,是"士"和"工匠"结合而成的团体。作为手工业者的代表,墨家学说主要代表的是手工业者的利益,比如他们反对烦琐的"礼",主张"兼爱""非攻""尚贤""尚同""天志""明鬼""非命""非乐""节葬""节用"等,由于墨者具有当时各国争霸所急需的物质和技术力量,因此在先秦时代墨家不断发展壮大,盛极一时。法家思想代表人物韩非子曾说,天下之学,不归儒,即归墨。秦一统六国过程中,墨家之"兼爱非攻"明显与统治者思想不一致,因此受到打压,而主张以"严刑峻法"的威权推进大一统的法家此时则占据了优势地位。西汉武帝采纳董仲舒的建议,"罢黜百家、独尊儒术",墨家更不为当时的垄断性正统思想所容,备受打压而逐渐隐匿在历史长河中。迨至清末民初,学者们在故纸堆中挖掘出墨家学说,发现"墨家精神"在当时"民主与科学"和"实业救国"等语境中出人意料地应景应时,墨家思想其进步性才再一次被人发现,对近代中国社会实业教育发展产生了一定影响。因此,如果探源我国工匠精神的发展历程不难发现,"工匠"阶层及"工匠精神"自起源初即受到一定程度的压制。

西汉武帝独尊儒术、隋朝实行科举制,考科举是当时作为社会精英的士子们谋取进身之阶的圭臬,"朝为田舍郎,暮登天子堂"是士子们的朝思暮想,"书中自有黄金屋、书中自有颜如玉"是读书人皓首穷经的精神支柱,"天下英雄尽入吾彀中矣",社会主流思想逐渐转变成为统治阶级笼络士子、控制思想的工具。其发展到封建社会中后期,再与八股文相结合,便愈发走向保守僵化,严重脱离生活实际和社会需要,其消极影响逐渐成为其主要方面,这也是导致中国在近代落后挨打的一个非常重要的原因。

"学而优则仕"的观念,造成了中国传统社会"官本位"观念盛行。孔子提倡的"学而优则仕",其本义主要指学习好了且有余力,就可以去做官,后来逐渐演变成学习优秀了就可以当官了,即"学成文武艺,货与帝王家",天下士子终其一生孜孜以求的是"朝为田舍郎,暮登天子堂"的官本位价值取向,"万般皆下品唯有读书高",在中国传统社会中"士农工商"四民阶层划分中,"士"居首,"农"次之、"工商"居尾。即便是普遍轻视士子的元朝时期,其将职业分为十等,即一官、二吏、三僧、四道、五工、六农、七医、八娼、九儒、十丐,"工、农"也是处于中下游的五和六。统治者这种社会分层和社会流动引导直接导致整个社会唯官唯上,而耻于从事工商等职业,也导致当时不仅精英阶层为之所笼络和控制,底层民众也对此孜孜以求。

同样,孟子提出"劳心者治人,劳力者治于人",其初衷主要是强调社会分工,但在后来中国社会的发展过程中,却成为我国封建社会森严的官僚等级制度的圣人标准和理论依据。由于"劳心者治人,劳力者治于人"等观念的影响,中国传统社会中劳动阶层一直处于社会的底层,作为传承技艺的职业教育也仅仅存在于底层的教育中,如中国传统职业技艺传承的子承父业或师徒相授。即使是自身从事手工艺的中国古代工匠的梦想也是希望子孙后代能够博取功名、光耀门楣。当一个社会某些行业的从业者自己都渴望逃离,又怎么可能滋养充满着职业自尊心和自豪感的工匠精神呢?

(二)中国传统社会的社会结构影响了工匠精神的广泛传承

有研究者认为,"中国缺乏工匠精神,究其根本是由中国传统社会的社会结构与组织方式造成的"①,这是有一定道理的。从本质上而言,中国传统社会是宗法制社会,正因为宗法社会的社会结构和组织方式,使得中国传统社会的技艺传承主要采用"口传心授"的方式。不论是师徒相授还是子承父业,都限定在一个相对狭窄的范围之内,甚至还严格限制"传内不传外""传男不传女",并且往往越是高超独特的技艺,其传承也越倾向于保守和封闭。

我们可以以之与西方社会对比,中世纪的欧洲,其整体文明程度和古代发达的中国存在相当大的差距,但伴随欧洲手工业发展的是其社会化同步发展。12世纪以来,欧洲按行业划分建立同业行会,当时的行会可谓五花八门,有蹄铁匠行会、皮革制作和加工行会、刺绣者经纪人行会等数十个行会种类,手工业者被强制要求加入不同的行会当中。此时欧洲的行会兼具社交和慈善等诸多社会职能,其社会化程度要远远高于同时期的东方文明古国。早期欧洲行会在发展过程中,非常注重对行业技术标准和工艺流程的引导,并逐步形成了一系列的行业规范和标准,在一定程度上促进了欧洲工匠阶层的形成。而中国的工匠精神和技艺流程更多的是通过"口传心授"的方式得以传承,并未形成一个广泛的、社会化的标准和规程。更为麻烦的是,这种秘不外传带有一定神秘主义色彩的传承方式一旦遇到战乱或其他偶发事件,极易出现传承不完整甚至导致宝贵技艺彻底失传的情况,这种现象在中国历史上的历次兵荒马乱中并不鲜见。从这个意义上而言,这也是为什么西方社会后来能孕育出工业文明,而中国资本主义明朝中后期即出现萌芽而之后一直未能顺利成长的一个非常重要的原因。

（三）传统社会过分强调个体对集体的附庸和对权威的服从,不利于工匠创新精神的弘扬

中国传统社会有一种伦理本位的倾向,多强调"义利之辨",认为"君子喻于义,小人喻于利",很多时候是耻于言利的。孜孜于利固然不可取,但不敢言利或不耻言利就会导致一个群体陷入虚无、漂浮的道德说教中,不利于一个国家、一个民族的发展,当然也不利于需要以技艺安身立命的手工业者的发展。封建中国发展到中后期,士子或醉心于虚无缥缈的玄禅之学,或皓首穷经于八股文章,不求实学、不谋实利是有其思想根源的,当然这也是中国传统社会匠人自卑且人尽卑之的一个重要思想根源。

除了"义利之辨"之外,中国传统社会还有一个比较典型的"群己之辩"。"群己之辩"发端于孔孟,汉以降,与"大一统"观念统治地位的确立相伴随,开始强调对社群的服从,个人主体地位受到压制,这种群己关系在宋明得到强化,迨至有清,起始有戴震,其末有龚自珍,开始对传统群己观进行批判。直至近代,随着西学的渗入,个性主义才逐渐张扬起来。但在历史的绝大部分时间里,更多强调的是对权威的服从以及对集体的附庸。无论是在家庭还是在社会,中国传统社会都非常强调"听话",即强调在集体中循规蹈矩服从于权威的领导,而工匠则是需要不断创新与创造的,这种群己观在很大程度上束缚了工匠个人的创造、创新精神。尤其宋明以降,随着程朱学与陆王学之发轫推广,传统社会主流思想几乎完全陷入客观唯心主义和主观唯心主义的泥沼,如强调"存天理、灭人欲""心外无理、心外无物"等禁欲主义和唯心主义倾向极大地扼杀了作为个体的人的人格独立及其自由发展。《匠人精神》的作者,日本著名"秋山木工"创办人秋山利辉说过:"一流的匠人,有一流的心性,必有一流的技术"②,而中国传统社会思想和社会等级上的双重禁锢,造成的客观后果就是整个社会严重缺乏创新精

---

① 李俊.为什么当下中国缺少工匠精神［J］.江苏教育,2017（01）:40-41.
② ［日］秋山利辉.匠人精神［M］.北京:中信出版社,2015:47.

神,要在这样的社会母体内产生崇尚个性、推崇个人发展的"工匠精神"是极为困难的。

（四）中国传统社会过于强调人文知识,不利于强调科学与理性的工匠精神的发展

中国传统主流社会"重义理、轻末技""重学轻术",从观念上就是排斥、贬低工匠精神的。在中国传统社会,工匠的发明创造或精美极致之作往往被鄙斥为"奇技淫巧",更毋论其得到尊重和推广了。科举制度的推行将国家的精英阶层牢牢锁定在"学而优则仕"的人生路径之中,自然科学、实用技艺被视为"末学",摒弃在学习和教育的视野之外。因此,一直以来,中华民族的科技精神是有所不足的。中国作为四大文明古国,在人文方面创造了诸多辉煌灿烂的成果,但自然科学方面则显得非常不相称,中国传统社会中探索精神和科学精神的相对缺乏是一个客观事实,如我国一直引以为傲的四大发明:造纸术和印刷术打破了中世纪教士对知识的垄断性地位和权威性解读;罗盘指引欧洲人开辟了大航海时代;火药帮助西方列强以坚船利炮敲开了中国的大门。反观我们对四大发明的利用与延伸明显要逊色于西方世界。

此外,中国古代并不推崇敬业乐业的"工匠精神",而比较推崇"业余精神",古圣人之所谓"君子不器",意即代表传统社会完美人格的君子不能像一个器具一样,应该兼具多方面的才能,古君子习"六艺",礼、乐、射、御、书、数;或琴、棋、书、画皆有所涉猎,但这只是君子的闲暇之乐,并不求精。著名美国汉学家、历史学家列文森（Joseph R.Levenson）在其著作《儒教中国及其现代命运》（Confucian China and Its Modern Fate）中提出,中国传统思想一贯秉持超脱、散漫、玄妙的"业余精神",与近现代以来推动世界潮流的功利性、专业化发展方向不能相容,从而导致近代中国受到源自西方的现代化潮流冲击而百无一用。实际上列文森所说的中国传统的业余精神不仅存在于统治阶层及士子文人的世界,也融贯于社会的各个层面,"好读书不求甚解"是当时社会的普遍心理和普遍状态,与追求"敬业、专注、精益求精"的工匠精神是相背离的。

综论之,中国传统社会主流思想在其发展进程中所衍生的森严等级制度、官本位观念、重人文轻科学倾向及科举制度等制度设计,客观上严重压制了工匠阶层的发展壮大,制约了工匠精神的产生,是不利于传统社会中人的自由、全面发展的。"专门知识从来就没有成为取得社会声望和社会地位的公认途径"[①],中国传统社会中"工匠精神"既得不到主流社会的认同,也得不到民间社会的推崇,只存在于非常狭小的范围之内,既影响古代工匠阶层的生存和发展,也不利于整个社会的发展和进步。当然我们梳理中国传统思想的某些不足和缺陷,并不是持历史虚无主义观点,也不是要割断传统血脉的传承,而是为了今天更加清醒客观地认识历史,从而在新时代更好地传承和弘扬时代所需的包括"工匠精神"在内的中国特色社会主义核心价值观体系。

二、新中国"工匠精神"与中国特色社会主义制度的融合

新中国成立之后,工人阶级成为领导阶级,崇尚劳动和推崇技艺成为社会的主流风尚,其间虽有所波折,但是工人阶级的地位得到了历史上前所未有的提升,"工匠精神"在我国得到前所未有的重视是毋庸置疑的一个客观事实。尤其是 2016 年十二届全国人大四次会议第一次将"工匠精神"写进了政府工作报告,工匠精神更是得到了全社会的倡导和重视。

---

① ［美］柯文.在传统与现代性之间:王韬与晚清改革［M］.南京:江苏人民出版社,2006:102.

（一）社会主义制度下工人阶级地位的提升有利于工匠精神的大力弘扬

新中国成立之后，工人阶级作为领导阶级被写入宪法，与传统社会"士农工商"之四民社会阶层划分有了天壤之别。新时期"工匠精神"也在以公有制为主体的社会主义经济发展过程中不断形成和发展，与传统社会工匠精神产生了本质的区别。社会主义社会摈弃了阶级歧视和劳动歧视，人与人只有分工的不同，而没有高低贵贱之别。造出精益求精的产品，也不是为了迎合统治阶级的趣味，而是为了满足人们不断提高的物质文化需要和日益增长的美好生活需要。

党的十八大报告强调"加快发展现代职业教育"，党的十九大报告强调"完善职业教育和培训体系，深化产教融合、校企合作"，党的二十大报告强调"统筹职业教育、高等教育、继续教育协同创新，推进职普融通、产教融合、科教融汇，优化职业教育类型定位"，并把大国工匠和高技能人才纳入国家战略人才力量，不仅文字表述越来越丰富，而且战略定位越来越突出、实践要求越来越明确，这表明我们党对新时代职业教育改革发展的规律性认识越来越深入[①]。

2015年"五一"开始，央视推出八集系列纪录片《大国工匠》，讲述了八位平凡劳动者用专注匠心创造出不平凡业绩的故事，也催生出一个网络热词——工匠精神。2016年我国《政府工作报告》中首次提到"工匠精神"，"鼓励企业开展个性化定制、柔性化生产，培育精益求精的工匠精神，增品种、提品质、创品牌"[②]。《中国国民经济和社会发展第十三个五年规划纲要》提出要"营造崇尚专业的社会氛围，大力弘扬新时期工匠精神"[③]。党的十九大报告中提出："要建设一支知识型、技能型、创新型的劳动者大军，弘扬劳模精神和工匠精神，营造劳动光荣的社会风尚和精益求精的敬业精神"[④]。在《中华人民共和国国民经济和社会发展第十四个五年规划和2035年远景目标纲要》中再次强调要"弘扬科学精神和工匠精神"，"工匠精神"得到了前所未有的重视和倡导。

（二）工匠精神与中国特色社会主义制度融合是时代之需

首先，工匠精神的创新精神与中国特色社会主义制度的守正创新特点高度契合。工匠精神强调创新和实践，而中国特色社会主义制度也是在基于中国国情和社会主义建设实践的基础上不断改革、不断自我革命的过程中逐步形成和发展起来的。大力弘扬工匠精神，可以推动中国特色社会主义制度守正创新，在实践过程中的不断完善和发展。

其次，工匠精神的精益求精、追求卓越精神与中国特色社会主义制度注重效率特点高度契合。工匠精神可以激发人们对工作的热情和责任感，提高工作效率，推动中国特色社会主义制度的高效运转。

最后，工匠精神可以推动中国特色社会主义事业的稳定和繁荣。"空谈误国，实干兴邦""社会主义是干出来的"，工匠精神可以激励人们一以贯之的家国情怀、始终不渝的人民立场、追求实效的结果导向。当今世界各国的竞争，是多方面实力的全面竞争，其中基于制造

---

① 陈子季.在自信自强、守正创新中不断拓宽中国特色现代职业教育发展道路[N].中国教育报，2022-11-14（10）.

② 国务院研究室.政府工作报告（2016）[M].北京：中国言实出版社，2016：301.

③ 中共中央.中华人民共和国国民经济和社会发展第十三个五年规划纲要[M].北京：人民出版社，2016：69.

④ 习近平.决胜全面建成小康社会，夺取新时代中国特色社会主义伟大胜利——在中国共产党第十九次全国代表大会上的报告[M].北京：人民出版社，2017：31.

业的实业竞争是基础和关键性因素。制造业是国民经济的立国之本、兴国之器、强国之基。2019 年 9 月,习近平总书记在考察甘肃山丹培黎学校时就指出:"我国经济要靠实体经济作支撑,这就需要大量专业技术人才,需要大批大国工匠。因此职业教育大有可为。"

时代呼唤工匠精神,时代需要职业教育的大发展,这都为闲暇教育的创新和发展提出了新的课题,也创造了新的空间。当今时代的人需要全面发展,当今的时代也需要全面发展的人。时代对人才的需求从单一的专业技能向人的职业素养习养、核心价值观、人文精神和可持续发展的多元视角转变。闲暇教育既丰富了职业教育的人文内涵,也使两者的协同发展、相互促进成为现实需要,从而"实现职业技能和职业精神培养高度融合",既赋予工匠精神新的时代内涵,又大力弘扬"劳动光荣、技能宝贵、创造伟大"新的时代风尚,创造"人人皆可成才、人人尽展其才"的良好社会环境。

第二节　我国职业教育的发展历程及与国外职业教育的比较优势

从 1866 年左宗棠创办我国第一所真正意义上的职业学校——福州马尾船政学堂至今,我国职业教育已走过 150 余年的沧桑历程,从救亡图存的工具到中华民族伟大复兴的重要支撑,我国职业教育在规模、地位和内涵上都发生了翻天覆地的变化。因为历史和现实的原因,也因为主观认识和客观条件的局限,无论是风雨如磐的近代中国还是万象更新的当代中国,我国职业教育发展都走了一条异常曲折迂回的道路。经过几代人的艰辛探索,逐渐走出了一条有中国特色的职业教育发展道路,在学习借鉴外国职业教育发展经验和教训的基础上,逐渐形成了自身的特色和优势。

一、我国近代职业教育的艰难起步

1840 年开始的中国近代史,随着西方资本主义的入侵,长期以来闭关锁国的封建大一统王朝统治被迫打破,凭借蒸汽机等工业革命成果支撑,西方列强以坚船利炮打开中国国门后,当时中国社会的精英分子逐渐意识到在中国发展实业的重要性和紧迫性,中国职业教育(实业教育)由此艰难地诞生和发展。从洋务派的"师夷长技以制夷"和"师夷长技以自强",到民国学制的迭次变更,近代我国发展职业教育均具有"应激性"特征,其目的是"实业救国"或"科学救国",而并不是为了实现普罗大众的自我发展和人生幸福,只是一种"救亡图存"的工具,其功利性极其明显。此外,由于我国办职业教育的经验缺乏,此阶段中国职业教育办学模式基本移植于欧美或日本,其照搬和模仿的外发型特征非常明显,此阶段实际并未能找到一条真正适合中国的职业教育发展道路。

1840 年,西方列强以坚船利炮轰开了中国闭关锁国的大门,鸦片战争是西方列强侵略中国的开始,也是中华民族救亡图存觉悟时代的开始。在屡战屡败之后,当时社会的精英阶层开始反思"重道轻艺""重道轻器"等传统观念的合理性。当时的统治阶层也逐渐意识到仅凭原来所谓的"道"并不足以应对"亘古未有之变局",要"制夷"还得"师夷长技",即学习西方先进的自然科学和应用技术,中国近代职业教育由此而发轫。近代西方职业教育的输入,不但突破了中国封建社会长期以来重德轻艺的传统教育观,而且还将西方先进的生产技术和自然科学引入国内,在长期封闭、保守和僵化的封建堡垒上打开了一个缺口,人们的价值观念和思想认识开始逐渐发生了变化。这既为中国社会面向世界打开了一扇窗,又客观上倒逼着中国社会和中国教育走向近代化。

山西大学侯怀银教授认为,中国的教育现代化属于"后发外生型",此性质决定了中国职业教育的形成和发展,必然建立在引进西方职业教育学的基础之上[1]。纵观中国近代职业教育发展历程,作为"舶来品"的"实业教育"并不是我国国内自然自生的结果,而是在西方资本主义全球扩张过程中被裹胁卷入进来的。面对世界变局和民族危机,晚清洋务派试图通过兴办京师同文馆、上海广方言馆、福州船政学堂、北洋水师学堂、上海机械学堂、北洋电报学堂等各类实务学堂来"救亡图存"。此时,中国职业教育带着自身的历史使命艰难地诞生和发展,其目的在于培养挽救清王朝的经世致用人才,[2]其被动应激性和外发型特征突出。

同时,囿于统治集团利益、传统观念和客观社会环境的束缚,中国近代职业教育走了一条异常迂回曲折的发展之路,在前进的过程中不断地进行着艰难的调适。梁启超认为晚清民国时期中国的"自觉"经历了三个阶段:首先是从器物上感觉不足,然后是从制度上感觉不足,最后是从文化上感觉不足。[3]这个"西学东渐"的渐进式发展过程,在近代中国职业教育发展过程中同样有所体现,它大致经历了一个从古代艺徒制教育到近代早期的工艺技术教育,再到实业教育,最终确立为职业教育的发展历程。我们可以从梳理代表着近代中国职业教育发展轨迹的几次学制变更来探寻近代中国职业教育发展的坎坷历程。

（一）清末实业教育的艰难起步

我国实业教育思想发蒙于王韬、薛福成、郑观应等清末早期改良派,比如郑观应认为中国传统教育"只知教学举业",而西方教育是"无事不学,无人不学",他主张仿照西方学制设立小学、中学、大学三级学制系统,设立自然、工艺和社会科学诸多学科,这在当时无疑是极具开放眼光和进步意义的。

19世纪60年代开始,"自强求富"的洋务运动兴起,为"师夷长技"即学习西方先进技术尤其是军事技术,急需大量翻译人员、技术人员和产业工人,洋务派陆续建立了京师同文馆、福州船政学堂、北洋电报学堂等一批实业教育学堂,从而开启了中国早期实业教育的实践探索。其中,1866年为培养船舶制造和驾驶人才而设立的福建船政学堂因其在办学体制、培养目标、教学方法和教学内容等方面都迥异于中国传统教育,学界将其称为"中国近代第一所高等实业学堂"[4],这也是我国近代职业教育发轫的标志。

1902年(清光绪二十八年),在洋务派举办实业教育学堂实践探索的基础上,清政府颁发

---

① 侯怀银.教育学"西学东渐"的逻辑探寻——西方教育学在20世纪中国传播的回顾与反思[J].教育研究,2020(08):40-55.

② 蒋晓明,易希平,张晓琳.后现代社会的职业教育走向——实现人的自由发展与完全解放的全人教育[J].大学教育科学,2021(05):120.

③ 梁启超.五十年中国进化概论[C].梁启超文选(下).北京:中国广播电视出版社,1992:532-533.

④ 潘懋元.船政学堂的历史地位与中西文化交流——福建船政学堂创办140周年纪念[J].中国大学教学,2006(07):14-20.

了由管学大臣张百熙主持拟定的《钦定学堂章程》,史称"壬寅学制"。"壬寅学制"这是我国第一部国颁近代学制系统,注重实业教育是"壬寅学制"的一大特点,该学制将农工商矿等学堂称之为"实业学堂"并予以单列,这是我国第一次以国颁学制的名义承认了实业教育的合法地位,具有积极的进步意义。但由于"壬寅学制"是在"谨上溯古制,参考列邦""中学为体,西学为用"等指导思想下制定出来的,因此封建色彩非常浓厚,再加上清政府内部争斗等原因,这个我国最早设计有实业教育的学制并未能付诸实施。

（二）晚清实业教育体系的初步建立

1904 年（清光绪三十年）,清政府颁布了由张之洞、荣庆、张百熙等人会同修订的《奏定学堂章程》,史称"癸卯学制"。与"壬寅学制"相比,"癸卯学制"更为系统详备且在全国范围内推行。该学制中实业教育首次独立作为一种教育类型在学制中有独立的章程,与师范教育和实业教育并列。张之洞在《奏定学堂章程》中指出:"国计民生,莫要于农工商实业;兴办实业学堂,有百益而无一弊,最宜注重"[1],把实业教育提到了一个相当高的高度。

"癸卯学制"基本以日本明治维新时期学制为蓝本,1905 年科举制度废除之后在全国推行,突破了中国一千二百余年唯科举是从的传统。全国各地建立实业学堂 20 余所,培养了一批技术技能人才,在一定程度上推动了中国近代资本主义工商业的发展。[2]但由于"癸卯学制"是由封建官吏主导制定的,育生于封建社会"母体"之内,其封建色彩仍然非常浓厚。如张之洞在《奏定学堂章程》中就强调:"无论何等学堂,内以忠孝为本,以中国经史文学为基,俾学生心术壹归于纯正,而后以西学渝其知识,练其艺能,务期他日成才,各适实用",可以看出其指导思想仍然是"中学为体,西学为用"思想的延续,并未形成实质性突破。比如该学制中"读经讲经"课程比重仍然很大,特别注重对学生进行封建伦理道德思想的灌输。又比如"癸卯学制"规定实业学堂毕业生可以根据成绩等次出任州判、主簿或知县、知州等官职,可以看出其目的仍然是为封建统治系统培养官僚,而非为近代工商业培养专业技术人才和产业工人,另外"癸卯学制"仍然将妇女完全排除于学校教育之外。

（三）民国时期实业教育面临的困境和职业教育对实业教育的取代

1911 年辛亥革命推翻了中国最后一个封建王朝清王朝的统治,1912 年,中华民国成立,为适应资本主义发展需要,教育上的革故鼎新势在必行,职业教育因其直接服务于实业发展的特性而得到更高程度的重视。中国近代著名教育家、中华书局创办人陆费逵指出,"职业教育,则以一技之长,可谋生活为主……以吾国今日之情状言之,人才教育、职业教育,急较国民教育为尤急。非职业教育兴盛,实业必不能发达,民生必不能富裕"。[3]1912 年 9 月,南京临时政府教育部颁布《学校系统令》,后又陆续颁发了《实业学校令》《实业学校规程》等一系列法令规章,史称"壬子癸卯学制"。该学制改变了"癸卯学制"排斥女子教育的规定,设立女子职业院校,确定了妇女有受教育权利及男女同校制度。该学制还废除了尊孔读经,取消了进士出身奖励,是中国教育史上第一个具有资产阶级性质的学制,也体现了德智体美全面发展的

①　孟旭.中国近代实业教育的产生和实业教育制度的确立[J].山西大学师范学院学报（哲学社会科学版）,1998（04）:50-51.

②　舒新城.中国近代教育史资料[M].北京:人民教育出版社,1998.759.

③　陆费逵.论人才教育职业教育当与国民教育并重[J].中华教育界,1914（13）:01-02.

教育目的,倡导平权教育,具有一定的进步意义。

从1914年第一次世界大战爆发起至1918年华盛顿会议召开的这一段时间,被称为中国民族资本主义工商业发展的"黄金时代"。战后民族资本主义的发展客观上需要实业教育为之提供足够多的实业人才,但在此期间的实业教育并未获得与之同步的发展,相反,此时的实业教育处境颇为尴尬,这主要表现在"升学难"和"就业难"两个方面。据著名职业教育家黄炎培当时的调研统计,"中学毕业力能升学者,或不及十分之一;高等小学毕业力能升学者,或不及二十分之一"。[①] 同时,实业学堂学生毕业后从事的工作往往"所用非所学","有以毕业于纺织专科,而为普通小学图画教员者矣;有以毕业于农业专科,而为普通行政机关助理员者矣;其有以留学欧美大学校专门毕业,归而充普通编译员者矣"[②]。造成这种尴尬局面的原因,时评认为系实业教育不能适应当地经济社会发展之需所致,"建设之处,毫无计划,地方之情形,漫不措意,所设科目,未能适合地方需要"[③]。黄炎培分析了当时实业学校面临困境的主要原因有三:"一曰其设置拘统系而忽供求也……二曰其功课重理论而轻实习也……三曰其学生贫于能力而富于欲望也"[④]。正因为此,以黄炎培为代表的一批教育家后来创立了中华职业教育社,倡导改良实业教育,发展职业教育。

20世纪初,美国著名教育家杜威的实利主义教育思想开始传入中国,"教育即生活""在做中学"等杜威思想理念在中国产生了巨大反响,进而被黄炎培等中国教育家带入中国教育改革的理论和实践中。1917年,黄炎培联合蔡元培、梁启超、张謇等48位各界名流发起成立了中华职业教育社,提出要让"无业者有业,有业者乐业",引领和推进了当时职业教育的调查、研究和实践,随后创立了中华职业院校,开始了其艰苦卓绝而又卓有成效的中国职业教育探索之路,至此,"职业教育"开始取代"实业教育"一词,并为社会所认可。

1922年,在黄炎培等职业教育家的推动下,中华民国北洋政府以大总统令颁布了《学校系统改革案》,史称"壬戌学制"。该学制正式以"职业教育"取代"实业教育",确立了职业教育的地位,最终完成了传统艺徒教育向近代职业教育的转型,至此,中国近代学制体系基本形成。该学制也是近代中国实施时间最长、影响范围最广、体系最为完备、设计最为严密、影响最为深远的学制。该学制明确了职业教育的具体形式,提出了职业教育"适应社会进化之需要""发扬平民教育精神""谋个性之发展""注意国民经济力""注意生活教育""使教育易于普及""多留各地伸缩余地"[⑤]等七条标准。从此七条标准不难看出该学制受杜威之实用主义影响颇深,也体现了中国职业教育在不同历史时期面临不同历史使命时适时而变的发展特色。这对职业教育的平民教育本质之遵循和以人为本教育理念之凸显,具有积极的进步意义。

1902—1922年,短短20年时间内,近代中国教育经历了"壬寅学制"—"癸卯学制"—"壬子癸丑学制"—"壬戌学制"四个学制的渐次演进,中国职业教育也完成了从"实业教育"到"职业教育"的嬗变,职业教育体系最终得以成型。如果说"实业教育"是依托当时实业救

---

①　黄炎培.中国近代思想家文库(黄炎培卷)[M].北京:中国文史出版社,1994:104.

②　黄炎培.中国近代思想家文库(黄炎培卷)[M].北京:中国文史出版社,1994:103.

③　俞启定.中国职业教育发展史[M].北京:高等教育出版社,2012:75.

④　黄炎培.中国近代思想家文库(黄炎培卷)[M].北京:中国文史出版社,1994:105.

⑤　琚鑫圭,唐良炎.中国近代教育史资料汇编(学制演变)[M].上海:上海教育出版社,1991:202.

国之热潮而推动,是立足于"救亡图存"的话,则"职业教育"的发展目的也从"国计"逐渐转向"民生",从"自强""求富"的国家和社会本位转变为个人技能的养成,甚至是关怀个人之个性及全面发展,其内涵已接近于近现代职业教育之本真。

作为一种从国外引入的教育模式,近代中国实业教育(职业教育)具有明显的外发型特点。"壬寅学制"与"癸卯学制"以日本明治维新学制为蓝本,"壬子癸丑学制"近似于法、德学制,对中国教育进程影响最为深刻的"壬戌学制"则借鉴于美国"六三三"学制。其每一次进步无不是吸收借鉴外部经验的基础上发展起来的,这些在当时较为先进的师资、办学理念、教学方法、课程体系及标准的引入,推动着近代中国职业教育在艰难的时局中不断自我调适,踽踽前行。纵览近代中国职业教育发展历程,我们既可以听到爱国旧官僚登高一呼的声音,也可以看到一大批新派实业家、教育家筚路蓝缕、栉风沐雨的身影,前者如左宗棠、张之洞、张百熙,后者如梁启超、张謇、蔡元培、黄炎培,等等。道路虽颇为曲折,成效也难尽如人意,但他们于危难时局中慨然以国家兴亡、民族兴盛为己任的家国情怀值得历史高度肯定,在闭关锁国、沉疴已久的旧中国,他们开放之胸襟、开明之气度、任事之胆略又尤为难得,对于我们今天发展职业教育仍具有积极的激励作用和借鉴意义。

另外,虽然我国近代发展职业教育其主观目的并不是为了个人的发展,而更多的是为了"救亡图存"。但随着职业教育的兴办,大批原本被知识和文化所隔离的底层群众开始接受正规教育,并拥有了可以摆脱其奴役地位的一技之长,"使普通人民具生活之知识技能,俊秀之士备智慧监督之才"[①],这在客观上发挥了职业教育对底层人群的解放作用,唤醒了封建牢笼桎梏下普通人主体意识的萌发和追求主体地位的抗争,虽然这种觉醒和自觉的程度受制于历史的主客观条件,其抗争的成果也较为有限,但相对于封建时代教育的奴役性与工具性而言,无疑是具有积极进步意义的,它推动了近代整个民族的觉醒与自觉。

二、当代中国职业教育的积极探索

由于近代百年我国战争灾难频发,新中国成立时可谓千疮百孔、百废待兴。由于职业教育发展的严重滞后,国民经济恢复和发展所需的行业专家和工程技术人员严重短缺,培养相关人员成为新中国教育的当务之急。在新民主主义社会向社会主义社会过渡时期,受特殊历史原因的影响,我国职业教育"苏化"特征明显。改革开放之后,开始以经济建设为中心,提出科学技术是第一生产力,职业教育迎来了发展的春天,其直接服务经济社会发展的职能得以充分发挥。在积极学习借鉴外部经验的基础上,我们逐渐走出了一条有中国特色的职业教育发展之路。

职业教育尤其是学校职业教育在欧美国家发展的历史远比中国长,职业教育也被视为第二次世界大战后日本、德国等国经济得以腾飞的"秘密武器""职业教育在德国整个教育体制中占有如此重要的地位,没有其他哪一个国家可以与之相比"[②]。反观中国,我们在近代才在"欧风美雨"影响下走上了发展职业教育的道路,在此过程中,我们充分借鉴了西方发达国家发展职业教育的宝贵经验,少走了很多弯路,其"后发优势"是客观存在的,也是明显的。

---

① 陆费逵.民国教育方针当采实利主义[C].吕达.陆费逵教育论著选.北京:人民教育出版社,2000:118.

② 孙祖复.德国职业技术教育史[M].杭州:浙江教育出版社,2000:136.

（一）新中国成立初期我国职业教育的发展及其探索

1949 年 12 月召开的新中国成立后第一次全国教育工作会议上确定了新中国成立后教育工作的基本方针，即在老解放区教育经验的基础上，学习借鉴苏联教育建设的先进经验。但在如何定位职业教育时面临一个问题，即原来老解放区教育并没有职业教育这个序列，苏联也没有职业教育这个提法，而是称之为综合技术教育。而旧教育体制中的职业教育已经被定性为是替剥削阶级培养合格劳动力的教育，是资产阶级教育"双轨制"的具体体现，因此新中国成立初期职业教育是被否定的，在当时相当于宪法的《共同纲领》中采用的是类司于苏联的"技术教育"这一表述。

新中国成立之初百废待兴、百业待举，国民经济需尽快恢复。1950 年，我国学习苏联开始工业化进程，"普通中学多，技术学校少，不适应恢复与发展经济的迫切需要"[①]，为了快速填补人才缺口，国家创办了一批中等专业技术学校，培养技术干部和管理干部，企业建立技工学校，培养生产一线技术工人，但仍难满足当时经济社会发展的巨大人才需求。

1958 年，刘少奇提出"半工半读"教育制度，"我们国家应该有两种主要的学校教育制度和工厂农村的劳动制度。一种是现在的全日制学校教育制度和现在工厂里面、机关里面八小时工作的劳动制度。这是主要的。此外，是不是还可以采用一种制度，跟这种制度相并行，也成为主要制度之一，就是半工半读的学校教育制度和半工半读的劳动制度。就是说，不论在学校中、工厂中、机关中、农村中，都比较广泛地采用半工半读的办法。"[②] 半工半读教育实验可以说是新中国成立初期为解决实际问题而进行的一次职业教育改革尝试，它符合当时中国的国情，也是职业教育在不同历史条件下发挥其适应性的具体体现。

（二）改革开放后我国职业教育发展的春天

1978 年十一届三中全会在中国拉开了改革开放的序幕，当我们把工作重心转移到经济建设上来时，才发现经济建设亟须的专业技术人才、管理人才和产业技术工人极度匮乏，职业教育得以重新进入社会各界视野并引起重视。1985 年颁布的《中共中央关于教育体制改革的决定》（以下简称《决定》）中花了较大篇幅来阐释教育改革的重点是发展职业教育。《决定》明确提出要"逐步建立起一个从初级到高级、行业配套、结构合理又能与普通教育相互沟通的职业技术教育体系"[③]，这一布局思路无疑是远见卓识的。

20 世纪 90 年代，我国开启了一场波澜壮阔的国企改革，这次改革以政企分开、企业减负增效为背景，企业减负增效主要以企业劳动人事制度改革和企业教育职能剥离为重点。国企改革后员工通过身份置换，工人的身份发生变化，由原来的"铁饭碗"变成了劳动合同。企业也不再"办社会"，原来依附企业办的食堂、电影院、医院、学校等社会性职能交由社会来办，很多原来隶属于企业的技校、中专开始转由以教育、劳动部门为代表的地方政府办学，职业教育迎来新的发展机遇。

① 教育之弦 . 新中国 70 年职业教育改革发展历程：锻造大国工匠 奠基中国制造［N］.中国教育报，2019-09-27（05）.

② 刘少奇 . 刘少奇选集下卷［M］.北京：人民出版社，1985：324.

③ 教育之弦 . 新中国 70 年职业教育改革发展历程：锻造大国工匠 奠基中国制造［N］.中国教育报，2019-09-27（01）.

进入新世纪,随着我国产业转型升级的需要,职业教育的重要性日渐凸显,原来的职业教育办学模式已不能完全适应经济社会发展的需要。

（三）新时代我国职业教育改革发展的新阶段

改革开放后,我国职业教育获得了较大发展,但职业教育"天花板"、重知识传授轻技能训练、职教普教同质化等问题也逐渐暴露出来,职业教育不能充分满足受教育者个人发展需要,也不能充分适应国家经济社会发展需要,这些问题都得到了党和国家的充分重视,除了从制度上支持职业教育发展之外,还大力营造劳动光荣、知识崇高、人才宝贵、创造伟大的良好社会氛围。

党的十八大以来,习近平总书记就曾多次礼赞劳动创造,讴歌劳模精神、劳动精神和工匠精神,勉励广大劳动者勤于创造、勇于奋斗,提出"要大力弘扬劳模精神、劳动精神、工匠精神""让诚实劳动、勤勉工作蔚然成风"。2014 年中央再次召开全国职业教育工作会议,习近平总书记作出重要批示:"职业教育是国民教育体系和人力资源开发的重要组成部分,是广大青年打开通往成功成才大门的重要途径,肩负着培养多样化人才、传承技术技能、促进就业创业的重要职责,必须高度重视、加快发展。"国务院颁布《关于加快发展现代职业教育的决定》提出建立产教深度融合、中职职业衔接、职业教育与普通教育相互沟通的现代职业教育体系。同时,建立职业生均拨款制度,与本科享受同等待遇。2018 年,习近平总书记亲自主持中央深化改革领导小组会议并审议通过《国家职业教育改革实施方案》,这份文件特别强调:"职业教育与普通教育是两种不同教育类型,具有同等重要地位。"经过近代百年和新中国 70 年的探索,职业教育终于不再定位于低于普通教育的一种层次教育,而是与普通教育同等重要且并行的一种类型教育,这开启了我国职业教育改革发展的新阶段。

中央对职业教育的顶层设计描绘出职业教育发展的光明前景。我们可以乐观地预估,我国很快会出现一个由中职、高职专科、职教本科直至专业硕士和博士组成的纵向贯通的完善职业教育体系。届时,职业教育的天花板和断头路将被彻底打破、打通。伴随着国家对职业教育的重视和职业教育本身的高质量发展,其吸引力必将越来越强,影响中国几千年对劳动和职业的歧视必将逐渐消退。

纵观近代以来的中国职业教育发展历程,自大门洞开后的中国被裹挟进世界工业化的滚滚洪流之中,职业教育从培养挽救清王朝的"经世致用"人才、民国时期"科学救国"人才,到新中国初期培养国民经济恢复和建设急需的工程技术人才,再到改革开放初期培养生产线上的大量产业工人,到现在职业教育定位为:国民教育体系和人力资源开发的重要组成部分,是广大青年打开通往成功成才大门的重要途径。我们终于探索出一条中国特色的职业教育发展道路,即既注重职业教育的社会性职能,也注重职业教育的人本性特征,既服务于国家经济社会发展,也服务于个人成功成才。

马克思主义认为,科学技术"是历史的有力的杠杆"和"最高意义上的革命力量"[1]。世界工业革命的发展历程一再反复证明,科学技术是引领历史发展的重要动力,每一次科技革命都会转化为现实生产力,进而引发整个社会政治、经济、文化等的巨大变革以及个人生活方式的巨大变迁。

---

① 马克思,恩格斯.马克思恩格斯全集(第 19 卷)[M].北京:人民出版社,1963:372.

前工业时代,大家都是使用定制化产品;工业时代,机器化大生产和流水生产线使得人类的物质世界变得更加便宜而丰富,但只能接受工厂的批量化产品,消费者的个性化需求很难得到满足了。随着人类进入万物互联的 5G 时代,万物互联网的要素体系结构、支撑平台体系结构、应用体系结构能连接物理世界、现实世界和信息世界,能整合全球的数据资源面向政府、企业和个人提供丰富多彩的智能服务,推动人类进入智能社会时代。元宇宙、大数据、3D 打印等新技术使消费者享受定制化、智能化、个性化的服务得以实现。可以预见的是,在未来的消费领域中,标准化产品的中心地位将逐步让位于个性化服务,基于供应链驱动经济将向基于用户需求驱动经济转变,单一产品服务提供商将向综合产品服务商转型,企业和生产者将由提供产品向提供服务转变。传统的生产领域和行业分工将面临科技革新下的重新洗牌,为此,职业教育应当顺应科技发展趋势,预知社会发展方向,培养能够全程掌控和协调产品研发、设计、制造、营销和服务的所有关键环节,实现全流程的生态创新,不断拓展和延长产业链,适应社会生产力跨越式发展的高素质、综合性人才。[①]

梳理近现代以来不同阶段、不同时期中国职业教育发展演变轨迹有助于我们剖析职业教育本身发展的内在逻辑以及职业教育的职业性和教育性本质,进一步明确职业教育的本身定位和未来职业教育的发展方向。随着我国经济社会的发展,在解决温饱问题和实现全面小康之后,人民不断增长的美好生活期盼就是职业教育的发展目标,在科技进步的背景下,职业成为人自身的全面发展、谋求美好生活的重要途径,促进人的全面发展、实现人对美好生活的追求应该成为职业教育长期追求的目标,实现职业教育与闲暇教育的融合发展是未来职业教育发展的必然趋势。

三、中国职业教育和国外职业教育的比较优势

作为"舶来品"的职业教育,我国职业教育在其发展过程中积极学习和借鉴了国外发展职业教育的成功经验,并在此过程中不断结合中国国情,结合人民和时代需要,逐步探索出了一条中国特色的职业教育发展道路。当然这条道路的探索永远在路上,还将不断持续下去,但经过 70 多年的发展,相对于国外职业教育而言,我国职业教育也具有一定比较优势。

第一,我国职业教育资源更为丰富。根据教育部相关数据,目前我国已建成世界规模最大的职业教育体系,共有职业学校 1.12 万所,在校生超过 2 915 万人。中高职学校每年培养1 000 万名左右的高素质技术技能人才,1 万余所职业学校每年开展各类培训上亿人次。大量的职业学校和职业培训机构,可以为学生提供多样化的职业教育课程和培训项目,为促进经济社会发展和提高国家竞争力提供了优质人力资源支撑。[②]

第二,我国职业教育质量逐步提高。随着中国经济的快速发展,职业教育改革也不断深入推进,近年来,职业教育适应性不断增强,中国职业教育的质量和水平也在随着我国产业转型升级同步提高。据教育部数据,10 年来,职业教育专业目录经过两次调整,更新幅度超过70%。截至 2022 年 5 月,全国职业学校共开设 1 300 余个专业和 12 余万个专业点,基本覆盖

---

①　蒋晓明,易希平,张晓琳.后现代社会的职业教育走向——实现人的自由发展与完全解放的全人教育[J].大学教育科学,2021(05):121.

②　丁雅诵.我国建成世界规模最大职业教育体系(新数据 新看点)[N].人民日报,2022-05-29(04).

了国民经济各领域,有力支撑我国成为全世界唯一拥有全部工业门类的国家。[①]

第三,职业教育与产业对接紧密。中国职业教育机构与企业合作紧密,学生可以通过实习和实践活动接触到真实的工作环境和工作内容,提高就业竞争力和从业适应性。在现代制造业、战略性新兴产业和现代服务业等领域,一线新增从业人员 70% 以上来自职业院校毕业生。[②]

当然国外职业教育也有其优势,一些发达国家的职业教育历史悠久,经验丰富,教育体系完善。一些发达国家的职业教育机构与国际接轨,可以为学生提供国际化的职业教育课程和培训项目,提高学生的国际竞争力,等等。总体来说,中国职业教育和国外职业教育都有各自的优势和不足之处,中国职业教育也必将在继续学习外部先进经验和总结自身发展实践的基础不断向前发展,更好地服务于我国经济社会发展和人民美好生活期盼。

我国职业教育的不断发展,为"人人皆可成才、人人尽展其才"创造了良好教育条件,而迅速发展的时代和快速转型升级的产业也对人才提出了更高的要求。时代和产业的发展,其对人才的需求已经从单一的专业技能向人的职业素养习养、核心价值观、人文精神和可持续发展等多元转变。坚持以人民为中心发展教育,加快建设高质量教育体系,就是要让每一个孩子获得教育机会公平,让每一个个体获得适合自身发展的、贯穿人的一生的教育。学生和家长对接受高等教育的期望已从"毕业时能够找个好工作"转向"一生中能够实现最大的人生收益"。顺应这样的需求变化,我们必须构建人人皆学、处处能学、时时可学的良好生态。从这个角度看,职业教育就是一种面向人人的终身教育,是服务全民终身学习体系的重要支柱。[③] 党的二十大报告也特别强调要"建设全民终身学习的学习型社会、学习型大国"。[④] 新时代我们需要探索一个构建基于职业素养习养的教育体系,这个体系里面除了有职业技能学习和培训外,还应当有职业素养提升、职业规划指导等很多方面,因此基于职业素养习养的闲暇教育逐渐进入到大众视野。闲暇教育可以补职业教育之缺,通过闲暇时间的自我学习和训练,以提高人们专业技能之外的职业素养和习养,从而增强他们的职业竞争力和发展力,以适应时代和社会的不断发展。

第三节　职业院校学生职业素养习养培养视域下校企合作制度的回顾与展望

习近平总书记在党的十九大报告中提出,要完善职业教育和培训体系,深化产教融合、校企合作,[⑤] 这是改革开放后我国职业教育领域一直强调的发展方针和基本发展定位,也是职业

①② 丁雅诵.我国建成世界规模最大职业教育体系(新数据 新看点)[N].人民日报,2022-05-29(04).

③ 陈子季.在自信自强、守正创新中不断拓宽中国特色现代职业教育发展道路[N].中国教育报,2022-11-14(10).

④ 二十大报告[N].光明日报,2022-10-26(03).

⑤ 习近平.决胜全面建成小康社会 夺取新时代中国特色社会主义伟大胜利——在中国共产党第十九次全国代表大会上的报告[DB/OL].共产党员网:https://www.12371.cn/2017/10/27/ARTI1509103656574313.shtml,2017-10-19.

教育区别于普通教育所体现出来的类型特色。职业教育的办学方针是"以服务为宗旨,以就业为导向",这也决定它是集职业能力与职业精神于一体的教育,培养的目标是具有专业技能与职业精神的复合型人才。随着我国经济结构调整和产业转型速度的加快,社会对于高素质技术技能人才的需求尤为迫切,职业教育作为国家培养技术技能人才的教育类型,需要提升其自身的适应性,及时回应社会和企业的需求,不断提高人才培养质量,培养适应社会和企业需要的人才。同时,加强校企合作,对于职业学校学生的理论知识与实践相结合、专业技能的提升、企业文化的熏陶和职业素养习养的培养等都具有十分重要的意义。

一、校企合作制度的内涵及其发展脉络

在职业教育领域,"校企合作"有着丰富的内涵。东北师范大学周晶认为,广义的校企合作是指教育机构与产业界在人才培养、科学研究、技术服务和文化传播等领域开展的各种合作活动。狭义的校企合作是指职业院校与企业在技术技能型人才培养过程中进行的合作,校企双方协同育人,学生既要在学校学习理论与实践知识,又要在企业检验理论知识、接受专业技术技能训练。[①] 有研究者认为,校企合作制度功能主要表现在两个方面,即约束功能与激励功能,[②] 校企合作制度是对参与校企合作的各方行为进行约束或激励的制度。

我国校企合作制度是在我国经济社会发展道路的探索过程中不断发展和完善的,在此过程中,充分体现了职业教育对于经济社会发展的适应性,回顾梳理这一过程,有利于我们更加清晰地认识校企合作对于职业教育及职业院校学生职业素养习养培养的重要性。

(一)改革开放前我国校企(厂)合作制度的探索:工厂学徒制和半工半读(1949—1976年)

新中国成立初期我国校企合作是在政府主导下进行的,具有浓厚的计划经济色彩。在百废待兴的特殊时期,政府很快意识到,单凭学校和政府的力量无法满足当时恢复经济亟须的大量初级和中级技术人才需求。1951年,周恩来总理提出,教育部不能完全承担所有种类和层次学校办学的任务,要分工去办。教育部对中等专业学校负有监督指导的责任,而各个业务部门(企业)则是其办学主体。[③]1953年,周恩来总理再一次明确指出工厂对于培养技术工人的重要性,明确了它是除学校以外的重要培养场所。[④]

在这些指示的推动下,国家先后颁布了《关于整顿和发展中等技术教育的指示》《中等技术学校暂行实施办法》《关于改进中等专业教育的决定》等文件,一个方面明确了技术教育学校学生培养过程中工厂参与的重要性及具体方式,另一个方面也吸收大量工人、农民以及干部进入学校学习,这样既解决了学生的实习问题,又迅速提升了在岗工人、农民及干部的理论水平,很好地解决了当时的人才缺口问题,促进了生产的快速发展。实践证明,在学校和工厂的共同培养下,学生的动手能力迅速提升,理论与实践的结合也更为紧密。进入岗位后,这些

①　周晶.中国职业教育校企合作制度建设研究[D].东北师范大学,2015:27.

②　吴学士.职业教育校企合作制度现状、热点及知识演进研究——基于Citespace可视化分析[J].中国职业技术教育,2017(07):23.

③　闻友信,杨金梅.职业教育史[M].海口:海南出版社,2000:39.

④　闻友信,杨金梅.职业教育史[M].海口:海南出版社,2000:78.

踏实肯干、动手能力强的毕业生赢得了社会的广泛赞誉。[①]

在此过程中,工农进入学校接受理论学习、学生进入工厂接受实践教育这种不同于旧社会"师徒相授"的新型学徒制在实践中被摸索出来。1958 年,国务院出台《关于国营、公私合营、合作社营、个体经营的企业和事业单位的学徒的学习期限和生活补贴的暂行规定》,"学徒制"作为一种新型培养模式被广泛推广开来。[②]

1958 年,毛泽东和刘少奇先后多次号召"半工半读",这既是对新中国成立初期我国人才培养制度的一种探索,也是对我国职业教育发展模式及道路的一种探索,截至 1965 年底,全国半工农半读的学校达 7 294 所,在校生达 126.6 万多人。[③]这种既贴合时代社会所需,又贴合受教育者具体实际情况的职业教育发展路径和人才培养模式探索无疑是我国在职业教育发展过程中非常务实且有益的探索。

（二）改革开放之后我国校企合作培养人才的进一步探索:工厂学徒制、现代学徒制到中国特色学徒制（1978 年至今）

1978 年召开的十一届三中全会拉开了我国改革开放的序幕。随着中心工作向经济建设转移,"四个现代化"建设需要大量技术技能型人才,1979 年国家颁布的《关于进一步搞好技工培训工作的通知》和 1981 年颁布的《关于加强和改进学徒培训工作的意见》都强调了学徒培训工作的重要性,且对学徒的学习时长、理论学习和技能实操时间的分配、师徒关系等方面均作出了明确规定,这意味着在培养技术技能人才方面,国家恢复了行之有效的学徒制。1991 年 10 月国务院出台了《关于大力发展职业技术教育的决定》,第一次将校企合作上升到国家层面,也是在该文件中,第一次提出了"产教结合"这一说法。1994 年,国务院颁布了《关于加强高校与企业合作的若干意见》,明确提出要加强与外资企业、中小型企业的合作,推进校企生产、学习、研究一体化,促进高校和社会经济的协调发展。

随着我国改革开放的迅速发展,我国产业结构逐步由技术含量低的劳动密集型向技术含量高的技术密集型快速转变,面对飞速发展的时代,职业院校的发展出现了相对滞后的现象,培养的人才不能充分满足产业发展的矛盾开始凸显,校企合作的需求更加迫切。2006 年,国家发展和改革委员会、教育部等多个部门联合发布了《关于加强高等院校和企业合作的意见》,提出了创新人才培养、加强科技创新、推进产学研合作等措施,进一步完善了校企合作制度。2011 年 3 月,针对当时职业院校学生"就业难"和东南沿海城市"用工荒"这一人才供需结构性矛盾,时任教育部副部长的鲁昕提出依靠现代学徒制培养"适销对路"人才的解决方案。同年 9 月,教育部颁发《关于推进高等职业教育改革创新引领职业教育科学发展的若干意见》,提出"鼓励职业学校和企业联合开展先招工、后入学的现代学徒制试点",这是"现代学徒制"首次出现在国家政策文本中。在 2012 年和 2013 年的教育部工作要点中先后明确了"开展现代学徒制试点"和"启动现代学徒制试点"。2014 教育部颁发《关于开展现代学徒制试点工作的意见》,提出"着力构建现代学徒制培养体系,全面提升技术技能人才的培养能力和水平",随后开展了首批现代学徒制试点系列工作。现代学徒制的提出及实践,赋予了职业

①　李蔺田,王萍.中国职业技术教育史[M].北京:高等教育出版社,1994:243.
②　杨近.我国工业化进程与职业教育体系发展的研究[D].上海:上海师范大学,2015:102.
③　王平.新中国成立以来我国学徒制政策的演变、问题与调适[J].教育与职业,2015（22）:14.

教育新的内涵,职业教育开始从就业技能培训向职业发展能力教育转变,从阶段性教育转向终身教育拓展。

2017 年出台的《国务院办公厅关于深化产教融合的若干意见》提出,各级财政、税务部门要把深化产教融合作为落实结构性减税政策,推进降成本、补短板的重要举措,落实社会力量举办教育有关财税政策,积极支持职业教育发展和企业参与办学。2019 年《关于实施中国特色高水平高职学校和专业建设计划的意见》(简称"双高计划")明确了我国"施行校企联合培养、双主体育人的中国特色现代学徒制"。2020 年审议通过的《中共中央关于制定国民经济和社会发展第十四个五年规划和二〇三五年远景目标的建议》中提出"探索中国特色学徒制,大力培养技术技能人才"。

2021 年 4 月,习近平总书记在对职业教育工作的重要指示中再次强调了校企合作、产教融合的重要性。2022 年 4 月 20 日,十三届全国人大常委会第三十四次会议就 1996 年制定的《中华人民共和国职业教育法》进行了制定 26 年来的首次修订,于 2022 年 5 月 1 日起施行。其中主要有两条涉及校企合作,第二十七条和第四十一条。第二十七条,对深度参与产教融合、校企合作,在提升技术技能人才培养质量、促进就业中发挥重要主体作用的企业,按照规定给予奖励;对符合条件认定为产教融合型企业的,按照规定给予金融、财政、土地等支持,落实教育费附加、地方教育附加减免及其他税费优惠。第四十一条,职业学校、职业培训机构开展校企合作、提供社会服务或者以实习实训为目的举办企业、开展经营活动取得的收入用于改善办学条件;收入的一定比例可以用于支付教师、企业专家、外聘人员和受教育者的劳动报酬,也可以作为绩效工资来源,符合国家规定的可以不受绩效工资总量限制。这对企业和高职院校开展校企合作进行了双向激励,对校企合作提出了原则性要求,为校企合作的规范化发展提供了明确的法律依据。在政府引导下,校企合作正从单纯的科技合作逐渐转变为产学研合作、共同创新的新模式。同时,校企合作也在不断拓展领域,如文化创意、人工智能等,为我国经济社会的可持续发展作出了积极贡献。

我国各个时期校企合作制度的变迁,是职业技术教育适应性的具体体现,其重点之一是校企人才培养制度的变迁,学徒制贯穿于我国整个校企合作制度变迁的整个过程。从半工半读到"现代学徒制"再到"中国特色学徒制",标志着我国职业教育人才培养模式由借鉴国外先进经验到形成中国特色的转变。我国职业教育的重心从单一职业技能培训开始向专业理论知识、专业技术技能、职业素养习养等多元支撑转变,今天的"中国特色学徒制"除了注重学生的技术技能教育外,还注重对他们的"工匠精神"等价值观培育,创新创业的能力培养等,促进了学生的全面发展、可持续终身发展,以期职业教育从单一的专业教育向开放性、综合性、个性化教育转变。①

---

① 张建平,孙立新 . 中国特色现代学徒制试点现状研判及推进路径[J]. 职教论坛,2021(12):3.

二、校企合作制度与职业院校学生职业素养习养培育

教育部 2011 年颁发的《关于推进高等职业教育改革创新引领职业教育科学发展的若干意见》中指出，"改革培养模式，增强学生可持续发展能力，坚持育人为本，德育为先。高等职业学校要把社会主义核心价值体系、现代企业优秀文化理念融入人才培养全过程，强化学生职业道德和职业精神培养，加强实践育人，提高思想政治教育工作的针对性和实效性。重视学生全面发展，推进素质教育，增强学生自信心，满足学生成长需要，促进学生人人成才。"校企合作在学生职业素养习养培养的过程中能发挥积极作用。

（一）有利于学生形成正确的职业道德和理想信念

校企联合培养人才的过程中，通过学生在企业现场跟企业职工一样参与到生产全过程，能更加深切地体会到从事某一职业所应有的安全生产意识、劳动纪律及爱岗敬业、诚实守信等职业道德，这种实景沉浸式学习体验效果是课堂教学包括校内实训教学都难以达到的。

（二）有利于学生学习专业知识和专业技能

职业院校学生在学校学得更多的是理论知识，虽然校内实训能在一定程度上对接社会就业岗位，但当今时代的具体职业和具体岗位都呈现出精细化和个性化的特点，学校教育很难满足具体岗位的现实需要，这就需要学生在企业现场亲身感知岗位实际需求，将学校学习的专业知识和专业技能与具体岗位实际情况相结合，进一步消化专业科学文化知识和提升动手实践能力，并为今后的职业发展打下坚实基础。

（三）有利于培育学生的职业发展和创新能力

现代社会对人才的要求是多元的、全方位的，包括团队协作能力、人际交往能力、语言表达能力、组织管理能力、终身学习能力、创新创造能力等，也包括良好的身体素质和心理素质，比如良好的生活习惯、健康的体格、稳定的情绪、坚强的意志等。企业现实的工作场景，真实的工作过程，能让学生充分感受劳动、协作和成功的快乐，得到了很好的培养和锻炼。将来毕业就能很好地适应就业岗位，并具有一定的职业发展能力。

通过以上几点分析可以发现，校企合作在学生职业素养习养培养方面的作用是非常重要的，甚至是不可或缺的。

三、职业院校学生素养习养视域下校企合作制度发展展望

职业教育区别于普通教育一个非常重要的特点就是职业教育的社会性更强，其与地方、行业、企业的联系更为密切，因此也就决定了这种教育类型必须通过跨界共建，需要政府、行业、企业、学校联合协同，依托产教融合、校企合作、开放办学的体制机制，共建"三全育人"的系统工程，才能真正达到"立德树人"的最佳效果，也才能真正培养出适应区域经济社会发展需要、贴合行业企业需求的高素质技术技能人才。这就需要在"政府、企业、行业、学校"四者之间找到利益的平衡点、需求的共振点、发力的支撑点。在这个培养人才的综合系统中，应该建立一个以政府为统筹、企业为支撑、行业为引领、学校为关键的多方合力的全员、全程、全方位"三全"协同育人体制机制。

第一，政府应该进一步完善相关政策法规，发挥统筹协调作用。校企合作涉及政府、行业、企业、学校多主体，这之间的责、权、利需要进一步明确。政府内部又涉及教育、法务、人力

资源和社会保障等多部门,校企合作由哪个部门来监督、跟进、评估和问责都要相关制度予以明确。另外,当今很多高职院校的校企合作是跨地区、跨行业甚至是跨国的,也需要政府的统一协调。因此,国家在修订了职业教育根本法——《中华人民共和国职业教育法》之后,应当尽快制定系列法律法规与之配套,形成有中国特色的职业教育法律体系,在校企合作方面,尤其要明确地方政府的职责,在法律层面做到有法可依,为新时期我国职业教育的高质量发展提供指引和保驾护航。

各级地方政府从结合区域经济和社会发展的角度出发,在税收优惠、政策倾斜、贷款、投融资、精神和物质奖励等方面出台相关法律法规的地方性实施细则和落实办法,提高企业参与校企合作的积极性和主动性。同时,除了倡导和鼓励性制度外,还应该有强制性制度并加强考核及检查,要把支持职业教育发展作为考核下级政府班子政绩的重要子项。

第二,行业应建立校企合作方面的督导和评估制度。在我国目前的产教融合、校企合作方面,行业还可以发挥更大作用。行业不仅能成为产教融合、校企合作关系中的连接者,也应该是该关系的主体之一。行业协会可以提供行业人才需求情况、行业发展情况等动态信息,也可以指导高职院校制定适应时代和社会需求的专业设置方案、人才培养标准,联合开发实习实训教材及课程等。同时,行业协会还可以出面出台校企合作支持和鼓励措施,发挥行业协会的作用,使其在"教学指导、实习指导、教材指导、评价指导、规划指导、教师队伍指导、人才需求指导、专业布局指导"[1] 八个方面发挥更大作用。

第三,企业作为社会主义市场经济的主体之一,其基本取向为赢利是符合社会三义市场经济基本规律的,但企业同样要承担其应当承担的社会责任。同时从企业发展的长期规划来看,拥有一支稳定的、综合素质素养全面的劳动者后备队伍也是企业获得良性、可持续发展的重要支撑。因此企业要具有这种大局意识和前瞻眼光,在企业的功利性和社会责任之间找到一个平衡点,将两者有机统一起来,综合考量,通过共建实训(培训)基地、产业学院等合作形式,政府、企业、行业、学校共同制定人才培养方案,充分利用学校和企业各自的场所、资源、技术优势,与行业评价组织协同实施高质量职业培训,培养产业急需、技艺高超、具有可持续发展能力的高素质技术技能人才,为企业发展提供源源不断的人才支撑。

第四,学校应当在校企合作中发挥关键核心作用,将"立德树人"根本任务细化到各项具体制度中,细化到育人全过程。教育的根本任务是立德树人,习近平总书记指出:"人无德不立,育人的根本在于立德""把立德树人的成效作为检验学校一切工作的根本标准,真正做到以文化人、以德育人,不断提高学生思想水平、政治觉悟、道德品质、文化素养,做到明大德、守公德、严私德",他还特别强调:"要把立德树人融入思想道德教育、文化知识教育、社会实践教育各环节"。教育的价值可以划分为工具价值和育人价值,职业教育会表现出教育性和功利性的两个方面,职业教育校企合作应当坚持两者的有机统一。一方面,脱离教育性的职业教育,难以培养出具有家国情怀、人文素养、法治意识的高素质技术技能人才;另一方面,缺乏职业性的职业教育,则无法实现培养专业技术技能人才的初始目标,两者缺一不可。

教育的根本任务是"立德树人",高职院校要兼顾地方政府、行业、企业的诉求和需要,发

---

① 刘鸿飞 . 职业教育产教融合评价体系研究 [J]. 文化创新比较研究,2018(02):162-163.

挥学校育人优势,提高职业教育适应性,开办地方经济社会发展急需专业,培养培训地方经济社会发展急需人才。同时,学校可以积极联系相关合作企业,组织学生参与企业的职工联欢会、文体活动、职业技能比赛、会务服务等工作,让学生真实参与企业活动,亲身感受企业文化,亲身体验岗位核心素质素养需求,提升学生职业素养、培养学生责任意识、开拓学生创新精神,实现全面育人的目标,这是职业教育与闲暇教育目标的内在契合。

第四章　基于闲暇教育理念变迁的
职业教育目标转型

　　全面建设高质量现代化职业教育体系,人才培养是立身之本。人才培养目标是确定合适培育路径、有效培育方式方法的重要前提。关于现代职业教育人才培养目标,国家在 2021 年 10 月颁发的《关于推动现代职业教育高质量发展的意见》中提出具体要求,现代职业人才要具有开阔视野、创新精神和社会责任感的爱国友善、敬业诚信、理论扎实、技术高强、技能过硬、勤奋实干、素质优良、德智体美劳全面发展的人。2022 年,新职业教育法在阐述现代职业教育的目的和任务之时,明确指出职业教育活动必须坚持以下三点:一是坚持以立德树人、德技并修为根本使命,对职业教育人才实施思想政治教育、职业道德教育、综合素质教育等多项并举,培养有高尚道德情操、生活情操、工作情操的精益求精、刻苦耐劳、勇于创新的新时代职教人。二是坚持面向实践、强化能力,注重工匠精神、工匠文化的输入与输出,始终以区域经济发展的中高端产业需求为指导,强化学生主动适应产业发展、提升技术技能岗位适应能力。三是坚持面向人人、因材施教。职业教育所培养之人亦是全面、可持续发展的人,未来具有无限可能之人。在接受职业教育过程中,需传授科学文化知识、人文通识知识与专业技术知识,同时进行综合素质教育、生活和职业等全方位指导,全面提升职业教育人才的人文与科学兼备的素质。由此可知,现代职业教育人才培养目标与以往的只关注"技术技能"的历史时期发生了根本性转变:在目标转型上从原有职业教育中只注重强调培养学生的职业技术技能教育的"单一性"教育目标,转移到不仅关注学生的职业技能教育,还同时兼顾学生的思想政治、职业道德、职业素养、人文通识、艺体美等与其丰盈内部世界相关的闲暇教育的"全面性"教育目标转型[①]。这种目标转型实质上为实现职业教育与闲暇教育的深度融合,尤其是在高质量发展观下,构建现代职教体系与技能型社会需求下,这种融合发展是具有积极现实意义的。

---

① 庞桂美.闲暇教育论[M].南京:江苏教育出版社,2004:249.

第一节　价值调整：就业导向与可持续发展

一、职业教育中就业导向的发展演进

（一）就业导向的内涵

"就业导向"出自《教育学名词》（2013年），是指以促进学生就业为宗旨，以传授特定岗位技能为主要内容的职业教育办学理念。它是职业教育内涵的基本特征之一。从范围上说，随着社会经济发展的多元化，以及新时代背景下，新行业、新产业、新职业的不断涌现，"就业"的范围变得更为"宽口径"，包含专业对口就业、专业对口创业、邻近专业就业、非对口专业就业、非对口专业创业、升学、灵活就业等多种方式。从价值上说，"就业"则意味着学生通过职业教育的形式，习得技能与知识，完成高等职业教育学业，具备胜任一线技术岗位的基本要求和综合素质。自我认可和社会认可达到相对一致，使得个人价值与社会价值的相互成就，个体需求与社会需求相统一。从资源配置上说，"就业"意味着个人能力与岗位需求的相匹配，学生在工作岗位上的表现需符合国家战略和社会进步需要、满足产业转型升级需求，引领所在行业、企业迈向新台阶，且充分体现职业教育人才培养目标。通过合理人才培养结构，既能缓解社会人才供给结构矛盾，也能一定程度上提高资源配置效率。

（二）就业导向的价值变化

职业教育价值选择与发展经历了多个阶段的变化，从国内外职业教育发展历程来看，其中价值选择上最具代表性的有职业教育价值以"发展能力""适应经济""可持续发展"等为主的价值取向。这是根据不同经济社会发展体制、国家和人民发展需求等决定的。以下列举了较为具有代表性的价值选择，可以明确的是，当代职业教育发展，国内外殊途同归，都走向了更为关注受教育者的全面且自由发展和面向社会、服务国家的需要，这与闲暇教育的融入有着密切关联。

1. 以发展个体能力为主的价值选择

职业教育办学之初是为了让学生通过一段时间的学习，掌握基本技术技能以适应工业生产的需要。职业教育体系不同于普通高等教育的"学科本位"，而是以"能力本位"为办学理念，逐步实现职业教育服务于区域经济特色的发展模式。例如，国外社区学院大抵历经百年发展和社区民生的需要，是以从"转学"为主要职能的初级学员转变为向社区适龄人员及无业居民提供以"职业能力"为主的职业教育、成人教育、各项补习教育、社区教育等多元化职能，这种转变对于提升学员个体能力，助力获得工作技能，获得社会工作，进而促进社会稳定和维护社会秩序上发挥重要作用。进一步来看，开办社区学院主要宗旨是力求满足社区居民对教育、职业、文化以及个人素养等不同需求；人才培养目标与方案以满足发展个体能力，服务个体未来发展；专业设置紧扣个人与社会发展需求，其实验、实训设施多由地方企业、机构等捐赠或共建；兼职教师多来源于当地企业、机构。如瑞士、德国、丹麦和荷兰经济发展均一定程度上得益于其结构完善的职业教育体系；德国的双元制职业教育、澳大利亚的TAFD的科技学院等，都对本国的经济发展、科技进步以及社会稳定，起到积极助推作用。相反，英国、捷克等国家虽然民众受教育的程度高，但是整体国家竞争实力并不强，归其原因是这些国家对以"发展能力"为主导的培养高技能技术人才的职业教育体系的忽视导致，这些问题引起了不少政界、学界、企业等社会各界等人士的关注与反思。

2. 以主动适应经济发展为主的价值选择

在我国国民教育体系中职业教育是与经济社会的联系最为密切的类型教育。新中国成立以来，我国高等职业教育发展的历史选择可以划分为五个阶段：短期高等教育的历史——1949—1979年的中国高等职业教育；改革体制、探索实践——1980—1990年的中国高等职业教育；"三改一补"与高等职业教育形成——1991—1998年的中国高等职业教育；从"异军突起"到"半壁江山"——1999—2005年的中国高等职业教育；示范院校建设引领职业教育内涵发展——2006—2012年的中国高等职业教育。[①]

2014年以来，中国经济发展进入快速发展的超车道，遵循新发展理念，提出"一带一路""粤港澳大湾区""数字经济"等系列重大战略布局，产业结构不断优化调整，新产业、新行业的兴起与发展，对职业教育发展提出新要求、新机遇、新挑战。目前，我国已有世界上最为完备的工业体系，传统工业、制造业升级优化转型，要求许多产业需从内部结构进行改革发展，逐步实现产业从中低端走向中高端市场，其中高素质技术技能人才支撑，是关键一环。现代职业教育需肩负起服务产业发展需求的人才储备的重要使命，也体现职业教育主动适应市场、发挥职业教育属性作用。

随着职业教育的社会经济属性越来越突出，工业技术革新与国家经济发展联系日渐紧密，职业教育的目标价值多以就业或职业发展为导向，以服务工业发展、支撑国家支柱产业、服务国家战略需求为导向。职业教育的职业性在专业设置、专业标准；课程内容设计、课程标准；教学内容、教学方法等上得以体现；同时，近几年，围绕产教融合、校企合作理念模式，开展现代学徒制、工学结合、订单班等多元合作育人形式，灵活企业参与或合作版本，专业（群）建设上要求产业链与人才链的紧密结合，专业特色与专业群集聚效应以期将职业教育与行业、产业的适配度达到最佳，在一定程度上使职业教育发展的职业性愈发明显。

3. 走向可持续发展的价值选择

在中国职业教育史上，近代职业教育家黄炎培先生，在其职业教育理论与演讲中多次强调职业教育是以改变年轻人旧社会生活、改变教育脱离固有生活实践的教育形式。[②]在长期的职业教育实践活动中，他不仅成立了中华职业教育社，兴办职业院校、还注重职业教育发展经验总结，逐步形成一套颇具特色的职业教育理论、制度等。黄炎培还将"物竞天择，适者生存"等思想与中国儒家仁爱之心、个人发展与国家发展等结合起来，使职业教育目标价值定位呈现可持续的发展态势。

在他的"大职业教育主义"理念中，职业教育目的有四：一是谋个性之发展，二是个人谋生之准备，三是个人服务社会之准备，四是国家及世界增进生产力之准备。[③]这四个目的逻辑上是层层递进的，不断深化推进职业教育的内涵式发展。原来单向就业仅是其中的一个目的，并非全部。在中华职业教育社成立一周年之际，黄炎培进一步明确职业教育的价值选择

① 李进.新中国高等职业教育发展纪实[M].上海：上海教育出版社，2013：02—03.
② 田正平.调适与转型——传统教育变革的重构与想象[M].北京：人民教育出版社，2016（12）：584—585.
③ 田正平，李笑贤.中国教育名著丛书 黄炎培教育论著选[M].北京：人民教育出版社，2018（01）：25—69.

应该是为个人谋生做好准备,做好个人服务于社会的准备,做好增进世界生产力的准备,并提炼出"使无业者有业,有业者乐业"职业教育的可持续发展目标。[①]从"无业"到"有业",是最初发展职业教育的使命,从"有业"到"乐业"是职业教育可持续发展上重要价值取向。随着可持续发展理念与职业教育的不断融合,职业教育的价值取向也在发生变化。新时代职业教育追求的可持续发展价值取向可以影响职业教育的人才培养目标、定位、规模、路径、机制、教学形式与内容的设定,直接决定了我们要"培养什么样的人"。这个过程体现了发展职业教育使命的可持续性、延续性价值选择,都是希望学生能够"天赋我以知,更赋我以爱"[②]。换言之,通过职业教育的培养,使学生不仅具备维持生产与发展所需的必备素养(包括知识、技能、职业素养、综合能力等),还要在完善人格、情操品性、行为处世等"民吾同胞,物吾与也"有所体现。当前中国发展进入了新时代,职业教育进入了高质量发展的新阶段。职业教育的可持续发展价值,不仅体现在人的发展上,在新时代的中国受到科学技术进步、产业转型变革以及社会发展需求,职业教育走向高质量内涵式发展的新阶段,是助推一个国家或地区经济社会走向现代化的主要动力之一。加快构建现代职业教育体系,要瞄准技术变革和产业优化升级的方向,推进产教融合、校企合作,吸引更多青年接受职业技能教育,促进教育链、人才链与产业链、创新链有效衔接。在系列国家政策的指引下,职业教育进入了全面可持续发展时期,明确办好职业教育的关键价值,坚持新发展理念,走可持续发展道路,处理好"能力观""职业性""适应性""有业与乐业"等价值选择,是迈向高质量内涵建设的基本理论问题,还有很多值得探讨的空间。但可以明确的是,职业教育不再只是追求单向就业的单一职业教育形态,作为与普通教育并肩的类型教育,所承担的时代使命与育人理念更为宽广。

二、职业教育可持续发展的理论基础

21世纪以来,全球经济社会的不断发展与进步,越来越多的国家开始关注教育对人、社会及国家发展的重要性。马克思主义的人自由全面发展学说、人的自我实现理论、终身教育理论、闲暇教育理念等理论基础,使职业教育人才在发展自我、生活选择、价值追求上有了更高境界的选择。[③]

(一)人的自由全面发展与闲暇

马克思主义认为"价值"都要立足于满足人的发展与需求,人的发展是一个从必然世界走向自由世界的发展过程。[④]自由王国里人得以自由全面发展,成了"理想中的我"。人的自由全面发展处于必要物质生产活动的彼岸,实质是人自由时间与劳动时间的对立,也是人是否拥有闲暇的分界点。由此可见,闲暇的育人价值是帮助人从必然王国走向自由王国,实现人的全面发展,正如鲁洁所言,"闲暇,它是自由王国的入口处,也是人全面发展的生长地"[⑤]。

① 田正平,李笑贤.中国教育名著丛书 黄炎培教育论著选[M].北京:人民教育出版社,2018(01):25-69.
② 田正平,李笑贤.中国教育名著丛书 黄炎培教育论著选[M].北京:人民教育出版社,2018(01):106-109.
③ 钟茂初.可持续发展的理论阐释[M].北京:教育科学出版社,2004:156-189.
④ 马克思,恩格斯.马克思恩格斯选集(第1卷)[M].中央编译局,译.北京:人民出版社,2012:835-861.
⑤ 庞桂美.闲暇教育论[M].南京:江苏教育出版社,2004:01.

重视人的自由全面发展，不断追求自由全面发展，是马克思主义的价值体现，也是人类的共同价值。但"全面发展"与"自由发展"二者间存在着区别与联系，不完全等同。要实现人的自由全面发展，二者是缺一不可、互为因果的关系。在充分自由的条件下，人才有全面发展的可能；同样人若能尽可能得到全面性的发展，方能主导自身发展，获得人的真正自由。在《共产党宣言》第二部分当中，马克思和恩格斯强调：每个人的自由时间是人的自由发展的条件。自由时间是与劳动时间相对应的概念，人们追求自由全面的发展来源于其自由时间。自由即闲暇，自由时间是人的全面发展的主要条件之一，为人的自由发展提供了广阔的空间。简单地说，拥有闲暇时间是人的自由发展的重要组成部分，是人类全面发展自我的必要条件。

闲暇作用于人的可持续、自由全面发展也经历了一个漫长的价值调整过程。追溯历史悠久、源远流长的中国文明发展史，闲暇启蒙于奴隶社会，占据了社会大部分的资源与财富的奴隶主是第一批拥有闲暇的阶级，此时的"闲暇"代表的是社会地位，拥有闲暇的门阀士族们，不仅指要有充足的闲暇时间，且不必为生计、生活奔波，有足够的精力、金钱、良好的身体素质等从事闲暇活动；闲暇价值主要用于提升自我艺术修养、追求生活品位等闲暇情趣为主。而这些活动大多与贵族和精英阶层的奢华生活、贸易及文化艺术活动为主，还有一些奴隶主们花大量的时间以金钱追求器物层面的闲暇生活。可表现为：一是热衷于雕刻、绘画、建筑等高雅艺术上的修为与造诣。尤其是倾心钻研华丽的壁画、精致的工艺品、宫廷建筑。如在绘画形式上有瓶画和壁画，技术上有古雅的黑绘、红绘、白底彩绘等。同时喜欢用精益求精的绘画与雕刻艺术体现自我的高雅品位。二是追求和享受舒适、豪奢物质生活。门阀士族们会花时间与金钱去买卖或者请人制作精美的衣服和首饰、手工精湛的武器和日用品等。三是定期举办各种节庆或趣味活动，将各类庆典、劳动生产、体育活动、文艺表演等闲暇活动融入各类节日之中。

随着中国古代经济的繁荣与发展，闲暇群体不断下移至普通老百姓，以关注个体内在成长的闲暇价值随着先秦文化、魏晋六朝的隐逸文化、唐宋文化、明清休闲小品文化得以传承与发展。先秦时期，正是奴隶社会向封建社会过渡时期，孔子便提出"有教无类、因材施教"。中国古代书院教育在"人皆可以为尧舜"思想的指引下，闲暇向普通百姓敞开大门，即使是白丁小民，也有在闲暇进行教育、发表感悟和见解、过悠闲自得闲暇生活的机会。《庄子》中"就薮泽，处闲旷，钓鱼闲处。此江海之士、闲暇者之所好也"描述了有闲人士的闲暇状态。唐宋时期，国泰民安使社会文化与艺术得以百花齐放，人们的闲暇时光多用在提升自身诗、书、画、乐上的造诣、修为，出现了一大批名家名作如"诗仙"李白、"诗圣"杜甫、"诗魔"白居易、"画圣"吴道子、音乐家李龟年等。两宋时期士子游学、宦游活动频繁，《行程录》《游记》等系列游山玩水、丰富地理文化、各地民俗风情的书籍、游记涌现。清代张潮在《幽梦影》中提出：人贵在有闲，闲能读书、闲能游名胜、闲能交益友、闲能饮酒、闲能著书、天下之乐，孰大于是？充分体现了文人志士们喜欢"涵泳自然、讲究闲趣、闲情寄艺"的闲暇生活方式和态度来实现自身个体内心世界的丰盈与成长。同时期的苏格拉底、柏拉图、亚里士多德开始关注闲暇对于个人全面发展的意义。苏格拉底和柏拉图通过批判贵族们的享乐式闲暇生活，进而提出闲暇应该更多的是关注发展自我理智、知识、智慧、哲学、思辨上的成长，闲暇教育更多的是服务于社会发展需要的，而不仅是停留在追求闲暇舒适生活的层面；亚里士多德则是直接提出，"个人的幸福生活来源于闲暇"，他认为，闲暇是个人关注自身的最好时机，沉淀自我，明智、明辨的学习活动，才是闲暇生活的主旋律，人唯有懂得如何自由、有效地使用闲暇，才能获得幸福感。

近现代的人文主义教育思想丰富了"闲暇育人"的内涵，将闲暇的价值寓于"释放天性、反教条权威、追求自由"的人文主义思想之中。例如，意大利教育家维多里诺主张崇尚悠然自得、轻松惬意的闲暇生活，学习是快乐的，而且没有高低贵贱之分。[①]中国近代教育家蔡元培先生在教育孩子上一直强调个性发展，尊重孩子个体差异，有选择性让孩子根据兴趣爱好来学习与生活。教学内容上选择文学、历史、哲学、写作、诗歌、音乐、绘画。教学形式上多以活动、游戏等方式，激发孩子学习的主动性。校园环境上，营造出和谐、友爱、轻松、愉快的氛围，同时，贴近自然，鼓励与自然环境接触。万物之源的大自然是最好的书本，积极倡导学生通过闲暇时间和休闲假日去实地观察自然，多思考从而获取知识。

人的全面发展学说的不断深化影响着现代闲暇方式走向多元化。闲暇教育形式是指在非工作时间（除生物的需求、家庭和社会义务以外）里进行的学习、娱乐、休闲等一系列活动方式。随着闲暇活动内容的日渐丰富，其形式也从单一性质的活动走向多元化。即包括正式与非正式、结构化与非结构化相结合闲暇育人活动或课程。如今的闲暇形式极具包容性。根据不同人的需求，可分别进行线上、线下活动。例如，人们基本的闲暇需求可以通过电影、广播、电视、新闻、音乐会、艺术画廊、公共图书馆、展览、博物馆等线下得以满足。如果他们想通过闲暇时间提升自我，以适应职业追求、特长爱好、生命体验等，则可以通过学校的闲暇课程（半技术性、半文化性的课程）、社区、机构的户外活动等实现。长沙民政职业技术学院尝试创建一些基于网络的学生（社招生或在职学生、老年人、社会特殊群体等）发展闲暇课程，选择这种学习形式的学生可以自由选择时间和地点完成课程。根据授课对象的专业和培养目标，开设不同类型的课程，开发"校-省-国"三级联动的精品在线开放课程，多元化的授课软件，满足不同学习人群的需求，既能充实和丰富他们的闲暇生活，亦可学有所长。

学生 1 说："我发现这门课真的很有帮助。你可以从老师那里得到及时的反馈。最好的是能够按照自己的节奏，充分利用闲暇时间来学习。如果我在一个网站上，我可以根据自己的兴趣爱好，想待多久就待多久。我可以在我自己的卧室里，听着音乐，喝着可乐，穿着睡衣，学习最新的信息，我学到了很多东西，我觉得我能查到任何我需要的东西"。

学生 2 说："这门课真有趣！最重要的是，我可以自由支配我的闲暇时间。五小时，或者一小段一小段。"

可见，闲暇育人价值经历了时代的演变，总体上是呈现越来越开放、多元、多样化发展趋势。尤其是教育现代化以来，国内外无论是职业院校或社会机构、团体，都在积极探索各种形式的闲暇实践活动，鼓励不同年龄段的人们明智地、自由地、有价值地利用闲暇时间，以达到实现自我全面发展的目标。

（二）终身教育与闲暇

20 世纪中期，终身教育作为一种世界性的现代教育思潮传至全球，自此终身教育理念不断发展，人的可持续发展在成人教育、早期教育、高等教育、职业教育等领域内理论与实践获得了新的发展。1965 年 12 月，法国成人教育家保罗·朗格朗在《终身教育入门》一书的第一章"对现代人的挑战"中，将追求现代终身教育论的原因概括如下：

---

① 刘黎明.西方自然主义教育思想的当代价值［M］.上海：华东师范大学出版社，2017：10.

（1）当今社会中人在思想、习惯、思维方式上发生的各自多元变化。

（2）人口结构性调整（包括随着经济社会的发展，发展中国家人口数量的逐年增加，随着社会文明程度的不断提升，部分国家人口平均寿命延长）。

（3）日益发展的科学技术水平（逐渐影响到人类社会生活的各个方面）。

（4）随着人们政治意识的不断提升，不同政治领域的挑战增强（现代人们对政治的关心及政治意识日渐增强）。

（5）科学技术发展（使人与人、人与世界各地的距离拉近，联系更为紧密）。

（6）闲暇时间的增加（现代社会的进步使个人可供自主支配的闲暇时间增加，而如何利用闲暇时间进行充足的精神活动，这是当代教育管理者和执行者的责任和工作内容）。

（7）生活方式及人际关系间出现不同程度的危机（时代的进步会使现代人的生活方式、思想观念、人际交往出现新的变化，其中与过去传统方式有冲突的地方，势必会被时代淘汰，人们在传承与摈弃旧有生活方式的同时还需积极探索新的模式，适应时代发展）。

（8）精神与肉体的不平衡（现代社会的种种变化，时常容易打破人的内心认知和外在客观存在的平衡）。

（9）理想信念的危机（社会的瞬息万变，使现代人对特定的意识形态、理想信念、价值观点的信仰理解变得摇摆）。

保罗·朗格朗认为现代社会的以上这些变化是对现代人的挑战。正确认识闲暇教育的本真价值，对应对这些挑战，走向可持续发展，实现个体终身教育理想有积极作用。[①] 并且，保罗·朗格朗在"终身教育"的相关提案中，就未来终身教育的发展提出了五个目标：

（1）国家教育归属部门及社会各界需为社会个体的一生发展提供受教育学习的机会与空间。

（2）教育是一项系统过程，其中各级各类教育层次是贯通实施，且相互之间在教育目标、标准、理念等上要做好必要的协调与统合。

（3）国家政府部门及社会各界需对小学、中学、大学及其地区性社会学校、地区生文化中心所发挥的教育功能予以政策支持，提供有效保障措施。

（4）国家政府部门及社会各界应积极出台本国公民有关劳动日、节假日、教育休假、传统文化休假等制度或措施。

（5）全社会营造终身教育理念的渗透教育，积极渗透到教育的各个方面，彻底改变以往的教育观念。

21世纪的人本心理学家马斯洛认为人发展的最高境界是实现自身发展，这个"自我"也是在终身教育思潮的影响下人全面发展，走向"超我"的必然结果。当人在基本需要得到满足后，获得了"自我"，成长性需要成了人在闲暇状态下的主要追求。求知、审美、自我实现是闲暇教育的主要内容，也是"超我"部分的内容，充分发挥自我潜能，使人通过闲暇、利用闲暇，感受到最大程度的快乐。前者是本我，后者则是超我的表现。因此，个体闲暇意义与价值在于"超我"的不断挖掘。

---

① 吴遵民. 现代国际终身教育论［M］. 上海：上海教育出版社，1999：01—08.

三、可持续发展与人的闲暇

在终身教育、全面发展等理论的影响下，人类走向了可持续发展道路，这就与人的闲暇有着密不可分的关系。对于职业教育而言，明确了职业教育是为了培养人，使其获得社会立足的知识、技能技术、职业素养等。同时，通过闲暇主动发展人的无限潜能，以及与学生可持续发展相关的教育内容，如教会他们"如何做人、如何做事、如何学习"等价值追求。可以预见，许多学生在走上工作岗位之前，如果最后接受教育的地方仅仅只是教会他了一些基本技术技能，这些技术可以使他短时间内找到工作，获得报酬。但长远来看，随着新一代技术的不断更迭，如果他只懂单一技术，不懂学习、不会灵活变通、不会思维转化、不会创新发展，很难不被市场淘汰，终将会被历史淘汰。相反，以终身教育、人的可持续发展逐渐成为人类文明史上最广泛共同遵循的教育理念，并指导我们如何有效利用闲暇、养成闲暇心境、从事有意义的闲暇活动。因此，可持续发展观为职业教育的目标转型提供了扎实的理论基础，为充分开展闲暇教育，奠定了"回归人的价值理性"的坚实话语体系。

1. 从关注外在需求转向内生发展的闲暇价值，为实现人的可持续发展提供可能

具体而言，从关注个体利用闲暇来提升个体技能、满足职业发展等外在生存需要转向注重个体内在完善，培养独立、自由且全面发展的人等可持续发展需要。这是职业闲暇目标从谋生式闲暇价值目标向追求乐生闲暇的一次质的飞跃。正如苏格拉底一生摒弃高贵奢侈的物欲，潜心沉思、关注自己的学识、见地的增长，以及将个人奉献于国家建设之中。

在从外在物欲需求转向个体内生发展的过程中，其思想渊源是随着当时主流思想的变化而变的。如古希腊从最初的米利都学派的泰勒斯到原子论学派的德谟克利特，从智者学派到古希腊"三杰"。他们关于人的研究发生了转折，从自然主义向科学主义转变；内容从自然哲学向人生哲学转变；在影响人的发展因素，从外在向个体内部因素转变[1]，即研究重点更多地放在人的内部结构（包括认知、情感、意识等个体主观层面）。闲暇可以让生活过得更好，这不仅要关注外在目的，更要追求个体内在的幸福。[2]真正好的生活，不仅包含可以让人们生活过得更舒适、便利的物质条件，还需要讲究精神层面的愉悦追求，这一点离不开个体的自我可持续发展。换言之，自我可持续发展需求包含了个体丰盈的内在精神追求、高质量的生活品质等。联合国教科文组织前总干事勒内·马厄在1972年出版的《富尔报告》中写道："如果生活里没有预留精神空间，那么人类将难以掌握自己的命运。"

2. 从单面性走向全面性的闲暇教育目标，为人的可持续发展提供路径遵循

闲暇目标的单面性是指某一时期的闲暇活动目标主要聚焦于培养个体某一方面的能力。如最初的有闲贵族们所追求的闲暇内容，主要体现在他们将大量的时间、金钱用在奢靡物质上，如希腊宫殿、陶瓷、器皿、壁画、建筑物、精美的服装、首饰、食品和好酒等高品质的生活物品。文艺复兴时期闲暇内容主要是个体学习诗歌、艺术、音乐等，以陶冶情操、提高艺术鉴赏能力。以上这些学习内容仅与个体物质生活或人文素养习养相关，与个人的职业生计、未来

---

①　郑健民. 马列主义基本理论提要［M］. 天津：南开大学出版社，1983：28-36.

②　崔希福. 社会正义与人的现实幸福［M］. 北京：中国社会科学出版社，2017：39-55.

发展无关。① 而闲暇目标的全面性是指闲暇教育的目标涵盖与个体心理、生活、学习、工作、未来息息相关的各个方面的可持续发展，如个人品位、艺术修为、个人技能、兴趣爱好、生活态度等。人们闲暇内容会依据个体在不同阶段的需求发生变化，包含的内容更为全面，既关注生存、更关心生活等可持续发展内容。例如，大学的闲暇育人内容贯穿于多学科领域的日常教学、实践学习、日常交流、科学研究、团体活动之中，便于学生在今后的类似情境中的实际运用。② 如尽量开发学生的最大发展区，包括智力、交流、组织能力和人际交往能力等。还可获得本专业以外的其他技术技能，如外语技能、网络计算机基本运用、音乐艺术学习、数字化技能、财务技能等，为学生的可持续发展提供保障。

第二节　能力拓展：专才与通识的结合

一、职业教育目标的历史转型

"教育目标"是教育学中探讨的最基本问题，一直受到关注。教育目标是指对人的社会化活动具有直接指导作用的目标，意在要解决个体发展与社会发展之间的矛盾③，即要引导受教育者以何种方式、何种状态从事或参与某项社会活动，以促进他们各项能力的发展，达到社会化的过程。闲暇教育的目标，历史上出现过"为了娱乐与休闲""为了获得自由""为了放松身心""为了更好地生活""为了发展自我""为了实现自我"④ 等。在"培养人"的问题上，在历史发展轴上经历了从"单一性"走向"全面性"的发展过程，且仍在不断延伸与完善中。在发展价值上均体现了在不同阶段下、不同历史条件下人们的现实发展需求，是教育作用于人的发展上的不断扩充。而职业教育目标在历史上也曾出现过"能力本位"和"知识本位""为了工作"和"为了生活""实现人的社会化发展""人的自由发展""人的全面发展"等说法。梳理近代以来的职业教育发展历史可知，我国职业教育目标演变历程可分为工具性、社会性、人本性三个发展阶段。

1. 职业教育的工具性阶段

即满足民生需要的工具性目标取向。从民国时期中华职业教育社成立（1917 年）到新中国成立初期，蔡元培、陶行知、邹恩润等一直提出职业教育是个人服务社会准备的进步思想，但是根据当时之国情影响，开办职业教育主要是"为毕业得饭碗"，习得技能、获得生计、实用为主。

---

① 冯克诚.闲暇教育与课外游艺活动的设计与实施［M］.北京：中国物资出版社，1998：113-127.
② 冯克诚.闲暇教育与课外游艺活动的设计与实施［M］.北京：中国物资出版社，1998：78-95.
③ 王道俊，郭文安.教育学［M］.北京：人民教育出版社，2009：27-33.
④ ［美］约翰·杜威.民主主义与教育［M］.林宝山，译.台北：五南图书出版公司，1978：178-183.

2. 职业教育的社会性阶段

大致是改革开放后到 21 世纪初期。[①] 这一阶段,国民经济社会发展处于深刻历史变革时期,经济体制的发展与改革,工业发展、社会建设需要大量懂技术技能的人才,且社会风气淳朴、工作热情高涨,职业教育受到许多百姓的认可。新中国成立以来,职业教育人才培养的目标是以技术发展、服务社会经济发展为导向。全国人民艰苦奋斗、敢于创新实践,经过不懈奋斗,建立起完整的现代工业体系,成功使中国从贫困落后的农业国,一跃成为全球制造业第一大国和世界第二大经济体。这几十年中,在人才供给侧需求上,职业教育一直为国家建设提供源源不断的中低端技术技能人才,加速了中国的工业化进程。满足社会经济发展、积极投身国家社会建设之中是就读职业教育的主要目标价值取向。

3. 职业教育的人本性阶段

主要是指新时期以后(21 世纪初期至今),受到马克思主义关于人的全面发展学说影响,人的充分发展是人德智体美劳多方面的融合发展,为了实现这一目标,提出人的可持续发展和终身教育理念等,职业教育与其他教育一样,坚持"以人为本"的学生发展观,通过精心设计的教育教学活动、实践活动,给予学生丰富多彩的学习体验,在体验过程中使自身得到多方面发展。

虽然每个阶段都有不同侧重,但是需要指出的是,现代职业教育目标应该是包含了以上三种形态。职业教育目标的制定需在满足社会发展需要的框架下,按照个体发展的一般规律,满足个体当下与未来发展之需,使其循序渐进、全面协调、身心健康地可持续发展。同时,还包括培育个体适应社会需求、获得社会认可的知识技能水平。因此,职业教育目标是一个多维度、多元化的目标体系,在满足不同时期、不同环境、不同需求之下,尽可能实现人的价值,并使之逐步扩展、充实和完善,不断注入新的活力,使个体及社会得到全面且充分发展。

职业教育目标一直是随着一定历史时期国家政治、经济、社会、人民需求等发展起来的。当下正值圆满完成脱贫攻坚战的历史新起点,职业教育随着国家新的发展布局,有了更高的发展目标。《关于推动现代职业教育高质量发展的意见》中旗帜鲜明指出,目标到 2025 年,职业教育类型特色更加鲜明,基本建成现代职业教育体系。在"培养什么样的人"上,要体现"以人为中心"的理念,合理结合多样化的教育理念或目标,明确职业人的社会需求和个人发展、社会需要、一生追求之间的内在关联性,这是职业教育目标转型的历史选择和现实回应。

二、职业教育目标的新使命与新担当

新时代是职业教育迈向高质量、高水平的大发展时期。随着 2021 年全国职业教育大会顺利召开,围绕职业教育人才培养目标定位,有了新要求、新标准。相比传统观念中,职业教育培养的人才最重要的能力是掌握基础专业技术技能,新时代职业教育人才朝着高素质技术技能人才、能工巧匠、大国工匠的目标前进。尤其是国家创新驱动发展、新一轮科技革命和产

---

① 周建松,唐林伟. 高职教育人才培养目标的历史演变与科学定位——兼论培养高适应性职业化专业人才 [J]. 中国高教研究,2013(02):94-98.

业变革、"一带一路"等一系列重大发展机遇，新行业、新产业、新业态催生出一大批新职业。这些新职业超前于职业教育现有的专业能力培养范围。原来职业教育以单一专业能力为导向的专才培养，有可能会落后于产业转型升级，而是应该积极深化产教融合、校企合作、深入推进育人方式改革、创新办学模式和管理体制，积极做好保障机制，稳步发展高层次职业教育等举措，主动加强职业教育的适应性，加快构建现代职业教育体系。在此发展态势下，有必要重新定位"职业教育的目标定位、内涵价值、基本意义、发展内容"等理论基本问题。

1. 加快构建现代化职业教育体系，最为根本的问题是要回答"我们要培养什么样的人"

这是职业教育走向高质量发展的目标定位。将职业教育放置国家战略布局、社会经济文明不断进步的当下，我们认为，从人才培养的角度，职业教育培养的人不仅包括掌握过硬的、基础性、前沿性的专业技术技能，更应在思想、品质、个性、性格等综合素养上有所发展的复合型、创新型高素质技术技能人才。他们将来所对接的是与国家发展最紧密相关的高端行业产业或高端产业行业前沿。这就意味着，高质量职业教育人才培养从一般意义上培养"懂技术技能的人才"转向培养"全面发展的人"，不仅教"专才"，更关注学生的"全才"，助力受教育者实现有意义的人生目标。

2. 加快构建现代化职业教育体系，明确"服务面向、精准对标"的发展要求

教育部关于印发《本科层次职业学校设置标准（试行）》的通知（教发〔2021〕1 号）中，明确指出："坚持面向市场、服务发展、促进就业的办学方向，坚定职业教育定位、属性和特色，培养国家和区域经济社会发展需要的高层次技术技能人才。"新时代的职业教育最为关键的社会使命是为国家产业转型升级、结构优化提供高素质技术技能人才支撑，解决市场与人才结构性矛盾的问题。明确职业教育的"服务面向、精准对标"，是指要坚持新发展理念，深化产教融合、校企合作新模式，创新人才培养道路，专业、课程、教学协同发展，将专业建设标准、课程设置标准、教学内容标准与行业产业或一线岗位需求精准对接，即将行业产业需求作为专业建设目标，将企业未来发展需求作为课程建设目标，将岗位技术要求作为教学内容。通过逐一分解、精准对接，实现人才发展内涵价值最优化。

三、闲暇教育实现了职业教育目标的能力拓展

中国职业教育学者孙善学在国家教育行政学院的《职业教育提质培优行动计划（2020—2023 年）》专题网络培训课程中，以北京某职业学校课程体系为例，指出一般学校教育课程体系大致分为必修课程与选修课程两大类。其中必修课程包含专业课程、公共基础课程，分别占课程体系的 63.1%、31.9%，所有必修课占比达到了 95%；选修课仅占比 5%。而闲暇教育的可见载体包括：人文通识教育，第二、三课堂，社会实践、志愿服务，文体艺活动与各类社团、兴趣小组等，详见表 4-1。大多数是在选修课中有所体现，且未有专门化的闲暇教育课程体系，这无疑是限制闲暇育人的最大短板。

近几年，职业教育研究领域兴起了"闲暇教育"理论与实践的研究。闲暇教育是指着眼于人的整体素养培育，帮助学生认识生命的意义，确立科学的发展观，丰富自己的生活情趣和心灵世界。学术界一致认为闲暇教育为实现人的全面发展、均衡发展提供了更为广阔的空间。闲暇教育有助于学生提升自我和反省自我、提供建立信心的机会，尤其是在体能和身体健身上获得成就、对自己重塑信心。其一，闲暇教育可以促进内省："学会生活就是尝试新事

物和发展自己,有什么比通过挑战来更多地了解自己的事情更好的方法呢?"其二,闲暇教育可以提供建立信心的机会。讨论增加信心的第一个领域是身体上的。一名学生描述了她在肚皮舞课上是如何"学会更适应自己的身体;肚皮舞不仅适合那些看起来像模特的人,任何人都可以跳。任何身高,任何体型的人跳肚皮舞看起来都很棒。"从现实来看,闲暇教育弥补了职业教育中盲目追求技术技能教育的不足。通过闲暇教育获得综合发展能力,这是闲暇育人的最大价值功能。改善职业教育目标中"重技能、轻人文"不良现象,从根上将职业教育人才培养目标进行整合,对实现职业教育新的历史时期的使命与担当具有重要现实意义。我们需要寻找更多的闲暇育人途径,从闲暇制度设计、闲暇课程建设、闲暇活动体验等方面不断丰富和扩充职业教育育人的空间、形态。

表 4-1　北京某职业学校课程体系

课程性质	课程类别	课程细类	总学分	总学时	学时分配		总学习量
					理论	实践	
必修课程	全校公共基础课程	思想政治理论课程	9	144	112	32	288
		全校公共基础课程	28	464	266	198	1 040
		全校通用技术课程	6	112	32	80	208
		小计	43	720	410	310	1 536
		占比	28.7%	28.7%			31.9%
	专业课程	专业群(类)技术基础课程	20	320	192	128	800
		职业技术技能课程	26	416	208	208	1 040
		专业模块化课程	16	256	128	128	640
		集中实践课程	30	560	20	540	560
		小计	92	1 552	548	1 004	3 040
		占比	61.3%	61.8%			63.1%
选修课程		必修课合计	135	2 272	926	1 346	4 576
		必修课占比	90.0%	90.4%			95%
		通识课程	10	160	160	0	160
		拓展课程	3	48	48	0	48
		社会服务	2	32	0	32	32
		选修课合计	15	240	208	32	240
		选修课占比	10.0%	9.6%			5%
		课程总计	150	2 512			4 816

数据来源:孙善学主讲,教育部《职业教育提质培优行动计划(2020—2023 年)》专题培训课程。

（一）健全闲暇育人机制，保障闲暇育人有效实施

健全闲暇育人机制，完善闲暇育人的各类政策制度，是确保闲暇育人质量的有力外部支撑（社会、学校、家庭）。1996 年，联合国教科文组织强调完整的教育应包括工作教育和闲暇教育，两者对塑造人的品性同等重要。随着现代闲暇社会的到来，许多国家和政府都把闲暇教育列入国家教育总体规划，政府层面，结合国家教育发展战略统筹推进闲暇教育，建立健全闲暇教育有关政策、法律，将闲暇育人价值纳入各级各类教育教学目标中，确保闲暇教育基本内容有效落地。学校层面，立足办学定位和办学特色，构建具有本校特色、蕴含校园文化的闲暇育人体系，建设丰富的闲暇育人资源和平台，强化教师队伍闲暇素养培育，多渠道提升学生的综合素质水平。

（二）正式闲暇教育课程为学生全面发展奠定了良好基础

在马克思的人的全面发展学说、联合国教科文组织的终身学习理念、人本主义思潮等多重理论的指导下，学生闲暇教育课程的核心要义可以概括为：从合理科学利用闲暇时间和充实自我的角度出发，在多元闲暇理论的支持下，以培养学生综合发展能力为核心，关注学生的实际需求，来对闲暇教育的课程目标、课程内容、课程结构、课程体系以及课程实施等进行整体性的描述。国内学者肖洪凡、刘晓蕾在其著作《休闲体育课程建构理论与实践研究》中指出高校校园内的闲暇机会可以提高学生参与度以及归属感。他们认为，闲暇教育项目不局限于闲暇体力活动（体育教育或运动机能学部门除外）。"通过闲暇和生活技能活动的教学，服务于学生的教育、娱乐和个人发展需求"。[1]这种类型的课程，除了体育活动以外，还包括一些更准确地归类为业余爱好的课程。1995 年联合国大会 50/81 号决议指出"闲暇活动可以成为正规学校课程的一部分"，闲暇教育以独立的课程形态融入学校教育系统。美国联邦立法通过了《史密斯休斯法案 1917》，在这项法案之后，一些以农业和工业课程为主的学校成为公立学校，也有称之为创新型学校。第二年，中等教育改组委员会的报告《基本原则》中任命的国家教育协会（NEA）发表了一份报告，建议把高中课程主要关注的内容是为大学做准备的，尤其是为生活做准备，强调职业追求和社会需要。[2]

在国内，大学教育中正式闲暇教育课程多以人文通识、艺术、音乐等课程形式呈现。在教学目的上，普遍认为，教育有义务在技能和性情方面培养出良好的个人，但也要让他们为自己决定和判断美好生活的本质做好准备。要在闲暇教育中实现这一目标，一方面需要在技术和实践技能之间取得平衡，另一方面需要培养学生习得一种哲学和从容不迫的态度。在教学形式上，不会直接将结果或目标作为教学内容，而是通过列举一些在休闲艺术方面表现突出的人物的例子来"示范和邀请"学生体验闲暇。

国内某些"双一流"大学里，四年制大学生的"核心课程"分为集中学习与非集中学习两种形式。其中非集中学习是在大学闲暇时间用于提升学生的素养、开阔视野及培养创新品质的核心课程。学生通过选择其中的必修课程和自由选修课程来提升自我。大约每学期提供 140 多门的闲暇教育课程，每一门算上不同比例的学分。该学习形式主要是帮助学生在

① 肖洪凡，刘晓蕾. 休闲体育课程建构理论与实践研究［M］. 石家庄：河北人民出版社，2019：98–107.
② 林语堂. 闲话中国人［M］. 北京：北方文艺出版社，2006：100–107.

已有的闲暇活动中培养基本技能,提供渠道和激发学生的热情与潜力,从而习得追求一生幸福的终身技能。主要课程类型包括六种:舞蹈(如肚皮舞、摇摆舞等);健身(如瑜伽、普拉提等);体育运动(跑步/慢跑、保龄球等);户外娱乐(即游泳、攀岩等);兴趣爱好(如烹饪、绘画、音乐等)和生活技能(心肺复苏术急救等)。与此同时,开放校外社会团体、机构的组织的闲暇活动。在拒绝庸俗与乏味活动基础上,增强活动的趣味性、积极发挥个体参与闲暇的主动性。例如,通过一些户外运动协会组织的以"追求悠闲、自由、美好生活"为主题的户外教育活动就深受学生们的喜爱,学生都会根据自己的喜好和需求在学习之余选择相关户外主题活动。[①]

(三)非正式闲暇教育活动增强闲暇体验,养成良好性格、建立和谐的人际关系

闲暇活动是开展闲暇育人的重要载体,闲暇活动形式与内容是不固定的,可以是活动课、文化课、实践课等形式。有学生说:"非正式的闲暇教育技能课程是建立人际关系的关键。闲暇技能鼓励你在快乐的地方建立人际关系。你不是专注于一个紧张的主题,而是一种休闲活动中与人交往,建立那些昔日不会有的联系,打开了你对生活的看法。"一些学生也表示希望多参与这类型的活动,扩大自己的社会基础、资源。"我喜欢我的专业,但我也希望能够认识与我不同的其他专业的人。通过闲暇活动,我可以认识来自不同专业的人",一位研究生说,"闲暇技能课程是他能接触专业以外人士的唯一途径。"还有学生说,"我最好的两个朋友是我在话剧社和舞蹈班上认识的。"由此可见,开展闲暇教育活动的核心宗旨,不是关心学生在显性的成绩上的分数、等级,或是学生在课堂上的表现好坏等,而是关心学生是否真正习得在未来职业生涯和生活中可能需要的东西,并且确保学生在这一过程中快乐、全面地发展。通过在课堂或课外活动中使用不一样的教学方法和学生课外活动等新颖学习活动进行体验式教育。学生体验多元化的教育形式,如闲暇体育技能课、有关健康保健的信息课、各类主题的新生研讨会等。相比入校即开始专业学习的状态,这些丰富多彩的闲暇课程或活动更能帮助他们度过大学新生的适应期,开展新的生活方式和保持健康、身体活跃方面更为积极向上。

(四)发挥社会闲暇育人的主战场的功能,增强学生闲暇技能

闲暇育人水平的高低,不仅是一个教育问题,更是一个社会问题。正如陈桂生所说,闲暇价值不仅体现在人受教育的层面,还包含社会生活的整个领域。社会上各类公益组织、社会团体、行业协会等机构是闲暇育人的核心力量,他们以社会公益、扶弱济贫、家国情怀、爱劳动等为活动初心,通过多方协助组织各类闲暇实践活动。利用城市图书馆、文化馆、体育馆、博物馆、电影院等社会闲暇资源对学生进行闲暇技能培训,与社区单位建立社会实践基地,开展报告会、走访、参观、考察、社会实践等形式多样的户外闲暇教育活动。[②]发挥社区育人功能、社会育人功能,增强社会认知、体能锻炼、磨炼意志、完善个性、人际交往、问题解决等能力,帮助他们将来更好地实现个人与社会和谐统一发展。可见,通过社会场域获得实践经验,有助于学生获得跨学科技能,对于自己的职业技能和终身发展有益。一些学生认为闲暇活动可以缓解压力、习得专注力等,如学生们反复提到在社会实践活动中学习的一些技能,对于他们的

---

① 曾明星.休闲学与休闲文化[M].上海:华东理工大学出版社,2019(04):88-112.

② 肖洪凡,刘晓蕾.休闲体育课程建构理论与实践研究[M].石家庄:河北人民出版社,2019:98-107.

专业学习有帮助。"我学的是计算机专业，瑜伽和书法能帮助我集中注意力，且让我意识到自己是有时间和精力专注于某一件事的"，这些闲暇技能无形之中影响着他们的职业道路和未来。例如，同等专业条件下，个人的业余爱好、特殊技能、社会经验等对大学毕业后求职起着重要作用，这些可以是权衡个人的全面发展程度的重要指标。

第三节 终极目标：敬业与乐生的融通

一、从谋生到敬业的内在职业追求

实用主义教育家斯宾塞提出，任何教育形式都要为生活做准备。在其《教育论》中，"为我们完美生活做准备是教育应尽的责任。"[①] 职业教育作为更为贴近人们的现实生活的形式，为职业人谋生提供了发展空间。一直以来职业教育培养的人才定位清晰，以培养技术技能人才为主，但只讲"技术"的时代已经过去，现代职业教育培养的人才是具备高素质的技术技能人才。这就意味着谋生（指通过职业教育学习获得学历证书与相关技能证书后，在社会上找到相对应的工作，以满足人的物化追求，使个人获得经济效益、职业发展平台）仅是其中的一个目的，并非全部。但是，随着社会的不断进步与发展、职业人在工作岗位上的时间、经验的积累，当初的"谋生"已过，真正使他坚守岗位、不断拓宽职业发展空间的，是他对自身职业的社会认知、精业敬业的内在驱动。

根据马斯洛的需要层次理论，只有当人得以保全自己的基本需求之后，才能在剩余的闲暇中思考下一步要追求的更高层次目标。在经济发展时期，人们在闲暇中接受教育，首先要解决的是"必要的生存问题"，即通过闲暇更好地解决基本需要。但它因仅集中于人的职业需求、适应社会发展需要，属于个体的局部发展。随着经济社会的不断发展，人们会利用闲暇时间学习提升自我以获取职业追求的知识与技能，[②] 以满足精业敬业的发展需要，进而实现他们的可持续发展需求。利用闲暇学习与工作有关的职业技能技术知识，这看似与"闲暇本意"不相关甚至相悖，但实则是闲暇价值取向顺应时代发展的必然选择。例如，当代大学生可以通过学校、社区、各种协会组织等机构的非正式教育形式获得技能。如通过学校的闲暇课程（半技术性、半文化性的课程）或社区、机构的户外活动等实现。这些活动对于大学生未来发展，尽快适应社会发展需要，找到自身社会角色定位，明确自身发展方向等有着积极促进作用。可见，充分认识到的人接受"职业"或工作的必要性，并不是为了偶尔享受"娱乐"，而是为了未来获得"闲暇"。[③]

① ［英］斯宾塞. 教育论［M］. 北京：人民教育出版社，1962：47-48.
② 庞桂美. 闲暇教育论［M］. 南京：江苏教育出版社，2004：230-236.
③ 殷亚平，韩丁. 运动休闲与健康公共服务的社会福利基础［M］. 上海：上海三联书店出版社，2019（1）：67-77.

二、从敬业到乐生的终极追求

成功的人生千篇一律,有意义的人生万里挑一。这个世界上事业成功的人有很多,但自认拥有了一个有意义人生的人并不多。主要体现在一些人他们通过辛勤奋斗、精业敬业后收获了丰厚的物质报酬,但紧凑忙碌的节奏,使他们鲜少时间和精力关注自我内在感受,内心体验并不丰盈,缺失感往往随着事业的巅峰越来越强。因此,走向乐生,追求内心自由、平和、从容,是他们的毕生追求。这具体体现在他们闲暇时在做什么? 是否在做于社会有意义的事? 还是在为了谋生而发展自身? 即谋生式闲暇或乐生式闲暇的选择问题。学者庞桂美在其《闲暇教育论》中提出,在人们所提供有意义的闲暇活动和闲暇服务中,帮助人们美化闲暇生活,进而提高整个生活质量的称之为乐生式闲暇教育。[①] 她强调满足人的精神追求,是迈向更高层次的体现,是人全面自由发展的根本体现。纽约大学教授尼尔·波兹曼经过全面考证后发现,"学校"这个概念是希腊人发明的,在希腊文中,"学校"一词的意思就是"闲暇"。[②] 在他们看来,只有在闲暇的时候,一个文明人才会花时间去思考和学习。闲暇教育有两种表达:"在闲暇中学习"和"为闲暇而学习"。[③] 这两种含义在语义逻辑上不同,但并不矛盾。无论是作为"时间"或"目标",其目的一致,都是围绕育人、培养人、完善人。换言之,人的自由全面发展离不开闲暇。一方面,个体可以通过闲暇时间进行提升自我、充实自我的活动。另一方面,闲暇本身代表着自由且平和的状态。把握好这种闲暇状态对个体身心、智力、审美意识、个人责任感、精神价值等多方面的发展至关重要。针对职业学生不同时期的发展需求,设定合适的闲暇教育目标,不断完善、拓展;尊重和理解每个人的闲暇认知与能力,在分别满足需求的基础上,引导其追求更高的闲暇目标。

理解闲暇教育的终极追求,还需先明确"闲暇"的本真概念。在一篇名为《为闲人道歉》中写到一个正直的公民与一个年轻人的对话,交谈时这个年轻人在上课时间躺在河岸边的菩提树下:[④]

"嘿,小伙子,你在这儿做什么?"

"你好,先生。我在放松我自己。"

"现在不是上课时间吗? 而且,你不应该用功读书,以便获得更多知识吗?"

"是的,但您离开后,我依然会继续这样做。"

"学习,说真的! 我问你,是什么方式? 它是数学吗?"

"不,可以肯定。"

"那是形而上学吗?"

"也不。"

"那是某种语言吗?"

---

① 庞桂美.闲暇教育论[M].南京:江苏教育出版社,2004:238-243.

② 庞桂美.闲暇教育论[M].南京:江苏教育出版社,2004:178-198.

③ (英)曼蒂,(英)奥杜姆著 J.曼蒂,L·奥杜姆.闲暇教育理论与实践[M].叶京,译.北京:春秋出版社,1982:89-97.

④ [美]托马斯·古德尔.人类思想史中的休闲[M].成素梅,等译.昆明:云南人民出版社,2000:89-112.

"不，它不是语言。"

"那是交易吗？"

"也不是交易。"

"那么，为什么不是呢？"

"说实在的，先生，由于我不久就要踏上朝圣之路了，我很想注意一下遇到我这情况的人通常是怎样想，以及思考路上最丑陋的泥淖和灌木丛在什么地方。还有什么样的员工才能提供最好的服务，而且，我躺在这里，这片水边，要从内心深处学习叫作'平静'或'满足'的课程。"

由此可见，闲暇的本义是追求内在平和且自由的一种状态。闲暇本质上是一种"成为状态"。这种状态更多地是指一种取向，而达到内心悠然自得的状态（即"闲暇"的产生）需满足三个条件：

1. 要有闲暇时间，这是产生闲暇的基本条件

19世纪60年代，马克思提出"可以自由支配的时间，这种时间不被直接生产劳动所吸收，从而为自由活动和发展开辟广阔天地"，[①] 但并不是所有非工作时间都能称之为"闲暇时间"。换言之，享受闲暇的条件不仅是拥有可供自己支配的空闲时间，还要有不必非要做某事的需求。那些本应工作但却失业的人，尽管有大量的空闲时间供他们支配，却不会处于享受闲暇的最佳状态。为此，闲暇时间是工作时间之外的，且不需要因为生物需求、家庭或社会义务必须要做某事的个人自由时间。

2. 要有闲暇活动，这是获得闲暇的主要途径

闲暇活动因人而异，受个人所处环境、经济水平、文化素质、心理生理等多方面的影响，所呈现的闲暇活动性质既有娱乐性亦有非娱乐性，品质上也存在高低之分。闲暇的功能除了一般意义上的休息、娱乐，更能促进个人的发展。[②] 为此，若仅将"闲暇"视为以休闲为目的的娱乐活动理解是不全面的，会出现许多不确定的边界与外延。如运动，对于多数人来说是休闲活动，但体育运动对于职业运动员来说，就不仅是休闲或消遣。

如果一定要区分闲暇与休闲，可从其活动动机来看。庞桂美认为"闲暇"是发自个体内在，"我做这件事是因为它本身就是一种享受，而不是为了达到任何其他目的"。如一个喜欢钓鱼的人，或许可以分为两种，一种是喜欢或希望从钓鱼活动中获得物质产品——钓上一条鱼可以吃或送人。还有一种更为纯粹，将钓鱼活动当作是不求回报的闲暇活动，仅是喜欢钓鱼，钓到的鱼会放回海里，享受钓鱼的乐趣。后者才算是真正的钓鱼爱好者。

3. 要有闲暇心态，这是获得闲暇的关键

闲暇时间人人都有，但并非人人都能拥有"闲暇"。闲暇"是一种精神的现象"[③]，这需要人不仅要有闲暇时间，更有足以掌控自我的心境或良好心态。在相对稳定的心理状态下，才有可能自主自发进行完善自我、充实自我、愉悦自我的活动。

综上所述，闲暇的本真含义是个体自由完善自我、寻得人生意义的过程；它是"一种内在

① 马克思，恩格斯. 马克思恩格斯全集（第26卷）[M].北京：人民出版社，1974：281.
② 黄燕飞.新时代高职学生休闲体育倾向与特征研究[M].杭州：浙江工商大学出版社，2020：119-123.
③ [美]J·曼蒂.闲暇教育理论与实践[M].叶京，等译.北京：春秋出版社，1989：35.

的无所忧虑,一种平静,一种沉默,一种顺其自然的状态。"[①] 闲暇是学生在知识、技能、思想、品质、个性、性格诸方面都能获得自由充分发展的广阔时空,重视并开展闲暇教育是培养适应现代社会要求的"全面发展的技术技能型人才"的必由之路,更是个体追求有意义人生的必要条件。它的价值引领作用犹如"灯塔",可以为更多人未来发展"领航",指明前进的方向。因此,人的自由全面发展离不开闲暇。一方面,个体可以通过闲暇时间进行提升自我、充实自我的活动。另一方面,闲暇本身代表着内心悠然自得、自由且平和的状态。把握好这种闲暇状态对个体身心、智力、审美意识、个人责任感、精神价值等方面的发展至关重要。为此,通过闲暇,为人的全面自由发展提供更多可能。闲暇能为人的自由全面发展提供静下心来思考、反思与发展的空间,人们通过闲暇的活动,既提升了自我、完善了自我,也获得了幸福,乐生也便如此。

闲暇不仅可以帮助职业人做到敬业,也可以为乐生做好准备。作为"闲暇乐生"的价值理论基础,黄炎培的"乐业精神"包含以下两点内涵:一是乐业的本质是使每一个人都能拥有一个出彩的人生。从层级上说,"有业"仅是职业教育培养人的初级目标,"乐业"才是作为新时代职业教育发展的最高价值理念,使每个人获得出彩的人生则是乐业的最大价值。二是乐业体现了职业教育发展的社会本位与个人本位的相统一原则。"求同"与"存异"并不矛盾,既要强调职业教育整体的发展,也要重视学生个性的培育。因此,我们可以把黄炎培的这一思想归纳为"微观上尊重学生一生发展,宏观上满足社会经济需要"。在黄炎培看来,"敬业乐群"是职业道德的重要内容。他尤为强调职业道德教育的重要性。"敬业"是指对所从事的职业怀有饱满的热情以及责任心,渴望通过个人的努力服务于他人、为社会贡献自身力量;"乐群"指的是在工作岗位中能够通过个人友善诚信的高尚情操带动周围的人,并且具有良好的合作精神,具有"利居众后,责在人先"的服务意识和奉献精神。我国职业教育先驱黄炎培先生始终倡导"敬业乐群""赤诚爱国"的教育思想,强调专业技术的同时更加强调职业道德教育,这与新时代"立德树人"的根本任务、"工匠精神"的核心理念、"德技并修"的目标追求有着高度的内在一致性。

林语堂说:"未来不仅属于受过教育的人,更属于那些懂得善用闲暇的人",这充分认识和使用闲暇,使敬业与乐生融通,在闲暇时不断充实自我、找到自我、完善自我,尤其是职业道德、职业素养的闲暇学习,这对实现乐生起价值引领作用。在陈桂生教授看来,闲暇育人观中,谋生仅是手段,乐生才是目的。"乐生"强调人的终身发展,指向人的一生幸福生活。正如美国闲暇教育家曼蒂所言:"闲暇育人是提升个人生活质量的整体活动,还是激发个人潜能以提升生活幸福感的最佳途径。"[②] 因此,一方面,应该提供丰富多彩的文化机会,发展个人在艺术和精神领域的能力。如人们在闲暇时进行的诗歌、音乐、文学创作、绘画、体能锻炼等,这些是可以丰富个体的精神世界、愉悦心灵的活动。另一方面,从为个人完满生活做准备角度考虑,应在闲暇时中根据不同人群的不同需求,开设多种活动,为他们将来要过什么生活做准备。

---

① ［德］约瑟夫·皮珀.闲暇:文化的基础［M］.刘森尧,译.北京:新星出版社,2005:15-17.

② （英）曼蒂,（英）奥杜姆著 J.曼蒂,L·奥杜姆.闲暇教育理论与实践［M］.叶京,译.北京:春秋出版社.1982:16-23.

　　长期以来，谋生式闲暇一直被冠以功利色彩。教育功利性在不同程度上"撼动"着育人本质。"找个好工作""知识就是财富"等观念一直存在，且在家长、教师、学生心中难以转变，这也许无可厚非。但若将这些作为唯一目标或主要导向，则是不妥的。[①]李希贵曾说，给教育一些"闲暇"，给孩子们一些"闲暇"，也给我们的教师一些"闲暇"。只有如此，我们的教育才能真正走出浮躁，走出急功近利。因而我们必须充分认识到，人的发展是一项内外兼修的过程，关系到人一生的幸福生活。敬业、乐业的职业追求都是为了乐生做准备。因此，提升人的内在修养、职业素养，提高职业道德水平是闲暇教育的主要内容。教育具有指导人如何生存以及引导人如何生活的目的，闲暇教育旨在引导人学会如何"乐生"，对个体的发展具有特殊的意义。[②]换言之，当人们的"基本需求"得以满足，理应追求更高层次的需要，如全面发展、自我实现的需要。这些关系到个体的一生发展的追求，简言之，我们所追求的闲暇终极目标是走向乐生式的闲暇。[③]这种乐生式闲暇并不是谋生式闲暇的对立面，而是在满足谋生的基础上，以追求人的一生幸福生活为目标，以最佳的闲暇状态完善自我的闲暇认知、态度、技能、习惯等，将闲暇价值的经济意义、精神意义、人文与科学素养融于个体的自由全面发展的全过程。[④]因此，闲暇已成为人们日常生活中的重要组成部分，人们的财富——生活的、物质的、精神的、社会的越来越取决于闲暇质量的高低。可以说，闲暇生活、态度、喜好、习惯、活动等正成为评价一个人整体生活质量的核心因素。正如黄炎培在中华职业教育社成立宣言中所说的："使人人依其个性，获得生活的供给和乐趣。"

　　当今，许多国家和政府都把闲暇教育列入国家教育总体规划，闲暇与教育整合于人的发展成为教育的最高理想。如1996年，联合国教科文组织强调完整的教育应包括工作教育和闲暇教育，两者对塑造人的品性同等重要。而闲暇育人的宗旨是兼顾内在精神世界和外在需求的共生发展。因此，一方面，应该提供丰富多彩的文化机会，发展个人在艺术和精神领域的能力。例如，人们在闲暇时进行的诗歌、音乐、文学创作，绘画、体能锻炼等，这些是可以丰富个体的精神世界、愉悦心灵的活动。另一方面，从为个人完满生活做准备角度考虑，应在闲暇时间中根据不同人群的不同需求，开设多种活动，为他们将来要过自己所想要的生活做准备。

　　闲暇教育为职业教育人才培养问题拓宽了新思路。总地而言，新时代职业教育的人才培养目标发生了质的飞跃：从以往仅关注单一化的技术技能培养到兼顾起关注人的综合素养习养教育的转变。具体到培养规格上，无论是"技能型人才"还是"技术型人才"，已不能完全适应时代需求、社会及经济发展需要，难以赶上产业优化升级对人才结构变化的要求。随着职业教育层次的不断提升，中高端应用型人才被提到多次。中高端应用人才对应的是职业教育人才培养的较高规格，首先他与产业行业的对接能力更强，在现代学徒制、坚持工学结合、知行合一等多种产教融合共同培育下，具有主动对接产业链的"一技之长"，同时，具备"一专多能"，这种能力包含操作能力、适应能力、应变能力、迁移能力、数字能力、合作能力、创新能力

①　冯铁蕾.悦读丛书 人类为什么休闲[M].杭州：浙江工商大学出版社，2018：17-19.
②　魏慧慧，朱成科.闲暇教育的反思与路径重构[J].教学与管理，2020（33）：06-08.
③　庞桂美.闲暇教育论[M].南京：江苏教育出版社，2004：240-243.
④　彭运石.走向生命的巅峰：马斯洛的人本心理学[M].武汉：湖北教育出版社，2000：102-106.

等。这是未来他成为行业里手、大国工匠的专家的前提与基础（必要且充分条件）。

（1）培养模式上，健全闲暇育人机制，完善闲暇育人的各类制度，是确保闲暇育人质量的有力外部支撑（社会、学校、家庭）。随着现代闲暇社会的到来，许多国家和政府都把闲暇教育列入国家教育总体规划。1996年，联合国教科文组织强调完整的教育应包括工作教育和闲暇教育，两者对塑造人的品性同等重要。国内虽然在当前教育目的和内容对闲暇的关照仍处在缺位状态。建议国家从政策、法律层面将闲暇育人价值纳入各级各类教育目标与方针之中，加大实施闲暇教育的保障机制，确保闲暇教育基本内容能得以有效落地。而学校层面可构建具有学校特色、蕴含学校文化的闲暇育人平台、出台相关机制是具有可操作性的。如近几年面对职业教育中出现的"重技术轻人文"的"窄化"现象，许多职业院校出台相关政策、采取系列举措，在人才培养中加强学生职业素养教育，开展职业教育培育工程、开发职业教育教程等，多渠道提升学生的综合素质水平。尤其是对学生全面自由发展、个性养成、兴趣爱好等方面教育力度明显后劲不足，教育的功利性一直受到社会各界的诟病。联合国教科文组织国际教育发展委员会在1972年发布的《学会生存》报告中，明确指出，要把发展人性、培养创造性和承担社会义务的态度作为教育的使命，以培养一种"在体力、智力、情绪、伦理"各方面都较为完善的人。报告中对于培养完善的人的各个方面提出了具体要求与标准。

（2）培养内容上，"重技术、轻人文""重技能，轻素养"的教育内容一直存在，许多职业院校的学生因通识类综合性知识储备不够，进入职场后的人际交往、职业晋升、社会生活等多个方面存在问题。发挥职业院校的闲暇育人功能，构建完善的闲暇育人体系，将闲暇教育纳入人才培养全过程，有组织、有目标地培养学生的闲暇态度、闲暇技能、闲暇价值观和闲暇行为。从外部环境来说，营造良好闲暇氛围、注重熏陶学生的闲暇情怀与情感，对于丰富闲暇活动、拓展闲暇认知有着非常重要影响，如打造丰富藏书的图书馆、传承与发扬中华优秀传统文化的体验馆以及设施齐全的体育馆、艺术馆、健身房、操场等休闲场所建设，营造利于学生爱思考、爱阅读、爱运动、爱艺术、爱生活的闲暇文化氛围，滋养学生的心灵成长，涵养学生多方面的兴趣爱好和综合能力。从内部教育环境来说，学校闲暇育人体系的核心在于拓展闲暇课程（活动），以学生发展为中心，健全闲暇育人质量保障体系，包括闲暇课程与配套资源开发、闲暇教学（活动）组织与实施以及学生闲暇活动平台搭建、教师闲暇能力框架建立、闲暇育人评价体系建设等。开展闲暇教育，帮助学生树立正确的闲暇价值观，引导其以积极、乐观、进取的方式获取供自己自由支配的闲暇时间，选择他们内心需要和有意义的闲暇生活方式，激励他们主动投身于丰富多彩、形式多样、健康快乐的闲暇活动中，提高闲暇生活的质量。

（3）培养主体上，中职毕业生、普高毕业生为职业教育的培养主体，但职业教育的社会服务功能不只这些，下岗再就业人士、社区待业人员、退伍退休人员等多元社会人士，对职业教育的需求越来越大，他们希望可以通过接受职业教育获得更宽广的职业发展，获得技能、提升学历等。[①] 如何加大企业、社会力量的参与力度，提高闲暇育人水平，这不仅是一个教育问题，更是一个社会问题。社会上各类公益组织、社会团体、行业协会等机构是闲暇育人的核

---

① 秦学.国民休闲与生活教育：理论与实践[M].成都：西南交通大学出版社，2019：88–101.

心力量，他们以社会公益、扶弱济贫、家国情怀等为活动初心，通过多方协助组织各类闲暇实践活动。利用城市图书馆、文化馆、体育馆、博物馆、电影院等社会闲暇资源对学生进行闲暇技能培训，与社区单位建立社会实践基地，开展报告会、走访、参观、考察、社会实践等形式多样的户外闲暇教育活动。发挥社区育人功能、社会育人功能，增强社会认知、体能锻炼、磨炼意志、完善个性、人际交往、问题解决等能力，帮助他们将来更好地实现个人与社会和谐统一发展。

第五章　基于职业素养习养的闲暇教育的内核

在很长一段时间里,职业教育一直关注学生职业技能的培养,但是教育的目的不仅教人如何生存,而是教人如何生活。传统的教育模式发生了变化,职业教育人才培养目标从以往的只关注"技术技能"的时期发生了历史性的转变:从职业技术人才到全面发展的人才,从关注学生的职业技能,发展为关注学生的职业素养,教会学生如何"乐生",这也是教育尤其是高等教育应该为学生们提供的服务。职业教育与闲暇教育相融合的内核是着重培养学生的职业素养,现阶段职业素养作为职业院校学生全面发展的关键素养,已经引起了职业院校与学术界的重视。2020 年,中共中央、国务院印发《深化新时代教育评价改革总体方案》,坚持把立德树人成效作为根本的评价标准,强调全面发展的育人观,从国家层面提出人才培养品质要求,也反映了职业素养教育价值的重要意义。教育评价改革的根本动力是为了更好地服务于立德树人,更顺利地实现人的全面自由发展和个体精神成长,而培养有职业素养的技术技能人才是职业教育的本义。在新时代教育评价改革的总体趋势下,职业院校从注重职业技能到对职业技能的深化与超越,即注重职业素养的培育,以实现职业教育与闲暇教育有机结合的价值内核。

随着教育评价改革政策的全面铺开,对新时代职业素养培育也提出了更高的要求,培育全面发展的应用型、层次型、创新型、复合型人才是主流导向。对于职业院校而言,在职业教育与闲暇教育有机结合的过程中培育具有职业精神、坚守职业道德、不断优化职业行为习惯的技术应用型人才是职业素养培育的基本价值导向,具体表现为职业精神赋形于职业技能,职业道德显现工作态度,职业行为习惯保障工作效率的提高。

第一节　职业精神激励、激发与引导职业技能的发展

随着经济社会的快速发展,我国职业教育事业也在不断发展。在专业人才培养过程中,职业技能和职业精神是技术技能型人才职业素质的主要构成要素,职业精神激励、激发与引导职业技能的发展,两者的有机融合,为社会培养高素质的技术技能型人才。2019 年,国务院印发的《国家职业教育改革实施方案》指出,要"落实好立德树人根本任务,健全德技并修、

工学结合的育人机制""要实现职业技能和职业精神培养高度融合"。在新时代背景下,职业院校正承担着为社会培养具有创新型、技能型人才的艰巨任务,始终以立德树人为主线,注重学生职业技能与职业精神的发展。目前学生进入职业院校拥有大把的闲暇时光,通过闲暇教育,引导学生在学习技术技能的同时关注自我精神世界和情感需要,能够自主选择自己所喜欢的职业活动,树立终身学习的理念,将个人学习、未来工作、生活与当前社会的发展联系起来,成为命运的主人,对培养具有职业技能与职业精神的高素质技术技能型人才具有重要的理论价值和实践导向作用。

一、职业精神的内涵与意蕴

闲暇在生活中占用了大部分时间,其质量关系到个体生命的质量。而职业教育的培养目标不局限于技术技能,这就对职业教育与闲暇教育有机结合的目标提出了要求,即培养具有职业素养的复合型人才,职业精神是一种关键的职业素养,职业精神是一种积极的价值取向,强调敬业、负责、专注和严谨的积极品质,追求卓越,致力于体现职业人的内在自我和精神世界的培养。

(一)职业精神的内涵

"职业精神是一种与人的职业活动密切相关、具有自身职业特点的精神观念。它以职业理想和职业价值观为基础,以从事某项工作时的基本职业素质的形式表现出来"[1],也是在某些职业环境中形成的意识形态,这些意识形态促进了个人的积极性,转化为一种持续的内在驱动力。它整合并刻画了人与技术之间的关系,使工业蓬勃发展,并将技术技能的应用带入生活。职业教育与闲暇教育的有机结合培养职业精神是一种培养技术技能、启蒙人与工作关系、最后形成对职业发展具有积极认识的德育形式。

职业精神是一种职业心理现象。职业精神是人们职业心理活动、职业认知、职业心态、职业情感和职业行为的体现。它帮助人们维护自己的价值,建立职业自信,鼓励人们积极理解职业活动,了解职业工作的意义,促进养成职业责任感,引导形成正确的职业理念,完善职业理想,将职业与生活联系起来,是提升技能学习过程健康发展的心理动力。

职业精神是一种职业品格。职业精神是对人们应具备的基本心理素质的解释和概括,反映了从业者的职业智慧、职业探索,以及勤劳勇敢的职业态度,这些因素组成了人们职业发展的积极力量,使人们的职业生活变得充实而有意义,是一种能增强人们职业幸福体验的积极健康的心理能量。

职业精神是一种职业资本。职业精神反映了人们面对个人职业发展所作的心理准备状态,也反映了人们对待职业的心理动态。心理资本包括个人对成就行为的评价,对进一步发展的期望、决心和积极乐观的态度,不仅是个人职业发展的关键因素,也是职业精神的心理表现。这些积极的心理因素是激发个人职业发展的巨大能量,在职业环境中创造对职业和未来生活的信心,形成良好的工作习惯和积极的职业行为。

---

① 严肃,陈先红.职业精神[M].合肥:合肥工业大学出版社,2013:01.

（二）职业精神的特征

职业精神的基本要素主要包括以下几方面：一是爱岗敬业。"爱岗"是职业情绪的积极表达，"敬业"是对积极职业态度的阐释，二者都是职业心理发展前提，有助于促进人们养成勇于承担、严格谨慎的职业作风。二是诚实守信。诚实守信是培养职业精神的基础内容，体现待人待物的基本态度，也能反映职业精神在维持人与物、人与人之间关系的作用。三是精益求精。要求职场人在工作中追求极致完美，做到精雕细琢和勇于创新。这既是推动职业发展的动力，也是发展职业精神的内在要求。四是责任担当。每一种职业都要求人们具有责任感和使命感，能够对自己的职业负责，对自己的岗位负责，勇于承担责任，善于履行职责。

在职业教育与闲暇教育的有机结合过程中，职业精神是一种职业价值理念，关注人的生命价值和心理成长，它具有三个基本特征：一是发展性，对于个人来说，每个人的职业精神的养成是一个基于内在认知机制的自我提升的过程，反映了人们认知、思维方式和情感水平发展的动态过程。二是职业性，职业精神是在职业领域中形成的，以职业活动为依托，通过职业实践，职业精神得到丰富。[①] 具有职业精神是职场人本身独有的职业属性。三是整合性，职业精神是职场人应该具备的职业素养，是个人对职业理想和职业行为的整合，一方面体现了敬业、勤奋的职业态度，另一方面践行了精益求精的职业信念。

（三）职业精神的意蕴

培育职业精神是顺应时代发展的职业发展理念，是人们在职业发展过程中需要具备的精神力量。在闲暇教育与职业教育融合的过程中培养学生的职业精神具有重要而深远的时代意义。首先，职业精神培育是推动社会发展的内生动力，是经济社会发展的客观需要。随着我国产业结构的转型，市场对技术人才培养的要求也逐渐提高，具有职业精神的人会更加适应市场岗位需求，能够推动技术技能的持续更新和升级改造。其次，职业精神培育是实现现代职业教育内涵发展的重要内容，现代职业教育理念积极转变，不仅意味着技术技能的不断更新，更意味着提高人才培养质量，培养职业精神，提高技术人才的思想觉悟，有利于职业教育的推动发展。最后，职业精神培育是促进人的全面发展的内在要求，能够促使人们形成积极的人格，形成高尚的品格，成为内外兼修的全面发展的人。

"炮制虽繁必不敢省人工，品味虽贵必不敢减物力"，是对职业精神的理念阐释。随着人工智能的发展，社会对人的发展也提出了更高的要求，职业教育培育社会所需的人才也需顺应智能时代的要求。人工智能时代需要更多心理健康成熟、精神素质高、品德技术统一、全面和谐发展的专业人才。现代职业教育培养职业精神，注重提升职业能力、学习能力和生活能力，适应现代社会的发展。

职业精神是推动职业生涯发展的一种心理动力。职业发展不仅需要不断提高技术技能，更需要拥有成熟的职业心理。职业精神反映了人们对于生活的精神追求，并且反映在人们的职业行为上，这种正确的精神价值会使得人们对自己的职业有积极的认知，能够帮助人们明确自己的发展方向，有利于提升职业认同感，并通过积极的情绪和良好的意志品质在各类职业活动中通过高效的职业行为反映出来，产生高效的职业行为，为职业生涯的独立和谐发展产生积极推动作用。

---

① 崔景贵,姚莹.工匠精神与现代职业教育：一种积极心理学的视角［J］.江苏教育,2016（36）:23.

职业精神是提高职业核心素养的心理需要。培育职业素养除了要养成良好的职业行为习惯，习得职业知识和技能，还需要良好的心理素质作为支撑。职业精神中的敬业精神、坚韧不拔、乐观向上等积极的心理特征，都可作为帮助人们形成合格素养的职场人的要素，职业精神是对职业核心素养的心理补充，为培育职业核心素养提供了另一种途径，为培养高素质技术技能型人才奠定了心理基础。

职业精神是增加职业幸福感的心理源泉。职业教育在关注人们职业技能发展的同时也需要关注人们的职业情感，而积极的职业情感能够促进人们产生良好职业行为。积极的职业精神在职业生活中能发挥重要作用，可提升职业热情，增添提升职业技能的动力，使人们获得更多的职业满足感和荣誉感，能够更加主动投入到职业活动中。并且，随着职业精神的持续作用，能够使人们保持对职业的积极认知，并转化为良好职业行为，使人们在从事职业活动的过程中不断获得快乐和幸福的体验。

二、职业精神是决定技术技能能否发挥正能量的方向标

在闲暇教育与职业教育有机结合的过程中，学生培育从职业技术人才转变到全面发展的人才，而培育学生的职业素养是其中重要一环，培育学生的职业素养是对培育学生职业技能的包容与超越。职业精神则是一种关键的职业素养，决定着技术技能能否发挥正能量。首先，职业精神是技术技能发展的伦理标度，它促进职业素养由精神形态转化为实际状态，帮助个体形成习惯性的道德定势，推动职业教育"积极主义"态势的发展，为职业活动注入灵魂。其次，职业精神能推动道德从"理性状态"走向"知行合一"，学生在接受道德教育时，往往有积极的认知，但是行动上却不一定与认知一致，通过培育正确的职业精神，增强学生的信念感和责任感，有助于学生提升对技术技能学习的热情。最后，职业精神是一种道德习惯和恒定性格，职业精神的价值导向性、德行稳定性都确保了技术技能人才的高素质。综上，培育正确的职业精神是推动技术技能发挥正能量的方向标。

（一）职业精神是技术技能的伦理向度

技术技能是一种强大的力量可持续不断地推动国家的经济和社会发展，但是，技术技能作为一种力量，不仅具有建设性，也具有一定的潜在破坏性。因此，关注技术技能的伦理向度意义重大。1970年后，技术哲学研究发生了伦理转变。许多学者开始对各个领域的技术伦理进行研究，拉普、马尔库塞和米切姆等人对技术伦理都有自己的研究观点。如马尔库塞在《单向度的人》中批判了现代西方发达工业社会的科技发展导致了人们发展的单向度性，并提出伦理维度。他指出："人们越来越被技术和物质材料的生产和消费所奴役。导致人与社会、与工作的关系变得单一，个人自由的理性变成了技术理性，社会协调整合了人的生产、消费和娱乐，消除了一切冲突和抵抗的因素。这样科技进步就造就了单向度的社会、单向度的人和单向度的思维方式。科学技术所带来的发达的工业社会是一个畸形、病态的社会。"[1] 尽管马尔库塞是讨论工业社会的伦理维度，但在当今的信息时代，这一理念不仅历久弥新，而且更凸显了其重要性。

---

[1]　赫伯特·马尔库塞.单向度的人：发达工业社会意识形态研究[M].刘继，译.上海：上海世纪出版集团，2008：03-17.

　　随着时代的发展,不断更新的新技术带来了其自身的伦理问题。比如克隆技术的出现预示着对遗传学研究的巨大挑战,但是否可以克隆人及动物? 这样的行为是否合法合理、是否侵犯人权? 还有,在大数据时代,机器人能不能用来管理真人? 在大数据时代,大数据几乎可以跟踪、收集和分析人们的所有行为。这种行为会涉及窥探个人隐私吗? 因此,在生活的各个领域,只要人们从事相关工作就会遇上相应的伦理不确定性。而现在,人们需要正确的伦理观,这种伦理观也是一种正确的价值观,这种价值观是帮助人们摆脱混乱的方向指标。职业精神内涵中最重要的部分是价值观。正是这些价值观帮助人们做出基本判断:在哪些领域和行为技术可以使用是可靠的,在哪些领域和功能不能使用它,以确保技术技能的人文和伦理方面得到保护。因此,职业精神的培养对于提高技术人才培养质量,建立职业文化灌输机制,在人与技术的关系中体现美德、弘扬技术技能正能量、技术培训的能量,提升职业精神。也为现代职业教育注入灵魂。这是推动我国高质量职业教育发展的积极力量。同时,也为现代职业教育注入灵魂,是推动中国职业教育高质量发展的积极力量。

（二）职业精神能推动道德从"理性状态"走向"知行合一"

　　职业精神可以促进知行合一,思想与意志相统一。在哲学层面上,这个问题中西方学者进行了讨论,中国著名的思想家王阳明提出,"良知"意为"知行合一",即"精神"。[①] "知行合一"的哲学本质是:在"知"与"行"的阴阳两极之上,有一个"无极而太极"的"一",这个"一"就是"精神"。在西方的黑格尔哲学中,精神是思维和意志,但这种说法不意味着思维和意志是被区别对待的。思维和意志的唯一区别是人们对同一对象的两种不同态度,思维是一种"理论的态度",意志是一种"实践的态度",意志是思维的另外一种特殊形态,即"达到定在的冲动的那种思维"。综上,中西方道德哲学都认为思维与意志、知与行都有一个同一体,这就是"精神"。"理性形态"的道德教育有一个难以克服的缺陷,过度依赖知识论或道德知识的建构,经过长期的发展,会培养出很多具有道德的知识但不见有付诸行为的人。"精神形态"的道德教育,包括职业精神则在"知行合一""思维和意志同一"的哲学前提与实践追求中进行"人"的伦理与道德的"精神"建构。[②] 当前,职业教育传授的道德知识大都是"理性状态"的,对于培养具一个道德行动力、知行合一的全面发展的人才是不够的。

　　职业教育与闲暇教育有机结合,培育学生的职业素养,赋形于职业精神推动技术技能发挥正能量。职业精神要求从业者具备崇高的职业理想和坚定的职业责任,能推动认知层面道德从"理性状态"走向"知行合一",从此,职业教育的培养不再局限于认知层面,要求从业者在具备职业理想的同时,也积极锻造职业技能,通过职业技能的增长使得自己成长为一个更好的人,发挥技术技能的正能量。

（三）职业精神是一种道德习惯和恒定性格

　　当职业道德转化为职业精神时,就成为稳定的个人品格和品格的重要组成部分。伦理与道德是截然不同的,存在着"伦理、原则、道德"的秩序,包含"居伦、由理、明道、成德"四环节,"居伦"和"由理"是伦理认同,"明道"和"成德"是道德自由,这四个环节融合起来,便是伦理与道德、伦理认同与道德自由的统一。这四要素和四环节互相关联融合,共同构成了道

① 常灏宇 . 王阳明与儒家的"三立"[J]. 新西部 , 2019 (03): 90+86.

② 樊浩 . 道德教育的"'精神'形态"与"中国形态"[J]. 教育研究 , 2013, 34 (02): 44–53.

德教育的生态合理性。在教育哲学的意义上，"居伦"是道德教育的存在论，"由理"是道德教育的真理论，"明道"是道德教育的价值论，"成德"是道德教育的生命论。而职业道德也具有不同层次和境界，包括规范性、德性和精神性，规范性指一种底线的职业规范，德性指一种职业道德与职业良知，精神性则指职业精神。其中职业精神是最高境界，等道德转化为精神层面，德性就不再是一种偶然品质，而是成为一种具有自发性和持续性的伦理习惯。一个人是否有德，需从他的性格行为中判断，只有当品德成为他的固定性格，成为他的处世原则，他才可以说是有德的。教育的本质是使人从"自然人"提升为"精神人"，在这个意义上，学习技术知识和技能教育的目的是使教育者成为一个富有良好精神面貌的人，在现代社会，职业教育也要培养具有职业精神的高素质的技术技能人才，并且，使这些技术技能人才能够习惯性地彰显固有的德性和德行。综上所述，职业精神具有导向性和稳定性，两种特性都影响着技术技能人才的伦理选择。虽然目前在一定程度上开展了对技术技能的伦理研究，但是在职业院校的德育教育过程中，技术技能伦理尚未得到足够的重视。随着时代的不断发展，关于从业者的素养也逐渐得到社会的重视。因此，职业精神培育是新时代赋予职业院校德育教育的一项崭新使命和艰巨任务。通过职业教育与闲暇教育有机结合，使得良好的职业精神成为一种道德习惯和恒定性格，能够提高技术技能人才的素质和伦理底线，发挥技术技能人才的正能量，推动职业教育的高质量发展。

三、职业精神是推动技术技能持续更新与升级改造的动力源

（一）职业精神能促使人们对技术技能极致与完美状态的持续追求

持续钻研和积极进取是职业精神的核心内涵，具有职业精神的人不仅能够按照规范专业地完成工作任务，更重要的是能够发现并改变原有流程不太合理的地方并对此进行完善，始终追求技艺完美。德国是世界上公认的对技术技能有完美追求的国家，德国职业教育专家认为，德国的职业精神是可以在"七圈半"上得到精准展现。中国一家著名公司引进了一批德国产品，组装手册上要求在拧某处螺钉时必须要七圈半，但是在实际装备过程中，中国装备工人并未严格遵照组装手册，拧螺钉有时七圈有时八圈，而且这两种圈数的实现效果是一样的，但是德国专家否认了这种做法，必须按七圈半的规定来做，因为这个圈数是德国本土设备装配经过严谨的长期试验总结后得出的最佳紧固度。专家认真强调这是德国职业教育教授给学生的基本素质。技术技能会一直处于不断发展进步中，而人们不断追求完美、持续改进的职业精神是推动其发展的动力，从这个角度出发，具有职业精神的从业者是推动技术技能更新换代的动力。

（二）职业精神是个体自我实现、能力螺旋上升的动力源泉

大多数企业认为，优秀企业雇用的是一个全面发展的人，而普通的企业雇用的只是员工的"一双手"。[①]这句话对职业教育的发展有很大的启发作用，职业教育不是片面发展的，职业院校应该培养"合格的手"，但更重要的是不脱离教育的本质，要培养全面发展的"完全的人"。职业院校的育人模式大多是以课堂教育为主，以实习实训为辅，仍缺乏学生社会化的促进作用。通过职业教育与闲暇教育有机结合，开展各类学习活动，引导学生主动参与社交，在

---

① 夏妍娜，赵胜.工业4.0正在发生的未来[M].北京：机械工业出版社，2015：191.

自由的环境中获得丰富的社会学习体验,以便更好地理解学习生活和职业生活,培养职业素养,为融入未来的社会打下良好基础。学生学好技术技能是合格社会工作者的必备条件,而学生的职业精神则是成就事业的推动力。具有职业精神的人不再受限于遵守专业标准和严格的工作程序,而是不断发展自己的开拓精神、敬业精神和精益求精的品质。通过职业教育与闲暇教育有机结合,开展相应的活动培养职业精神,使得学生拥有闲暇能力和职业能力,不断提高自学能力和自我管理能力,扩展知识结构,锻炼思维能力尤其是创造性思维。学生能够真正在自由开放中主动探寻,学着发现、分析和解决问题,有利于培养创新的精神,促进学生发挥自我潜能随着职业教育与闲暇教育有机结合的进一步深入,职业院校学生不仅把工作视作一份职业,而是将其视为一种包含个人自我实现的职业。从这个意义上来说,职业精神促进学生追求自我、实现自我,提升自我多样发展的能力。

第二节　职业道德和个人品质引导工作观念、态度的形成

职业的出现意味着社会分工及发展,随着社会主义生产发展的需要,社会分工也越来越细,人类的职业生活越来越丰富,各种职业越来越多,形成了社会中复杂的劳动关系。在各种复杂的职业环境和职业关系中,发挥职业道德和个人品质的作用尤为重要,既影响着社会道德状况,又影响着个人的工作观念和态度的形成。

一、职业道德与个人品质的内涵意蕴

(一)职业道德的内涵

职业道德是指人们在其职业活动中履行一定职能所必须遵守的行为和职业习惯的伦理规范,即道德观念、行为规范和习俗。社会上的行业种类很多,所以职业道德含义也比较丰富。可以说,每个行业都有属于行业内部的职业道德,但都有一个共同的特点,即对职业充满情感、信念与责任感,良好的职业道德使人产生爱业敬业的精神,促进人们形成科学的工作观念和态度。

(二)个人品质的内涵

个人品质的内涵甚广,包括一系列"无形"的品格与素质。对于个人品质的类型,学界有不同的界定。根据品质本身的特性,不同品质的强调程度,可归纳为四类:一是创造力、自律、学习热情、时间管理能力等与学业表现直接相关的非认知技能;二是领导力;三是公民素质,包括参与精神、团队合作能力、同情心、责任心等;四是围绕目标持续奋斗、克服障碍的"坚毅"品质,涵盖成熟度、坚持不懈、毅力、勇气等。从业者具备良好的个人品质,才能引导形成正确的工作观念和态度。

(三)职业道德和个人品质的特性

人类社会由客观世界和主观世界组成。人类的主观世界是一个丰富多彩、不断变化的现象系统,包括素质、能力、意识、信仰、思想、观念、知识、修养、心理、情感、性格等各种意识

形态。世界观、人生观、价值观居于核心位置。也就是说,道德和品质是人类主观世界的特有属性。职业道德和个人品质具有选择性,职业道德和个人品质都影响着人们分辨善恶的能力,影响着各种目标的设定。主体对某种职业行为的选择,是在一定的个人素质范围内,按照一定的职业道德标准,在不同的价值观或善恶冲突之间做出的自觉自愿的选择。换句话说,人们工作观念和态度的形成是基于个人品质和职业道德选择的结果,是一个自觉自愿的过程。

职业道德和个人品质具有调节性。职业道德和个人品质的调节作用不是由社会强制的,而是依靠社会舆论、教育、习俗及人们内心信念的力量来约束、节制、规范工作观念及态度。职业道德和个人品质的调节作用虽然不需要强制执行机构,但其评价却贯穿于所有伦理过程,从善与恶、正义与非正义、公正与偏私、诚实与虚伪等道德观念评价人的行为,从而调整人们之间的关系,促进形成良好的职业道德品质和良好社会风气。职业道德和个人品质的调节作用也具有精神上强制的一面,但其性质不同于法律规范、管理规范等硬性规范。不道德的个人品质和不道德的职业行为要受到社会舆论的压力、群众的批评、良心责备的压力,从侧面促使人们形成良好的职业观念和态度。

职业教育的培养目标由职业技术人才向全面发展的人才转变,从培养学生的职业技能到培养学生的职业素养,而培育学生的职业素养也要求把握正确的职业道德和个人品质发展方向。

二、职业道德和个人品质是引导工作观念、态度形成的"方向盘"

在汽车驾驶过程中,人们不断根据自己的行进过程及其产生的效果、碰到的障碍、出现的问题,随时调整和选择自己的行进方向、行进路线、行进速度。职业道德和个人品质就好比人们驾驶汽车的"方向盘",为成为全面发展的职场人掌握方向。

(一)职业道德和个人品质是引导形成正确工作观念和态度的关键

职业道德和个人品质在社会发展中意义重大,不仅影响着全社会的精神文明建设水平,而且影响着社会现代化建设,更是劳动者是否能够形成正确工作观念、态度和高尚职业理想、情操的导向。一个人是否能够成为社会主义建设所需要的人才,是否能够对社会做出相应的贡献,主要取决于在职业生活的实践锻炼。个人品质是人们开展一切社会活动的基础,而职业道德将指导人们如何开展自己的职业生活,二者引导形成正确工作观念和态度的关键,使人们确定特定工作责任,指导人们从事特定工作,制定不同的人生目标,选择相应的人生道路,创造特定的生活和工作观,并培养特定的职业态度。从已有的现实经验出发,优越的客观条件并不是一个人成才的必备条件,而高尚的个人品质和职业道德对个人成才的影响巨大。在职业生活培养的职业道德,固化优秀的个人品质,引导形成正确的工作观念和态度,对社会和个人意义非凡。

(二)职业道德和个人品质引领职业活动风尚,孕育良好的工作观念和态度

社会风尚反映着社会关系和社会人的生存状态,职业道德和个人品质对社会风尚具有两面性,一方面,二者既受到社会风尚的制约,同时也会对社会风尚产生影响。而职业活动风貌也是反映社会道德风尚的重要载体,在职业活动中的人们如果能够依靠本有的个人品质养成良好的职业道德,孕育良好的工作观念和态度,则有利于形成良好的职业活动风尚,也有利于社会生活的稳定。因为高尚的个人品质和职业道德,意味着人们能自觉遵循职业道德规范,彼此互相帮助支持、热心服务,时刻将服务社会作为自己的为人准则。从另一个角度来说,环境与人是相互影响、相互促进的,良好的社会环境将促使人们形成高尚的职业观念和态度,如果时代大环境不乐观,则对职业观念和态度的影响也是巨大的。总之,如果每个人都锤炼个人品质,自觉遵循职业道德,就会形成互相尊重、互相关心、互相帮助、友爱和谐、公正诚实的良好社会风气,从而有力地推动正确的工作态度和观念的形成,助力社会主义精神文明建设。同时,也有力地推动职业教育与闲暇教育有机结合实现培养目标,除技术技能之外,还促使学生成长为具备职业风尚的全面发展的人。

三、职业道德和个人品质是引导工作观念、态度形成的"交通警"

在职业生活中也有相应的职业秩序,职业道德和个人品质则是维系社会职业秩序的重要抓手,职业道德和个人品质是引导人们形成工作观念和态度的"交通警",引导人们在选择的过程中遵循正确的道路,具备一定的规矩意识。

(一)职业道德和个人品质的选择性引导形成不同的职业观念和态度

人们的个人品质和职业道德行为的选择,受到一定的道德意志的支配,并以一定的道德价值目标为标准,造就不同的行为结果。人们在社会化过程中,学习掌握着正义、公理、价值等伦理道德武器,融合自我的认知,最终形成相应的个人品质,在职业生活的发展过程中,人们根据自觉意识和认知意识形成相应的职业道德。个人的职业道德和个人品质是内心奉行的原则观念,选择形成不同的职业观念和态度。同时,受社会环境因素的影响,由于职业市场的需求变化,市场需求对人们的职业道德、职业品质等方面也会有一定的发展要求,人们也可以根据不同的需求选择不同的做法。这种市场要求也必然会影响到职业观念和态度的形成。职业道德和个人品质的选择会受到不同条件的约束,因此,要牢牢把握职业道德和个人品质"交通警"的角色,学会分辨各种条件,及时改变、纠正错误的职业道德行为是培养正确的职业观念和态度的方式。

(二)职业道德和个人品质养成正确职业作风,树立正确职业观念和态度

职业道德和个人品质可调整人的行为,维持社会关系和秩序,同时对于社会作风和职业作风的养成具有重要作用。职业作风是劳动者对于职业生活和职业行为所表现出来的态度,同时也是一种习惯力量影响着职业劳动者的思想和行为。人们在良好的职业作风的影响下能够遵循职业道德规范,完成相应的职业工作任务,一个行业,如果培养了优良的职业作风,企业与企业、工作者与工作者之间互相教育、互相影响,同时也互相监督,帮助形成良好的职业风尚,养成正确的职业作风,发扬优良的思想品质,抵制不良风气,从而树立正确的职业观念和态度,充分发挥职业道德和个人品质"交通警"的作用。正确的职业作风、观念和态度也是职业教育与闲暇教育有机结合培育职业素养的重要内容,每个从业者从开始学习之初就需要端正职业观念和态度,以便后期养成正确的作风。

四、把握"三个维度",完善职业院校学生职业道德培育体系

在职业教育与闲暇教育有机结合过程中,培育学生的职业道德是培育职业素养的重要内容。职业道德教育不是一蹴而就的,需要学校、社会、企业和个体等多主体发挥各自的作用,

形成良好有序的培育结构。闲暇教育则是职业道德培育的重要手段,职业教育与闲暇教育有机结合应以人的全面发展为目的,培育符合社会需要的德智体美劳全面发展的人才。

（一）"三阶段"递进培育职业道德岗位素养

在职业教育与闲暇教育有机结合过程中,职业道德教育需坚持以下三点:其一是入校即入行。在学生进入学校时,就应该让学生明确自身的培养定位,并在未来的学习生活中按照行业道德规范去实现自己的职业目标。注重闲暇教育的发展性和实践性,如结合医药行业特质和学校实际,举行医药专业学生仪式教育,在宣读药学人誓词中了解药学职业道德的核心精神,树立医药人的神圣使命,对思想政治道德教育课堂内容进行延伸和拓展。其二是在校即从业。通过思政课程、思想道德课程、人文素质课程、专业课程的学习,道德主题活动的参与和企业及职业岗位的体验,让学生在了解行业、掌握技能的同时产生为该行业作出贡献的理想和抱负,塑造舒畅、自由、愉快的休闲氛围,以平等、自愿、互动、和睦以及鼓励、理解、支持、包容、自由为原则,体现闲暇教育实践具有丰富多样性,在闲暇时光里开展相关职业道德教育,将职业院校学生在实践中的个人经历、感性认知、精神追求和物质追求有机融合。其三是离校不离业。职业院校可选择优质企业开展专场招聘会,为学生搭建就业平台,让其在规范的企业环境开展顶岗实习,感悟职业的基本职责与使命,体会职业道德的重要性,同时,在日常培育过程中需重视终身学习理念灌输,学生在离开校园之后也继续保持学习,参加相应的技术技能提升培训,促进学生的全面发展。"三阶段"贯通的全过程教学体系中,技能规范和职业道德素养的考核是关键环节,以用人单位的满意度为衡量标准。

（二）"三课堂"联动共促职业道德素质养成

在职业教育和闲暇教育有机结合的过程中,除了利用闲暇开展道德教育,起到"润物细无声"的作用,也可通过课堂教学培育学生的职业道德。其一,第一课堂中思政教育与课程思政联动。通过思政理论课、思想道德教育课、文化课及其他选修的人文素养等闲暇课程,对学生进行世界观、人生观、价值观和职业道德等的教育。此外,不同专业的不同课程也要求围绕学校应用型人才培养目标,研究教学内容,找到合适的教学点渗透职业价值、伦理道德等,使学生在潜移默化中养成良好的道德品质。其二,第二课堂中主题实践与隐性课程联动。设计活动文化,开展爱国爱校教育、诚信教育、生命教育、安全教育和健康教育等主题教育,建设活动课程,将道德教育融入活动,打造校园文化品牌,积淀并形成独具校本特色的职业道德教育隐性课程,以一种间接的、潜在的方式影响学生心智。营造环境与制度文化。营造处处是课堂、时时受教育的浓厚教育氛围。其三,第三课堂中实现职业院校与行业企业深度联动。通过建立行业、企业主动参与高校人才培养的激励机制,建立完善职业道德教育教学基地和师资培训基地,实施社会实践与顶岗实习等现场教学活动,改革与行业、企业合作培养技术技能型人才的体制机制,使维系松散的校企合作走向实体嵌入的产教融合,使之对良好职业道德的建立从认知升华为行动。"三课堂"联动培育学生的职业道德,提升学生的职业素养,使之成长为全面发展的人。

（三）组建职业道德的"双师结构"教学团队

"教育必须是每一位教育者的任务,不论他从事的是哪一门学科的教学工作,"[①]这就要求

---

① 饶玲.大学生闲暇教育模式的建构[J].新课程研究（中旬刊）,2012（04）:172-173.

所有教师都应具备培育学生职业素养的意识,在教学中充分挖掘各学科教材中的积极因素。在职业院校道德教育教学实施过程中,学校和教师应充分认清行业企业作为职业人才培养的办学主体地位。职业院校培养的学生最终都将进入各行业企业工作,行业企业最了解学生需具备何种职业素养,建设结构多元、专业跨界、优势互补的"双师结构"教学团队既对接了职业教育培育人才的需求,也实现了企业人才培养预期要求。一方面,组建校企互通的"双师结构"教学团队。其一是师资互聘,在理论与实践教学过程中,鼓励企业积极参与,聘请高管、校友作为学校兼职教师和校外导师;其二是标准共建,加强学校和用人单位之间的联系,了解用人单位对学生职业道德素质的具体要求,校企共同制定针对性较强的职业道德教育课程标准,将校内实践和企业实习有效结合,递进式开展实践教学;其三是质量共管,在学生实习过程中执行校企双导师制,学校导师牵头,充分参考用人单位及企业导师对学生的评价,完善全过程、全方位的职业道德教育评价体系。另一方面,形成优势互补的思政教师与专业教师融合体。道德教育不同于纯粹的思想政治教育,它依赖于教师对专业知识的了解、对职业法规的把握和对职业道德内涵的思考。组建思政教师与专业教师相结合的师资团队,共同编写职业道德教材、制定课程标准、安排教学设计,结合专业实际开展案例教学,优势互补、提升效果。同时,职业教育与闲暇教育有机结合,相关教师团队也需学习合理利用闲暇资源,充分实现课堂教育与闲暇资源的融会贯通。

第三节 职业行为习惯简化工作过程、提升工作效率

随着经济发展常态化,职业教育与闲暇教育有机结合不仅要注意增长学生的职业技能,也要培育学生的职业素养。而培养良好的职业行为是培育职业素养的重要内容,可促进人的全面发展。而良好的行为习惯需要教育的适当引导,叶圣陶先生曾对良好的行为习惯做出解释:良好行为习惯包括做人、做事和学习三个方面,一是做人,具备良好的道德品质;二是具备做事的优良作风;三是具备持续的学习习惯。[①] 职业教育与闲暇教育有机结合培育学生的职业素养要适当引导学生形成良好的职业行为规范,使得学生在职业生活中能运用优良习惯简化工作过程,提升工作效率,在工作岗位上游刃有余,提高学生对工作的接受度,增强学生的社会适应性。

一、职业行为习惯的内容

在职业教育与闲暇教育有机结合过程中,培育学生的职业素养以养成良好的职业行为习惯为落脚点。良好的职业行为习惯内容解读为诚实守信、文明礼貌、工匠精神、终身学习、自觉自控五个维度。

---

① 方周明.教育就是养成良好的行为习惯——从叶圣陶先生有关理论看良好习惯的养成[C].叶圣陶语文教学思想暨教育思想研讨会论文集,2004:13-15.

（一）诚实守信

诚实守信是我国优秀的传统品质，在人们的意识里，诚实守信是做人的根本原则和习惯。对于国家来说，建设诚实守信的社会风尚要从转变青少年的意识开始培养，学校培养诚实守信的学生，铸就良好的社会风气，为国家的发展提供坚实的保障。对于个人来说，在职业教育与闲暇教育有机结合的过程中，培育学生诚实守信的职业行为习惯将使其受用一生。职业学校的学生处于好奇心和可塑性都较强的阶段，这是建立正确价值观的最佳时机。这个时期灌输的诚实守信这一职业观念对人影响较大，且不易改变，这种行为习惯学生将践行一生，为未来工作和生活打下良好的基础。

（二）文明礼貌

文明礼貌是一种体现文明之美的良好行为习惯，对于养成个人品质、造就民族精神都有重大意义。长期以来，社会对职业院校学生的认可度不高，认为其部分学生学习成绩差，文明礼仪也不如本科院校学生，为了改变这种社会偏见，在职业教育与闲暇教育有机结合的过程中，要着重培养学生养成文明礼貌的职业行为习惯，体现职业院校学生的文明素质，在职业生活中，一个拥有文明礼貌习惯的人能够迅速融入工作集体，被工作伙伴尊重，激发学生参与工作的热情，帮助学生成为一个全面发展的人。

（三）工匠精神

工匠精神是在职业教育与闲暇教育有机结合过程中不断强调培养的职业行为习惯。这种职业行为习惯包括三个要求：一是创新，随着时代的进步，各类生产技术也在不断取得新的突破，在职业教育与闲暇教育有机结合的过程中，要促使学生加强学习新的思想和理念，不断创新技术技能。二是求索。在职业生涯中，人们总会遇到各式各样的困难，在职业教育与闲暇教育有机结合的过程中，要培养敢于突破、不畏艰险的工匠精神，要培养学生学会积极探索，努力取得工作领域新的突破。三是卓越。在职业教育与闲暇教育有机结合的过程中，培养学生追求卓越的工匠精神具有重大意义，追求卓越要求精益求精，而精益求精要求质量层次的提升，是一种对工匠精神的追求。[①]在新的发展阶段，培养学生具备工匠精神的职业行为习惯使得学生在未来工作中注重每一个细节，为职业的稳定发展提供保障。

（四）终身学习

终身学习是培养良好的职业行为习惯的重要内容。对于学生来说，学习是主要任务，对于工作者来说，终身持续学习是取得长久进步的关键。职业院校学生处于学习的黄金时间，这个时期的学生记忆力强，有探求知识的热情与激情，培养持续学习的职业行为习惯，也有利于终身习惯的养成。行业企业对技术更新有着持续的要求，工作者保持终身学习以跟上时代发展的需要。在职业教育与闲暇教育有机结合的过程中，潜移默化地培养学生终身学习的职业行为习惯，把学习工作和生活紧密联系在一起，帮助学生成长为跟得上发展节奏的职场人。

（五）自觉自控

养成良好的行为习惯需要有效的管理，尤其是对于信念和意志的管理。在职业生活中，学会自觉控制自身的行为是良好职业行为的表现。在职业教育与闲暇教育有机结合的过程中，培养自觉自控的良好职业行为习惯是学生学习的重要内容，职业院校的学生处于成年人

---

① 刘建军. 工匠精神及其当代价值［J］. 思想教育研究，2016（10）：36-40+85.

与未成年人的分界阶段,心智尚未定型,培养自觉自控的行为习惯合理地安排自身的行为习惯,帮助学生养成正确的处事原则与方法,纠正不合适的行为,从而帮助学生更加自信从容,能以更好的状态投入学习和生活。

二、不同层次职业行为习惯的意义

职业教育与闲暇教育相融合,意味着学生的培养目标不再仅局限于技术技能,随着时代的发展,培育具有职业素养的综合型人才是职业教育的发展目标。良好的职业行为习惯是职业素养的折射,不同层次的职业行为习惯也影响着工作内容和工作效率。

(一)基础型职业行为习惯为简化工作过程、提升工作效率打下基础

诚实守信和文明礼貌属于基础型职业行为习惯,这两种职业行为习惯都具有明显的行为准则。一般而言,基础型职业行为习惯大多是一项人人必须遵守的强制性规范准则,可借助外力来引导约束。在职业教育与闲暇教育有机结合的过程中,采取制定日常行为规范的方式来强化学生良好行为。一方面,通过规章条例,让学生明确具体的事务内容,明确具体的学习内容和学习方法,使学生更迅速地掌握实实在在的知识和行为习惯。另一方面,也约束着学生抵制不良习惯,也使学生认识到一些不良的行为习惯可能带来的一些潜在危害,为后期进行职业活动学习做好准备,以便于在职业活动中简化工作过程、提升工作效率,为养成良好的职业行为习惯打下坚实的基础。

(二)口碑型职业行为习惯为简化工作过程、提升工作效率增添助力

工匠精神这类职业行为习惯具有口碑相传的特征,在培养学生养成工匠精神这类职业行为习惯的过程中,要注重职业行为细节,俗话说"细节决定成败""不积跬步,无以至千里",工匠精神要求注重细节,追求精益求精,以赢得良好的职业口碑。在大学生活中,学生充满着对未来工作的向往,且多数学生想做大事却不注重细节,针对这种情况,通过职业教育与闲暇教育的有机结合,开展多种形式的教育活动,注重教育学生从小事做起,从细节出发,培养工匠精神,不断追求完美,认真钻研学习和工作,学会持之以恒,为简化工作过程、提升工作效率增添助力。

(三)自觉型职业行为习惯为简化工作过程、提升工作效率拓宽渠道

学生养成良好的职业行为习惯是职业教育的重要内容,而终身学习和自觉自控这两种职业行为习惯意义非凡,这两种行为习惯都需学生自觉控制且自觉坚持。在职业教育与闲暇教育有机结合过程中应积极引导与反馈,使学生始终保持终身学习的热忱,不断追求进步。同时也要促使学生养成控制自己的职业行为习惯,以便于在参与工作过后对自身行为可调控,也可减少工作中不必要的环节,提升工作效率。在职业教育与闲暇教育有机结合过程中,有的班级采用集体监督和评价制度来调控学生的行为,在参与企业实训后定期自我检查和反省不足之处,时刻调控自己的行为习惯,帮助杜绝不良职业行为习惯。职业院校可鼓励学生进行自我教育,鼓励学生自觉自愿地参与各项职业体验活动,以闲暇的方式从中总结相关经验,使之对待职业保持终身学习,进行职业活动注重自觉自控,在自身参与工作中得到收获,为简化工作过程、提升工作效率拓宽渠道。

三、职业行为习惯的优化与养成

职业教育与闲暇教育的有机结合有利于培育学生养成良好的职业行为习惯,要以学生为

中心,多主体共同参与。职业院校学生要开展职业行为习惯养成教育,可采用一套与之相匹配的教育模式来进行有效支撑。[①] 具体而言,包括以下三个层面:

（一）聚焦职业行为习惯培养学生的主动性

培养职业行为习惯要以学生为主体,在职业教育与闲暇教育有机结合过程中帮助学生培养良好的职业行为习惯,可以从三个方面着手:

一是激发职业院校学生的学习和职业兴趣,积极引导学生养成自主培养职业行为习惯的主动性。主动学习是学生生活中取得进步的关键因素,也是良好职业行为习惯养成的前提条件。兴趣是最好的老师,学生的自主学习动机越强,就越容易养成良好的职业行为习惯。在职业教育与闲暇教育有机结合过程中,可激发学生的学习兴趣和主动探索职业要素的愿望,培养他们主动形成正确学习动机。引导学生了解养成良好职业行为习惯的重要作用,充分调动学生的主动性,吸引学生注意力,尽力调动学生主动参与行为养成的热情,使学生真正成为良好职业行为习惯的主人。

二是对学生探究与创新职业行为及时反馈,增强职业行为的自信心。对于多数职业院校学生来说,老师和父母对他们的看法,直接影响到学生对自身的看法,因此,在对学生的养成教育中,教师要对学生日常良好行为适时给予表扬和鼓励,对学生进步给予及时肯定,学会在欣赏中引导学生。学生需要认同感,绝大多数职业院校学生欠缺的是精神的认同。调查发现,学生喜欢那些愿意跟学生沟通的老师,教育是心灵与心灵的沟通,教师在教学过程中要注意方法问题,教学任务重确实是事实,但一味强调专业技能传授,忽略教学过程中的沟通,效果反而会大打折扣。以"兴趣激发"和"及时反馈"为循环,通过多种方法增加学生与教师、学生与家长、学生与其他社会主体之间的行为信息交流,可以增加学生对自己职业行为养成的信心,更好调动学生养成良好职业行为习惯的主观能动性。此外,学校还可以组织"职业礼仪常识知识竞赛""职场应变能力仿真比赛""职业技能比赛"等,这些活动一方面检验了学生的社交技能和专业技能,更重要的是增强了学生的职业自豪感。这种被认可的自豪感会固化成职业行为习惯,也会加快改变不良行为。因此,健康上进的校园文化可以从精神上传递正能量,增加学生的自尊和自信,有利于良好职业行为习惯的养成。

三是培养学生对职业行为习惯的自我意识、自我管理能力。养成良好的职业行为习惯,需要学生习得良好的辨别和管理能力,能够对自己的日常行为做到有意识地管理和调节。事实上,学生自主辨识和调节自己的行为是一种适合自身成长进步的行为认知方式。在职业教育与闲暇教育有机结合过程中,要着重培养学生的自我意识,让学生养成能够自主辨识、自主自控和自我调节的能力,并以此形成习惯,对自身行为进行自我管理,对于正确的职业行为习惯予以强化,对于不正确的职业行为习惯得到有效纠正,这样学生良好职业行为习惯就在自我强化意识、自我管理中慢慢形成了。

（二）营造良好的职业行为习惯教育氛围

根据社会学习理论的启示,在职业教育与闲暇教育有机结合过程中开展行为习惯的养成教育的实践操作,可以从以下三个方面着手:

一是建立家校互动的职业行为习惯养成教育机制。规范职业院校学生的日常行为是职

业行为习惯的基础,所以在职业行为习惯得以养成的教育过程中,应当注意学生日常行为的规范。在职业教育与闲暇教育有机结合的过程中,应以学校教育与家庭教育为主,以社会实践教育为辅。职业院校学生不良习惯一部分在于家庭教育的缺失,所以,学校教育应和家庭教育相结合,比如一些学校开展"家长学校"的闲暇活动,帮助家长培养正确的培养观念,使家长积极配合学校的教育。通过学校与家长的沟通,可全面了解学生的思想变化和行为变化,从而及时把握学生的问题。通过学校与家长合作,使家庭教育和学校教育形成合力,营造良好的职业行为习惯教育氛围共同纠正学生的不良行为习惯,以巩固职业行为养成教育的成果。

二是多渠道利用社会资源培养良好的职业行为习惯。职业院校学生处在发展期,对社会生活充满期待和新奇,所以,在职业教育与闲暇教育有机结合过程中可充分调动社会资源,动用可利用力量帮助学生养成良好的职业行为习惯。如学校和社会组织联合开展青年志愿服务活动,学生参与其中,学习到很多对自身行为习惯养成有益的知识。另外,学校也会邀请知名校友与学生分享职场成功的经验,这些都能给在校学生传递良好的职业行为习惯。

三是注重榜样示范培养良好的职业行为习惯。对于职业院校学生来说,榜样示范是最容易被接受的。在职业教育与闲暇教育有机结合的过程中,榜样示范的主体可以分为两类:

(1)师长榜样。教师和家长是学生较为容易接触到的榜样,与学生接触也较多,所以对学生的影响也很大,特别是在诚实守信、文明礼貌和工匠精神这三种职业行为习惯上,学生容易受到言传身教的影响。

(2)同学和朋友榜样。在与同学朋友相处的过程中,学习习惯和处事习惯最容易相互影响,通过同学和朋友间的互相影响,互相学习,可帮助形成良好的学习习惯和自觉自控的行为习惯,帮助学生成为全面发展的职场人。

(三)优化教育管理为职业行为习惯培养提供保障

养成良好的职业行为习惯,学校占据重要作用。在职业教育与闲暇教育有机结合的过程中,职业院校制定符合本校实际情况的学生行为管理制度约束学生在工作之前养成良好的行为习惯,有利于今后职业行为习惯的养成。

一是逐步淡化行政化管理色彩。职业院校依据教育管理的目的来管理学生,致力于将学生培养成为全面发展的人,但有时管理制度会带有一定的强制色彩,会忽略师生的一些合理要求。在职业教育与闲暇教育有机结合的过程中,可逐步淡化行政化管理色彩,以开放、自由和包容的理念来管理学生,培养学生养成良好的职业行为习惯。

二是"教"与"学"需要教师和学生共同参与完成。教师是管理学生的主体,但是教师反映现在的学生"说不得、打不得、管不得、老师气得干着急"。在职业教育与闲暇教育有机结合的过程中,需教师与学生相互配合,教师出具一定的强制力纠正学生不良习惯,学生也积极配合教师,共同纠正不合适的行为规范,为日后养成良好的职业行为习惯打下基础。

第六章　基于职业素养习养的闲暇教育理路调适

第一节　办学传统与时代特色的院校发展规划

一、职业院校发展规划

职业教育的院校发展规划是指职业院校的领导者对职业院校的一种治理手段或管理方式,其本质是期望职业院校高质量发展的内生性动力。职业教育的院校发展规划是职业院校自主发展的重要举措,是创造愿景、统一思想、动员资源和引导行动的重要途径和方式,在高校管理中具有十分重要的作用。[①] 近年来,职业教育迅速发展,政府对职业教育的重视程度也越来越增强。随着 2006 年百所示范性高等职业院校计划的实施,2010 年,教育部、财政部再次下发《关于进一步推进"国家示范性高等职业院校建设计划"实施工作的通知》,在国家示范性职业院校建设的基础上,继续建设 100 所骨干职业院校。2010 年,教育部先后发布了有关推进高等职业教育改革创新与科学发展的系列文件,提出要以"质量、特色、内涵发展"为灵魂建立具有中国特色、世界水准的高等职业教育体系。2015 年,随着《关于加快发展现代职业教育的决定》和《高等职业教育创新发展三年行动计划(2015—2018 年)》等系列文件的发布,"深化内涵建设"与"构建现代职业教育体系"成为我国高等职业教育发展的行动指南。2019 年高等职业教育顺利实现了扩招 100 万名学生的目标,《国家职业教育改革实施方案》的发布,为以后职业教育的发展指明了方向与道路;"双高"计划的启动与实施,为中国特色高水平职业院校和专业(群)的建设提供了有力的支撑。在外部环境对职业教育发展如此有利的情况下,职业院校应抓住机会,职业不仅要因势而动、积极求变,更要有的放矢、精准发力,围绕新常态下职业教育制定凸显核心竞争力的发展规划,不断加强创建世界一流职业院校的条件和能力。

随着院校对规划管理观念的接受和现代大学制度的逐步建立,职业院校也日益重视战略规划,认真思考"要办什么样的学校"和"怎么办好这样的学校",通过精准描绘发展蓝图来引领、指导自身的发展。因此,利用一种正确的理念来指导职业院校的发展就显得尤为重要。闲暇教育理念要求职业院校的办学者摒弃现代工业化社会下"猎獭"的功利主义和职业主义观念,以人文和发展的眼光来看待受教育的个体。职业教育的目的应该是培养"乐生"的人,

---

① 方绪军. 职业院校发展规划编制的逻辑关系与方法论[J]. 中国职业技术教育,2021(04):66-71.

而闲暇教育的本质也是让人真正能够享受生活,获得精神上的富足和安宁。因此,在顶层设计的院校发展规划中,应该且必须将闲暇教育理念融入进去。

二、职业院校发展规划的特点

(一)规划的科学性

习近平总书记指出,"规划科学是最大的效益,规划失误是最大的浪费,规划折腾是最大的忌讳"[①],这是对规划科学性的最好诠释。作为教育规划的重要组成部分,职业院校发展规划的重要性主要表现在能够在较大程度上反映国家和地方各级政府对职教发展的态度,凝聚社会各界对职教发展的基本共识,对职业教育资源配置发挥着重要影响。改革开放后,我国教育规划的编制由最初的"政府层面"逐渐走向了微观的"学校层面",并开始建立起相对独立的运行体系,积累了一些有益的、宝贵的经验。规划的编制及其管理有自身内在的规律和运行逻辑,五年一个周期,需经历"前期研究、文本编制、审定发布、实施与监测评估、再回到前期研究"这样一个不断循环递进的过程。一个规划及管理周期内,"文本编制"作为规划及其管理运行体系中不可或缺的重要环节,其基础就是"前期调研"。若要提高职业院校规划编制的科学性,职业院校必须充分认识和了解规划的基本要素,掌握教育规划编制的特殊要求,学习和借鉴其他教育单位规划编制的有益经验。

(二)规划的权威性

习近平总书记指出,"总体规划经法定程序批准后就具有法定效力,要坚决维护规划的严肃性和权威性"。职业院校发展规划虽属于单位的发展规划,但亦需经学校教职工代表大会表决通过,并报上级主管部门批准实施,同样要维护其严肃性和权威性。当前依法治校已经成为学校治理的基本方式,特别是党的十九届四中全会通过《关于坚持和完善中国特色社会主义制度 推进国家治理体系和治理能力现代化若干重大问题的决定》后,在进一步强化制度意识、带头维护制度权威、做制度执行表率的新背景下,"有无规划"或"能否有效执行规划并实现规划目标"已经成为上级主管部门衡量职业院校建设发展的重要内容,也是教育及其他业务主管部门考核评价职业院校专项工作所关注的重要因素,甚至"规划得科学合理与否"亦被看作是判断职业院校领导班子是否有所作为的"观测指标"。职业院校事业发展规划的这种权威性和严肃性,以及其被外界日益重视的关注程度,对其发展规划的编制提出了更高要求。职业院校若要编制出能实现发展规模、速度、质量、结构、效益、安全相统一的院校发展规划,就必须进行大量的调查研究,审时度势,主动适应职业教育发展大环境;实事求是,深度挖掘制约其自身发展的瓶颈问题;群策群力,寻求自身高质量发展的创新之路,立足实际,编制出既"尽力而为"又"量力而行"的院校发展规划。

(三)职业院校本身的特殊性

2019 年 1 月,《国务院关于印发国家职业教育改革实施方案的通知》(国发〔2019〕4 号)强调,职业教育是类型教育,和普通教育具有同等重要地位。"类型教育"的提法是国家层面对职业教育认识上的重大突破。职业教育作为和普通教育不同的教育类型,其以就业为导向,教学内容与职业岗位标准相对应,强调能力的培养和技能的训练,在教育目标、教学内容

---

① 桑锦龙.我国"十四五"教育规划编制面对的形势与特点[J].中国教育学刊,2020(08):42–47.

和教学方法上与普通教育存在较大差异。当前,随着国家产业结构的转型升级和经济发展速度的加快,职业教育不仅肩负着培养更多技术技能型人才的重要任务,还肩负着阻断贫困的责任。职业教育需要从教育体系中强化类型教育特点,按照类型教育的规律办学,打造体系(包括中职、高职、职教本科等)、形成制度(指 1+X 证书制度)。而目前的职业教育和真正的"类型教育"还存在一定距离。"十四五"是职业教育打造类型教育特色的关键时期,职业院校作为职业教育的重要组成部分,在类型教育中发挥着排头兵的作用。因此,职业院校编制好自己的"十四五"事业发展规划,必须坚守"类型教育"本色,坚持问题导向,聚焦类型教育特点和学校发展的"结构性矛盾"以及长期困扰学院发展的"痛点"和"堵点",重点解决好教育目标、教育功能、活动特征、教学标准、培养模式、评价制度、课程体系、组织方式、教学主体和运行机制等一系列问题,通过高标准的规划制定来推动学校层面的工作,为职业教育成为真正的类型教育做出积极贡献。

三、职业院校发展规划的细化分类

(一)教师发展规划

党的二十大报告明确指出,"我们要办好人民满意的教育,全面贯彻党的教育方针",对职业院校而言,党的二十大精神是必须遵守的准则,因此,依据中央关于全面深化新时代教师队伍建设改革的意见,职业院校必须重视教师职业发展规划,提升教师教育教学水平,才能办好人民满意的教育。

1. 核心内容

职业院校教师职业发展规划具有特定的内容,主要包括职业发展定位、职业发展目标、职业发展方式等方面。这些方面之间相互联系、相互作用,共同组成职业院校职业发展规划的内容体系。任何一个方面的缺失都会影响到职业院校教师职业发展规划内容的整体性。

(1)职业院校教师职业发展定位。职业发展定位主要基于职业院校外部环境和内部条件的分析,立足于职业院校教师职业发展基础和实际做出的结果体现。在职业院校教师职业发展规划内容体系中,职业发展定位是首要前提,只有职业发展定位准确,符合职业院校教师职业发展基础和实际,才能进一步明确职业发展目标和方向,优化职业发展环境,改善职业发展条件,进而达到职业院校教师职业持续发展的目的。对职业发展定位进行具体分析可知:其一是要系统分析职业院校外部环境和内部条件,通过研判内外环境条件,识别职业发展机遇和突破口;其二是要明确职业发展使命,更多体现在促进职业教育不断发展、促进高素质技术技能型专业人才发展以及促进职业教育服务经济社会持续发展等方面;其三是要树立动态观念,不断满足职业院校内外环境的实际要求,使得职业院校教师职业发展定位更具有适应力。

(2)职业院校教师职业发展目标。职业发展目标是发展定位的具体化表现,指职业院校教师职业发展的主要方向,是综合高校自身发展、社会需求、个人愿景等诸因素的参考量值,其重点往往倾斜于考量个人自身的价值实现。根据职业院校教师职业岗位的不同,可以将职业院校教师职业发展目标划分为管理型、教学型、研发型和教学研发复合型等类型。管理型的职业发展目标倾向于职业院校教师担任管理者角色,承担管理事务,服务于职业院校办学管理的实际需要。教学型的职业发展目标侧重于职业院校教师教书育人的职业追求。研发型的职业发展目标突出职业院校教师对于研发行业企业技术、工艺等的职业倾向。研发型的职业发展目标也是职业院校深化校企合作、产教融合的现实需要。教学研发复合型的职业发展目标体现新形势下现代职业教育发展对于职业院校教师"双师型"素质的要求。现实中,职业院校教师可以根据自身专业优势和兴趣爱好,选择适合自己的职业发展目标。

（3）职业院校教师职业发展方式。职业发展方式是职业院校教师实现职业发展目标的方法。不同的职业发展目标决定不同的职业发展方式。管理型职业发展目标需要采取广泛管理理论学习、多岗位管理部门锻炼、一线管理经验积累的发展方式。越高的管理层级越需要职业院校教师不断涉猎教育学、高等教育学、职业教育学、管理学、职业院校管理学、管理心理学、职业院校战略管理学等方面的理论学习。教学型职业发展目标需要采取深化教学改革、提高教学能力的发展方式。职业院校要为教学型职业发展的教师提供教学改革的良好环境,从政策、资金和技术等方面予以全面支持。职业院校教师要不断创新教学理念,积极探索教学改革实践,总结教学改革经验,提高教学水平。研发型职业发展目标需要职业院校教师采取掌握行业企业技术发展态势,利用所学专长不断推动和引领行业企业技术创新升级的发展方式。教学研发复合型的职业发展目标需要职业院校教师不仅要采取教学型职业发展方式,也要利用研发型职业发展方式。

2. 开展职业院校教师职业发展规划的意义

（1）职业发展是直贴职业院校教师生命力的内在关切。推动职业院校教师职业发展,首先要做好规划,即教师职业发展规划。开展职业院校教师职业发展规划具有十分重要的意义,2014年教师节前夕,习近平总书记到北京师范大学看望教师学生时指出:"一个人遇到好老师是人生的幸运,一个学校拥有好老师是学校的光荣,一个民族源源不断涌现出一批又一批好老师则是民族的希望。"可见,优秀的师资队伍对于学生成长、学校发展和民族进步具有十分重要的作用。师资队伍建设是职业院校内涵建设的重要范畴。没有高水平的师资队伍,就没有高水平的人才培养质量。师资队伍建设涉及师资理念建设、结构建设、能力建设、发展建设和文化建设等方面内容。理念建设侧重于师资队伍的认知、观念方面的建设;结构建设侧重于师资队伍年龄结构、专业结构、性别结构、职称结构等方面的建设;能力建设侧重于师资队伍教学能力、实践能力、技术研发能力、社会服务能力、文化创新能力和对外合作交流能力等方面的建设;发展建设侧重于师资队伍发展观念、发展胆识、发展见识、发展能力、发展环境和发展途径等方面的建设;文化建设侧重于师资队伍文化观念、文化认知、文化自觉、文化修养等方面的建设。从根本上讲,师资队伍建设要落实到每位职业院校教师层面上,只有全体教师的职业能力得到提升,才能够保证职业院校师资队伍建设水平的提升。教师职业发展规划的重要目的就是提高职业院校教师的职业能力,进而提升职业院校师资队伍建设水平。

（2）提高职业教育质量。职业教育质量是职业教育的灵魂,失去质量等同于职业教育失去生命。参照《教育大辞典》中关于教育质量的概念解释,可以将职业教育质量理解为对职业教育水平高低和效果优劣的评价。职业教育水平实际上体现职业教育规模、结构和效益之间的协调度。一般而言,当职业教育的规模合理、结构有序,往往会产生较高的职业教育水平。反之,规模、结构层面的不合理往往是造成职业教育水平不高的重要原因。职业教育效果主要是人才培养质量,这个质量体现为"当下"质量和"发展"质量,"当下"质量主要指人才培养质量对特定时期内地方经济社会发展、行业企业发展的适应度,以及对职业教育对象成长的匹配度;"发展"质量主要指职业教育培养对象的发展力、竞争力和贡献力。我们认为教师水平是职业教育规模把控、结构调试、水平提升和质量保证的关键。通过职业发展规划有助于促进职业院校教师职业发展,提高职业教育质量。

(3)推进职业院校内涵建设。内涵建设是职业院校建设发展的根本,也是职业院校改革创新的立足点。回顾我国职业教育发展的历史,可以得出一个初步的结论,职业教育发展历程不仅是职业教育创新发展历程,也是职业教育内涵建设历程。党的二十大报告指出,要加快建设高质量教育体系。因而要加快职业教育高质量发展,这需要注重职业院校特色发展,实现职业协调发展,才能够切实增强职业教育对服务国家发展的支撑力。如前所述,职业院校内涵建设涵盖的内容较为广泛,其中最关键的是师资队伍建设。作为师资队伍建设的重要内容,教师职业发展规划直贴教师职业生命力和发展力。合理的职业发展规划是提高职业院校教师职业生命力和发展力的重要举措,是推进职业院校师资队伍建设的有效抓手,也是提高职业院校内涵建设的积极补充。

(4)增强职业教育竞争力。职业教育竞争主要是人才培养质量竞争,人才培养质量竞争说到底是师资实力竞争。在全国职业教育研究会理事长、浙江金融职业学院党委书记周建松教授看来,职业教育因创新而生、因创新而异、因创新而兴,也因创新而特,也一定会因创新而强、因创新而优。在充分认识职业教育创新重要性和战略目标的基础上,明确创新主体责任,落实创新任务就显得尤为重要和关键。创新主体是谁,谁又能切实担当创新主体的使命和任务就成为摆在我们面前必须认真思考的紧迫问题。职业教育创新主体在宏观层面上主要包括国家、社会、政府、行业企业、职业院校、职业院校师生以及其他社会组织等;在微观层面上则主要是指职业院校及其教职工、学生。尽管职业院校领导团队在职业教育创新战略谋划、领导、组织和实施中发挥统领性作用,但是教职工却是落实创新任务的主体。因此,适应职业教育竞争,推动职业教育创新,必须在职业院校师资队伍上下功夫、出实招、见实效,而通过教师职业发展规划提高教师职业发展能力无疑具有明显的战略作用。

3. 职业院校教师职业生涯规划与发展的路径探索

虽然不少职业院校非常重视教师的职业发展,也依托教师发展中心对教师的职业生涯规划进行了不少有益的探索,但是在系统化、专业化的职业生涯规划与发展方面还有很长的路要走。职业院校教师职业生涯规划与发展,需要政府机构及相关职教协会、学校和教师的协同发力。

(1)政府需加强顶层设计,与相关职教协会协同建立健全共培养机制。一方面,政府是职业院校发展的主导者,是职业院校教师发展评价体系的顶层设计者,应该为职业院校教师职业发展提供精准的"指挥棒"。近几年,国家先后颁布了《新时代高校教师职业行为十项准则》《教育部关于高校教师师德失范行为处理的指导意见》《中共中央　国务院关于全面深化新时代教师队伍建设改革的意见》等制度规范,从师德、行为准则、专业知识、专业技能等方面对教师的评价体系和发展方向作出了系统的顶层设计,这为学校做好教师职业生涯规划与发展提供了制度基础,也在一定程度上促进了职业教师的职业发展。但是,高等职业教育教师专业发展标准问题屡屡被提出却始终未有最终定论。[①] 标准的缺位,导致职业教师职业发展目标和培养路径难以明晰。因此,政府应尽快出台职业院校教师的发展标准,为职业院校的教师发展提供制度依据。另一方面,职业院校具有直接服务区域经济发展的典型特点,决定了学校与社会之间存在着深度互动关系。如果缺失了市场调节的政府(包括相关职教协会)主导机制,势必造成职业教育与社会发展相脱节。政府及相关职教协会应在"校政企行"共培机制健全方面多下功夫。一是深刻认识"职业教育与普通教育是两种不同教育类型,具有同等重要地位",并推动社会各行各业广泛认同职业教育的重要性,形成对职业教育和职业教师的认同感,提高职业院校教师的职业成就感和荣誉感,从而坚定职业院校教师主动做好自身职业规划与发展的决心和信心。二是促进产教融合,真正实现校企"双元"育人。产教融合、校企合作是职业教育的本质特征,政府应出台专项配套政策,让职业院校的师资与行业企业的人才实现互兼互聘,双向流动,促进学校育人工作质量和行业企业发展质量的共同提升,锤炼出一大批"双师型"教师。

(2)学校需完善管理体系,支撑教师职业生涯发展。

① 职业院校应高度重视教师发展,设立专门机构配备专业人员对教师职业发展实施管理,为教师职业生涯发展提供全方位的支持。完善教师发展中心的职能,职业院校教师发展中心除了学校领导、有关职能部门领导之外,还需要充实校内外包括企业的资深专家学者,共同制定学校教师职业生涯规划与发展战略。配备熟悉职业生涯规划方面理论与实践的专业人员,将教师需求与学校支撑方式进行有效对接,建立教师发展平台,提供优质课程资源,真正为教师发展排忧解难、全力支持。

② 职业院校应帮助教师澄清对职业发展的认识误区,通过有效的专业指导帮助教师确定发展目标,指导教师制定个性化的职业生涯规划。当前教师普遍认为职业生涯是个体概念,只与自己的职业发展密切相关,而且大多数的教师并不具备职业生涯规划能力,他们在进行职业生涯规划时需要学校提供相应的支撑。2019年初,厦门某职业学院联合职业生涯规划领域知名机构,为学校"三高"专业156名教师提供了教师职业生涯规划咨询服务,辅助教师制定未来五年的"职业生涯规划书",这也是职业院校辅助教师开展职业生涯规划的一次有益尝试。

③ 职业院校应针对不同生涯阶段的教师采取不同的配套管理措施。从2019年起,职业院校相关专业教师原则上从具有3年以上企业工作经历并具有职业以上学历的人员中公开招聘。因此部分职业适应期的教师,没受过系统的师资培训,也没有教学经验,这就需要学校提供全面系统的入职培训。可以通过建立导师制度,让导师一对一指导他们如何提高教学能力、如何开展教科研活动、如何提升社会服务能力等。促使处于职业成长期的教师,尽快了解职业教育和学校基本情况,适应职业教学需要。学校还应通过健全教师评价制度、绩效考核分配制度等为教师搭建发展平台,实施职业院校教师素质提高计划,建立"双师型"教师培养培训基地,帮助教师夯实专业基础、提高教学能力、实践能力和社会服务能力、提升教科研水平,增强教师的自我认同感。针对处于不同职业发展阶段的教师制定不同的指导策略。例如,对于职业成熟期的教师,在教育教学、科研、社会服务等方面都已取得一定成绩,

---

① 林惠琼.高等职业院校教师专业发展标准研究综述[J].文教资料,2017(10):140-143.

工作和生活相对稳定。学校应通过拓展工作领域、导师制度、构建教师教学创新团队等措施,发挥成熟期教师引领作用,既能防控教师职业倦怠危机,又能提升教师职业满足感和成就感。

（二）学生职业发展规划

职业教育虽实现了快速发展,但职业院校学生限于自身学情特点的限制,他们对自己未来的职业生涯规划缺乏必要的思考,相当一部分学生对自己将来要到哪个区域就业,从事什么行业和岗位工作等都没有一个清晰的认识。职业学生应当掌握一定的职业生涯规划知识,树立明确的职业目标,能够对自己各方面的特质有全面认识和客观评价,进而制订具体工作计划。这是对学生成长成才的必然要求,也是职业院校发展规划的细化要点。

1. 目前职业院校学生职业发展规划的具体情况

（1）职业院校学生的职业发展规划意识相对来说不够强烈,缺乏职业生涯规划能力。综合分析,学生阶段的学生正在逐渐走向独立,实现从学生角色向社会人员角色的转变。在这个过程中,学生会对其未来的职业生涯感觉到好奇,但是仍然缺乏有效的职业生涯规划认识,导致学生没有充分地了解到未来职业生涯规划的相关概念。实际中,职业院校的学生对于职业生涯规划课程认知程度不高,同时缺乏对未来的有效规划,对于自身未来职业生涯规划的能力也比较弱,这就影响到了学生毕业之后对未来职业的选择和人生发展的定位。[1]

（2）职业院校学生在未来从事专业的选择方面不够客观,缺乏清晰的职业目标定位。一般来说,职业院校的学生选择其职业时,通常会根据职业的具体方向和领域来选定,让选择的专业适合学生自身以及社会未来的发展需求。如果没有客观去选择职业生涯,就会导致学生在职业生涯选择方面失败,影响到学校的教育资源。目前在职业院校学生进行的教学过程中,他们对于专业的选择方面具有盲目性,学生参与到专业选择方面力度不足,对所选择的专业缺乏了解,甚至完全不了解所选择的专业,这就导致学生在其未来进入职业生涯中对于所选的专业满意度不高。在学生群体中,学生不喜欢目前学习的专业的情况十分普遍,这样的情况会影响到学生的学习积极性,并影响到学生理论知识和实践操作能力的提高。除此之外,很多学生在对其行业选择时,没有充分地研究过行业的发展前景,也不了解自己所想要进入企业的未来发展前景。同时,企业的文化、用人制度等多方面的内容,缺乏对自身从事职业的概念认知甚至完全没有概念。学生忽视了对个体年龄以及发展方面的考虑,一些学生的就业目标设定不够合理,还有一些学生在就业过程中缺乏自信,没有充分认识到自身的优势,导致其制定的就业目标比较低。这些都是学生职业目标不够确定的一种具体表现,这会影响到学生个人的就业问题,也不利于学生未来的职业发展。[2]

（3）职业院校学生缺乏自我对就业环境的客观认知。学生的年龄以及知识增加的前提下,自我意识和认知能力会不断地增强。在此基础上,学生对于事物的思考方式存在一定的盲目性,在心理方面并没有完全发育成熟。通过分析发现,仅有少部分人能客观地认识到

① 唐梦丽,黄诚.高职高专大学生职业生涯规划教育教学模式探析[J].成都中医药大学学报(教育科学版),2016(02):61-62.

② 何溢.思想政治教育在学生职业生涯规划的作用[J].知识文库,2018(16):161.

自己的兴趣和能力以及个性，还有自己在职业选择方面面临的优点和缺点。学生群体对外部环境普遍缺乏关注以及了解，他们对自己所喜欢的职业从业要求不清楚，也没有重视过自己所喜欢或想了解职业的变化趋势，这就导致学生在选择职业时存在较大的盲目性。由于没有经历过职业能力方面的专业性测试，职业院校的学生对自身认识存在不准确性，同时又缺乏对外界环境的客观认识，他们在学习过程中的目标就会受到影响，这不利于学生的发展。①

（4）职业院校学生的自我职业生涯目标不够明确。在对学生进行了解的过程中，发现职业院校的学生所设定的职业目标体现出一定的功利性，尤其是毕业班的学生，他们在进行职业选择时过分关注就业过程中的经济利益。在对理想的职业影响因素方面，所选择的职业本身所处的地区对学生的吸引力以及所提供的收入是影响最大的因素。这就表示在职业院校学生心目中理想的职业方面，已经逐渐转变为务实主义，学生会重视职业所带来的经济价值，而忽视了职业所存在的理想价值。他们将对前途以及成长的长远期盼转化为对具体的工资收入、住房、职称的客观需求，在此基础上，职业院校的学生择业时就会存在追求功利性的特点。另外，针对影响学生职业生涯发展的外部因素，学生们普遍认为，影响到其未来职业生涯成功的影响因素还在于自身的机遇以及人际关系，这反映出目前社会对于学生就业观的影响，仍然体现出经济性的目标特点。②

（5）职业院校的学生认可职业生涯规划，但是不认可学校方面的实施。通过调查发现，学生对自身职业生涯规划课程的认同感比较高，尤其是对于毕业后求职经历比较坎坷的学生。但是在学校具体实施学生职业生涯规划教学时，没有按照学生的目标来设计实施计划，这就导致学生在执行学生职业生涯规划时缺乏相关的认识，没有体现出职业生涯规划指导的重要价值。在学校方面缺乏对学生职业生涯规划指导的重视，相关知识的普及力度不大，所开设的职业生涯规划讲座也无法满足学生的客观需求，这就在一定程度上导致学生对学校所开展的职业生涯辅导工作不满意。在实践中，职业院校所开展的职业生涯规划指导体系应当贯穿于整个教学过程的始终，并从多个方面来指导学生，通过辅导员、德育教师以及相关方面的专家对学生进行教育，辅助进行学生的职业生涯规划，体现出学校职业生涯规划指导体系的重要价值。③

2. 学生职业发展规划教育的对策

（1）帮助学生增强职业生涯规划意识，提升职业素质能力。职业院校学生读书阶段是人生中非常重要的一个阶段，在这个阶段的学生往往思想活跃、容易接受新事物，如果能在读书期间做好职业生涯规划，着力培养自己的职业兴趣、职业能力和职业道德，就会为自己将来的就业打下坚实基础。拥有正确的职业生涯规划意识将促使学生根据自身的情况去有意识、有步骤地规划职业目标。有了明确的职业目标，学生在求职时，可以明确表达自己做这份工作的优势，也会向招聘单位更多地展示工作相关的职业技能，从而得到招聘单位的青睐，拥有这

①　王帅.金融高等职业院校人才培养模式探讨——以长春金融高等专科学校为例[J].长春金融高等专科学校学报,2016(03):31-35.

②　张建英.高职高专学生职业生涯规划指导方法的探索与实践[J].卫生职业教育,2017(11):14-15.

③　孙硕.高职院校学生职业生涯规划现状与对策分析[J].产业与科技论坛,2021,21(01):226-227.

种意识的学生在应聘过程中成功的概率也很高。当学生有了自身的求职目标后,就会明确知道自己该从哪方面提升自己的技能,锻炼自己的能力。[①] 这时学校就应该注重培养学生的职业相关技能,让学生有足够的机会锻炼发展技能,从而提高职业技能。他们在工作中给自己带来更多的发展、更高的收入,自己的人生价值和社会价值就会相应体现。

（2）正确认识自我,提高自身的规划意识和行动能力。正确认识自我是指一个人对自己认识的情况要与实际情况相符。只有正确认识自我,发现自己潜在的能力、优点和缺点,就能充分发挥自己的优势,努力克服弱势,使自己成为有用之才。当学生获得正确的自我认知,就会提高自身的规划意识和行动力,自主地知道自己适合做什么,该去哪里以及成为什么人。他们在求职过程中不会因为就业而去就业,不会漫无目地地求职,从而节约更多的时间、精力和资源。学生有了正确的规划意识,就会对自己的职业定位有明确的想法,也会对所处的工作位置有强烈的认同感和工作兴趣,提高工作的主动性,从而提高工作的满意度。

（3）正视就业困境,充分发挥就业指导功能。我国高校毕业生的数量逐年增加,就业形势依然严峻。职业院校学生就业问题不仅关乎个人和家庭,甚至关系到学校的办学、经济发展和稳定,他们的就业已成为重要的民生工程。所以他们不应仅面对常规的课程学习与考试任务,还需要进行自我探索和自身职业认知。同时,学校应该进行职业认知教育与指导,充分培养学生的职业生涯规划意识,提高学生的职业素养和就业能力,挖掘学生自主探索职业的潜力,增强其职业发展的主动性和积极性。[②] 引导学生关注自身发展,减少职业盲从,帮助学生更好地实现高质量就业。

（4）培养专业的职业规划教育教师队伍,开发高质量职业生涯规划课程。拥有专业的教师队伍和课程资源对开展学生职业生涯规划教育来说非常重要。如果学校只将职业生涯规划教育作为课程穿插内容,只做表层或者浅层教育,那么职业生涯规划教育将起不到相应的作用。因此,职业院校应选择具备相关职业专业知识背景的教师为学生开设职业生涯规划课程,并以此开展系统的教学活动。同时,学校应注重校内外的联合培养,将校内职业规划课程与专业实训实习相结合,将相关的职业规划内容融入专业课程和实训课程中。建设职业规划教育师资队伍和专业的学生职业生涯规划课程,将对学生职业生涯规划教育起到至关重要的作用。学生在校期间同时接受专业教育和规划教育,能使学生逐渐形成自身的职业规划意识,为未来就业做足充分准备。[③]

四、职业院校发展规划存在的问题

职业院校制定发展规划与普通高校相比起步晚、历史短,整体仍处于摸索、尝试的阶段,从组织、制定到评价、监控都尚未形成规范、完整的体系,规划事项无法得到有效落实,规划的严肃性和权威性不断下降,导致规划最终"纸上画画""墙上挂挂",制约了职业院校自身的发展。分析职业院校发展规划的问题症结,主要有以下四个方面。

---

①　胡芳.职业学生职业素养教育的研究[J].物流技术,2020,39(03):153-156.
②　周勇.新经济环境下职业院校学生职业生涯规划教育路径研究[J].营销界,2019:274-275.
③　崔宏.新形势下职业生涯规划教育创新性研究[J].江西电力职业技术学院学报,2019(04):117-118.

（一）规划中的"职业性"不够突出

"职业性"是区别职业教育与普通高等教育的类型边界，是职业教育存在的基础，也是其核心价值和优势所在。职业院校所培养的人才最终将面对具体的生产实践活动，具有特定的岗位需求，这就决定了职业院校的发展规划需要企业、行业的深度参与，凸显其"职业性"。目前，大部分职业院校在制定战略规划过程中没有与行业、企业形成双向互动，企业、行业在学校发展规划中的产生的作用微乎其微。规划内容中忽视了职业教育特定的社会经济需求和文化需求，缺少对所处区域的特色经济和特色产业的调查研究，没有将作为优势和特色的"职业性"很好地体现其中。

（二）规划编制的专业性不足

随意性较强是职业院校在规划制定和实施中普遍存在的问题。究其原因是没有形成健全的组织体系。一方面，大部分职业院校没有设立专门的发展规划机构，没有编制发展规划的"正规军"，这项工作多由校办、科技处、研究所等部门来承担，或者是从各个部门抽调人员，成立临时的规划编制办公室，办公室成员对自身工作职责的认识较为模糊，也有少数职业院校以课题的形式委托其他高校研究所或社会机构来完成。另一方面，职业院校的规划编制没有相应的制度保障，由于规划制定的归口单位不统一，涉及不同部门（单位）的规划缺乏动态调整机制。无专门机构、无专门队伍的尴尬现状也直接导致规划编制成为一项临时性工作，规划编制完成后的落实工作难以保障。同时，很多职业院校仅制定学校总体发展规划，在规划分类上没有制定专项规划和二级规划；在时间上没有形成长期规划、五年规划、年度计划相互支撑的体系；在空间上没有形成总体规划、专项规划、二级院系（机构）规划的相互衔接体系，规划体系的不完整，直接导致学校无法将发展总体目标和任务有效地分解和细化到具体项目中去。

（三）规划预算与评估体系不够健全

资源配置是促进规划落实的一种非常有效的方式，然而目前国家对职业院校发展规划与财政拨款挂钩并没有硬性要求，这也导致了职业院校在认识上存在偏差，在规划制定中没有同步对财务规划进行顶层设计。另外，职业院校在战略规划制定中缺乏有效的组织支持和宏观指导，还没有形成类似普通高校的规划编制审核和备案机制，导致职业院校在规划制定的思路和方法上还存在误区，没有将与发展规划匹配的财务规划作为重要内容进行通盘考虑。同时，大部分学校在规划编制、实施和评估中同一主体既当"运动员"又当"裁判员"的现象还很普遍，没有形成专业化的评估队伍。评估过程存在较大随意性，缺乏对规划实施情况的跟踪和动态监测机制，缺乏对规划落实责任主体的问责制度，评估结果没有与学校绩效考核形成有效呼应。

（四）规划制定的开放性有待提高

中国人民大学在2013年对99所职业院校进行了"战略规划现状"的调查。其中"不同层次学校规划决定群体情况"调查数据显示，校领导、学院负责人、资深教授分别被受访者认为是对规划影响力最大的三类人，在职业院校战略规划制定中起主导作用的人群结构仍然为传统状态。然而，同样应在其中发挥积极作用的行业、企业人员，普通教师、学生、校友等人群的参与度和活跃度不高，没有形成开放的规划参与制度和程序。一些教师和学生对学校的发展目标、办学定位等不甚了解，对学校规划的具体举措和实施细节就更无从谈起。从和国内外高校规划组织的互动交流来看,职业院校的表现也不尽如人意,尤其缺乏针对国内外同类院校情况的比较研究,如收集、分析有关院校的各类办学指标和发展数据等,也很少将这些作为制定规划的参考依据。

五、职业院校发展规划的对策建议

在国家和政府促进职业教育大踏步向前走的时代趋势下,职业院校如何跟上时代的步伐进行自身的发展就成了一个重要的问题。为此,职业院校可从办学传统和院校特色两个角度出发做出改善。

（一）基于办学传统的院校发展规划

办学传统是每个职业院校从办学伊始直到今时今日的所形成的比较持久稳定的发展方式和被社会公认的、优良的办学特征,是职业院校求生存、求发展的核心竞争力,更是学院发展的价值取向。职业院校办学特色是指一所院校在发展历程中形成的其内涵包括以下方面:其一是明显有别于其他院校的办学风格或优良特点。与其他院校没有区别就不能构成特色,但区别本身并不等于特色。只有这种区别成为被广泛认同的优势且这种优势达到其他院校短时期内难以效仿的程度时才构成一所学校的特色。其二是职业院校在长期的办学过程中积累形成并具有与时俱进的时代性和相对稳定性。职业院校办学特色绝非一朝一夕"自贴"或"被贴"的标签,也绝不是一时广告宣传和媒体炒作的产物,是职业院校长期凝练的效果。其三是职业院校办学特色集中体现在专业建设。在某些领域形成自己独有的优势并以此确立学校的地位和影响,同时也能带动学校全面、协调和可持续发展。其四是职业院校办学特色必须在与社会的互动中形成。办学特色的价值必须取决于其对地方经济发展、最终为社会发展作出的被社会广泛承认的实际贡献的大小。也就是说职业院校在地方经济社会建设与发展中有着不可替代的地位。其五是职业院校办学特色的灵魂是具有适应国家、社会发展的职业教育思想与办学理念。表现为职业院校与众不同的校风、学风、师资水平、学科专业、制度规范、教学与研究方式,其目标是以服务社会发展为宗旨培养技能型的人才。从职业院校办学特色的内涵出发,职业院校要使学校办出特色必须树立特色意识,以特色求生存、以特色求发展、以特色取胜。职业院校凝练特色应注重以下要素建设:

1. 创新校企合作办学体制,这是办学特色的保障条件

新时期职业院校必须深化校企合作机制建设才能保证办学特色目标的实现。校企合作机制应当包括三个层面考虑:一要促使地方政府建立由行业、企业多方参与的专门管理机构对职业院校合作机制进行评估、指导。政府要在建立联席会议的基础上实质性地协调各个相关部门有专门机构和专人负责协调和落实充分发挥统筹、协调的作用,实现学校教育资源和企业社会培训机构资源的相互整合。强化部门合作、行业支持和社会参与。政府部门应通过创设环境、搭建平台、制定政策、提供信息服务等引导职业院校面向市场搞活机制自主办学。制定相关的法律法规把有关校企合作教育的有关要求用法律、法规的形式确定下来并规范政府、学校、企业等在合作办学中的权利与义务,通过投资、评估、指导等方法引导高等职业合作办学的健康发展。政府应该通过给予财政专项经费支持、采取国家专项发展计划、出台税收优惠政策等措施激发企业参与高等职业教育集团化办学的积极性。二要建立合作办学机构。学院合作办学机构有多种类型一般分为董事会、理事会、合作教育集团（实体）各校采取哪种

类型应当因地制宜不能赶潮流。据调查,当今国内多数职业院校采取理事会制度。合作办学理事会应当由政府领导、有关部门、合作企业和学院主要领导组成,明确权利与任务,在校企合作办学过程中发挥指导协调作用。三是以系部为单位建立合作学院。合作学院在校合作办学委员会的协调下,以专业和专业群为前提,与紧密结合的企业合作成立学院,达到资源共享。没有特有的合作办学体制,就不可能形成办学特色。

2. 打造专业优势,这是办学特色建设的前提条件

从实际出发,把学校有限的人财物资源投入到那些有基础、有水平、有特色、有前景、有人才的专业建设中去。重点建设一批符合学院定位的、与地方主体产业结构相适应的、特色鲜明并能够增强学院核心竞争力的专业及专业群。稳定发展一批与经济社会发展密切相关、市场波动区间小并能够稳定学院规模效益协调发展的专业与专业群。重点开发一批与区域经济结构调整、转型和升级紧密结合的、具有前瞻性的新能源、新材料等专业及专业群。通过"十三五"期间建设形成重点发展的专业群为主导、稳定发展的专业群为保证,重点开发的专业群为补充的、协调发展的专业建设格局,实现专业结构优化的目标。没有专业特色,就没有办学特色载体。

3. 打造人才优势,这是办学特色建设的根本条件

树立"名师出高徒"的观念,发展中要抓住培养、引进、用好人才三个环节,构建定位明确、层次清晰、衔接紧密、促进优秀人才可持续发展的培养和支持体系。其一是注重吸引优秀人才,善于利用行业和区域优质人才资源。首先要面向企业积极引进既有实践经验、又有教科研能力的优秀拔尖人才。其二是充分利用校企合作机制,吸引专业技术人员和"能工、巧匠"建设好兼职教师队伍。其三是正确处理好引进人才与用好现有人才、绩效考评与人文关怀的关系,做好现有人才的选聘与培养工作。其四是大力推进"教学名师＋专业带头人＋骨干教师"的"双师"队伍的建设模式,加强各级各类教学名师的培养和创新教学团队建设。

4. 优化文化建设,这是办学特色建设的必要条件

树立"文化也是生产力"的观念,努力创造优良的育人环境。一要努力营造和创设企业的情境和氛围,打破传统的大学校园建设形态,引入企业工作环境和企业文化,为合作办学、合作育人、合作就业、合作发展营造文化环境。二要将职业院校文化建设策略化、制度化,把职业院校核心价值观通过具体的管理行为统筹起来,得到教职工的认同转化为教育教学行为,使职业院校形成教书育人的教师文化,形成勇于创新、注重效率的管理文化和追求卓越、全面发展的学生文化。强化文化建设。为职业院校特色建设营造特有的文化环境。[①]

（二）基于时代特色的院校发展规划

职业教育的发展要做到以习近平新时代中国特色社会主义思想为指导,全面贯彻党的二十大精神、全国教育大会和全国高校思想政治工作会议精神,按照新时代党的建设总要求,强化党对学校的全面领导,以增强基层党组织"四力"为着力点,铸就有"忠诚之魂"、干净务实的党员干部队伍和"四有"教师队伍,培养德技并修的高素质技术技能人才。"培养什么人、为谁培养人、怎样培养人"是中国特色职业教育事业发展的根本性问题,高质量培养社会主义建设者和接班人是新时代职业院校改革发展的基本方向和根本遵循,职业院校必须始终是培

---

① 杨毅 . 高职院校发展规划要素辨析[J]. 高教论坛,2011（09）:09–12.

养社会主义事业建设者和接班人的坚强阵地。围绕这一根本性问题,必须将立德树人放在人才培养的首位,"必须将价值塑造、知识传授和能力培养三者融合为一体"。

1. 要及时掌握省、市政府有关职业教育的具体政策和实施方案,客观研判省情市情

我国职业院校的办学层次目前还主要是专科,其管辖部门主要在省、市(地级市)。省、市对职业教育的发展会在国家统一部署下,结合本省、市的实际情况制定出有针对性的政策措施,这些政策措施对学校的发展更具指导性和可操作性。在编制事业发展规划时,要及时掌握这些政策措施,并在发展中得到充分体现。同区域内的院校就办学相关内容做比较,对于编制规划、促进发展等更具针对性和合理性。在编制规划时,要全面深入地了解和分析本省、市职业院校的发展情况,并对同区域的职业院校进行横向比较。比较在相同的政策和制度背景下,学校有什么优缺点;比较在相同的社会经济发展环境下,学校作用发挥得如何,利弊得失是什么;比较在相同的产业结构调整的态势下,学校专业设置是否合理,人才培养质量高不高等。

2. 要认真梳理和分析学校现有的办学基础客观研判校情

学校现有的办学基础是编制发展规划最关键的立足点。对外部情况了解得再清楚、分析得再透彻,如果不客观全面深入分析自身办学情况,那么规划的制定就会是盲目的。如广大教职工对职业教育思想和理念的认识水平,是提出办学理念并得以实施的基础;学校现有人才培养模式改革现状和教师的认可度,是确立人才培养思路,制定深化教育教学改革举措的必要前提;学校现有校企合作产教融合的程度,教师的教科研能力与水平等,是加大校企合作、深化产教融合,全面提升服务社会能力的重要依据;学校现有办学诸多要素中的薄弱环节,保障措施的不健全不得力,是未来统筹兼顾、攻坚克难的首选任务,等等。也就是说,学校在编制发展规划时,必须慎重研究这些基础、前提和依据等,缺少了这些,学校的发展就会失去原动力。

3. 深化和创新产教融合,凸显职业教育类型属性

产教融合、校企合作是职业教育的基本办学模式,是办好职业教育的关键所在。进一步落实和深化产教融合,促进教育链、人才链与产业链、创新链的有效衔接。职业院校自身在技术技能人才培养过程中的角色和功能承担应该表现在三个层面:一是专业设置要与产业需求对接,二是课程内容要与职业标准对接,三是教学过程要与工作过程对接。这三个层面也是职业院校追求职业教育类型属性必须应对的。产业学院是职业院校推进产教融合、校企合作的重要载体和组织形态。[1]以产业学院为平台,探索人才资源、智力资源、知识资源、信息资源、资金资源、设备资源的高度集成,实现知识和技能从发现、应用、综合、传播等环节的一体化衔接,通过"专业(群)–产业学院"的产教融合发展格局,不断创新产业学院建设方式,探索多元主体合作的办学体制和运行机制,深入推进产教融合人才培养综合改革,拓展科研与社会服务渠道,实现办学水平和社会贡献度高质量发展,达到校企合作共赢的良好局面。

---

[1] 陆东一. 浅谈高职院校编制发展规划应把握的几个关系[J]. 常州信息职业技术学院学报,2015(05):13–15.

第二节　整全性教育替代传统智育和职业技能为中心的办学模式

长期以来,人们习惯于用功利主义价值观来理解高等职业院校的目的和功能,把职业教育仅仅看成谋职的手段,忽视了职业院校作为教育机构的"育人功能",没有把高等职业教育促进人的全面发展置于应有的地位。人们往往从高等职业教育区别于普通高等教育的特殊规定性这一方面出发思考问题,过分地强调其培养人才的特殊技能要求,过多地强调教育教学过程的训练功能和操作功能。在功利主义价值观指导下的高等职业教育,只强调培养一技之长,人文教育与专门技术教育分离严重,忽视对学生作为全面的人的培养,致使学生人文素质缺乏,尤其在学生的职业道德教育和职业态度养成方面存在着较为严重的缺失。

一、闲暇教育理念下的职业院校人才培养模式弊端

从闲暇教育理念来思考职业院校人才培养模式所面临的问题,不难发现职业院校在人才培养模式理念、目标、内容、方式、评价等方面存在不同程度的问题,而这些问题大多是因为过度注重人才培养的目的而忽视了学生闲暇教育的结果。因此,从闲暇教育角度来看,职业院校办学模式上存在以下问题:

(一)教育理念异化,院校规划不清晰

教育理念是学校在办学过程中用于指导教育教学行为与管理经营活动的最高价值目标,是一切教育教学行为的逻辑起点,它指导、制约和统率着学校内部各种群体价值观和形形色色的个人价值观。先进的教育理念可以外塑形象、内聚人心,为学校的改革发展提供强大的动力。中国职业教育之父黄炎培在创办中华职业教育社时提出来的教育理念是"谋个性之发展""为个人谋生之准备,为个人服务社会之准备,为社会及世界增进生产力之准备",强调职业教育的作用是培养能够资助生存、服务社会的人才。

随着职业院校快速发展,职业院校的教育理念也在不断更新。在 2004 年召开的第三次全国高等职业教育产学研经验交流会上,周济同志作了《培养数以千万计的高技能人才　办让人民满意的高等职业教育》的讲话,并首次提出了以服务为宗旨,以就业为导向,走产学研相结合的改革发展之路,培养数以千万计的高技能专门人才,为全面建设小康社会和中华民族伟大复兴服务。从此,"以就业为宗旨,以服务为导向"就成了职业院校办学一直遵循的教育理念。从"就业""服务"可以看出职业院校的教育理念中强调学生进行职业教育的目的为就业和服务社会,这对职业院校的定位做了一个清晰的阐述。但是随着职业院校的大规模扩招,不少学校对教育理念的理解和实施逐渐产生偏差,片面追求结果,过于强调服务性,强化了社会对人的需求,却忽略了培养全面发展的人才。这会导致在职业教育实践中存在"只见职业不见人"的现象,职业岗位和个体人之间二元分裂情况加大。近年来政府对职业教育日益重视并接连颁布大量文件来促进职业院校的发展,政府主导型下职业院校的发展具有统一性、强制性和外生性三个特点,统一性会导致一部分职业院校在发展中院校建设出现"雷同"现象,缺乏自身的特色。[①]另外,不同时期国家和政策的重点各有不同,如果院校缺乏对自

---

① 任君庆.论高等职业院校发展理念的三个转变[J].中国高教研究,2014(26):66-67.

身人才培养的长期规划,只会盲目跟着政策走,会影响职业院校的可持续发展和人才培养的质量。

（二）教育目标单一,学生发展趋于片面

教育目的是教育所要培养人的质量和规格的总要求。具体来讲,教育目的是指教育活动所要达到预期结果,是人们对受教育者达成状态的期望,即人们期望受教育者通过教育在身心诸方面发生什么样的变化,或者产生怎样的结果,是教育实践活动的出发点和归宿。培养目标作为教育目的的下位概念,是指各级各类学校对本类型院校应该培养什么样人才的具体要求。职业院校的培养目标指职业院校培养学生的基本方向定位以及学生在完成职业教育后在能力和素质方面应该达到的规格要求。

改革开放 40 年以来,国家政策文件对职业院校人才培养目标的表述也在不断更新。1987 年《国家教育委员会关于改革和发展成人教育的决定》指出"职业教育为企业事业单位培养生产、经营管理方面的专业技术人才"。1996 年 6 月第三次全国职业教育工作会议上,原国家教委领导提出,"高等职业教育主要培养高中后接受两年左右学校教育的实用型、技能型人才,优先满足基层第一线和农村地区对高等实用人才的需要"。[①] 2000 年,关于印发《教育部关于加强高职高专教育人才培养工作的意见》的通知（教高［2000］2 号）中提到有关职业院校人才培养目标为"适应生产、建设、管理、服务第一线需要的德、智、体、美等全面发展的高等技术应用性专门人才"。2004 年,《教育部关于以就业为导向深化高等职业教育改革的若干意见》（教高［2004］1 号）提到:职业院校需要培养的是面向生产、建设、管理、服务第一线需要的,实践能力强、具有良好职业道德的高技能人才。2014 年,《国务院关于加快发展现代职业教育的决定》（国发［2014］19 号）明确指出"加快现代职业教育体系建设,培养数以亿计的高素质劳动者和技术技能人才",并且强调职业教育需要重点注意培养"掌握新技术、具备高技能的高素质技术技能人才"。

经过 40 年的发展,国家政策文件对职业院校人才培养目标的表述越加清晰,职业院校人才培养的方向逐渐确定。从最初"技术人才""实用型人才"到"应用型专门人才""高技能人才"再到"高素质技术技能人才",可以看出国家政府对职业院校人才培养的要求逐渐从强调技术型人才到注重培养高素质的人才,这是在经济、教育等社会各方面作用下的结果。然而随着经济发展越来越依赖现代技术,职业院校在人才培养过程中过分强调学生技术的习得,只注重学生解决单一问题的能力,对学生综合职业能力的培养和人格教育目标不够清晰。在现在工作生产环境趋于现代化、技术化的环境下,只掌握单一的技术难以适应职业岗位的长期发展。个体的学习能力、综合分析能力、心理素质同样在职业岗位中至关重要。职业院校目前只把学生作为教育的客体而不是主体,导致学生对职业教育的认知也仅仅局限在生存的层面上,狭隘的认知不利于学生在以后学习生活中的全面发展和精神层面的满足。

（三）教育内容功利,学生课程体系不完善

教育内容是指学校为了完成既定的培养目标,根据一定的培养方案而在各种不同的课程

[①]　周建松,唐林伟.高职教育人才培养目标的历史演进与科学定位——兼论培养高适应性职业化专业人才[J].中国高教研究,2013（02）:94-96.

中传达给学生的有助于学生身心发展的知识的总称。职业院校的培养内容具体以课程的形式体现,突出其职业性的特点。职业院校最初发展时期,为在短时间内培养大量人才,课程设置遵循"知识本位"原则,课程内容强调知识的系统性和逻辑性,保证学生获得知识的完整性,但是却忽视了知识与具体工作的联系性。随着社会生产环境的变化,传统的"知识本位"课程内容已经不能满足职业岗位的需求,此时课程设置开始转向"能力本位",强调培养学生的技术能力。到现在,职业院校现存的课程体系由以下几类课程组成:一是由公共基础课和公共任选课组成的公共课体系;二是由专业群基础课、专业必修课、专业方向课、专业群互选课四大模块组成的专业课体系。

从职业院校现存的课程体系来看,教育内容的问题似乎不算突出,但是有学者通过调查发现:职业院校公共基础课的设置存在课时偏少、规范性不够和科学性有待加强等问题。[①]整体来看,职业院校的教育内容呈现功利化趋势。我国在工业化、产业化的环境下,社会发展需要大量的高素质技术技能人才。在社会客观原因驱动下,为与经济需求相适应,职业院校在学生培养过程中,也会将生产中能够使用的技能操作作为学生课程体系中最重要的内容。对于学生本人来说,过于功利的课程内容只会使学生产生不重视公共课的心理,从而使公共课形同虚设,弱化了公共课程增加学生知识的广度和深度、使学生全面发展的功能。除此之外,职业院校在专业课的设置和实施上也存在一些问题。首先专业课程大体分为理论课和实践课两大部分,对于就业导向的职业院校来说,过于偏向实践课的现象一直存在。具体表现为课程中的理论课部分被删减压缩,学生学习积极性不高。其次,职业院校的课程中也存在"重技能,轻人文"的现象,人文课程安排不多或几乎没有安排的情况在职业院校中很常见,甚至会被视为"水课"。最后,部分教师因为职业倦怠等原因,不会去认真学习钻研学科技术最前沿的知识,导致学生学到的内容陈旧,无法与社会实际现状相匹配。

（四）教育方法僵化,学生主体性被忽视

教育方法是指教师为完成一定的培养目标对学生进行教育时所采用的一系列有针对性的措施,各级各类学校中教育方法稍有偏差。比如中小学以讲授法为主,研究生教育教学以讨论法为主。因职业院校的性质,在职业院校中教育方法突出职业性和实践性两个特点。近年来,职业院校在发展过程中,秉承"从做中学"的教育方针并根据校企合作等外在办学模式开发出项目教学法、案例教学法、行动导向教学法等教学方法。但是由于职业院校发展不均衡等原因,这些教育方法在实施过程中没有获得应有的效果。

其一是职业院校的教师大多接受的都是普通教育,缺乏职业教育的背景和相关实践经验,在教学方法上难免会沿袭普通教育的传统,因此不能很好地适应职业教育的情况。即使在各种教学方法革新后,教师面对种类繁多的教学方法也容易造成重方法轻内容的本末倒置的现象,从而导致教师在根据学生的实际情况进行相应的课堂教学环节中仍然有困难。其二是现在职业院校的各种新颖的教学方法大都是国外的"舶来品",缺乏本土化的过程和试点实验,生搬硬套下的结果就是教师不知道怎么教,学生不知道怎么学,教学效果不佳。其三是职

---

① 刘兰明,郑永进,王佼. 基于《指导意见》的高职院校公共基础课课程设置实证调研[J].中国职业技术教育,2019(23):24-30.

业院校学生一般都是在普通高中时经历过传统教学方法的学生,他们对传统的教学方法已经熟悉且抗拒,职业院校应该根据学生的实际情况取长补短,合理利用各种教学方法重点培养学生的实践能力和在实际操作中的准确性和快速性。

（五）教育评价主体单调,学生创新性难以激发

教育评价是指政府或第三方机构在一定教育价值观的指导下,依据确立的教育目标,通过使用一定的技术和方法,对所实施的各种教育活动、教育过程和教育结果进行科学判定的过程。职业院校的教育评价应充分考虑到院校的职业性和专业性,强调学生职业能力的评价,注重学生习得技能的质量。改革开放以来,教育评价作为一种促进教育工作改进的方式,已经发挥了其巨大的支撑作用,然而随着我国职业院校的飞速发展,现行的教育评价模式仍然存在一些问题。

其一是政府是绝大多数职业院校的办学主体,在职业院校的发展过程中,政府扮演着最主要的角色,是质量评价的主要政策制定者、组织者和实施者,政府承担着职业"管、办、评"的三重职责[①]。尽管近些年来有一些第三方组织和社会机构参与进来,但由于参与热情度不高,评价的能力和水准也有待提高,发挥的影响十分有限。其二是政府在进行评价时多重视总结性评价,按照一定的量化标准对职业院校进行鉴定评估后戴上各种"帽子",如"示范校""骨干校"等。虽然这类评估有值得肯定之处,但是在严格的指标设置下,不可避免地会忽视职业院校本身的特殊性和发展性,出现一些"标准化"和"一刀切"的问题,长此以往,职业教育将更难摆脱发展困境问题。其三是职业教育一直被认为是低于普通教育的教育而不是作为另一种类型的教育,政府在进行评估时也是沿用了普通教育的质量评估标准。但是职业教育和普通教育培养人才的侧重点大不相同,职业教育注重实践能力、职业能力的获得;普通教育则更注重客观知识、逻辑能力的培养。将二者的教育评价模式混为一谈会导致职业教育中"唯成绩"现象严重,学生的创新性难以激发。

二、闲暇教育理念下的职业院校人才培养模式的重构

闲暇教育理念下,职业院校应充分认识到作为学习主体的学生在学习中的重要作用,闲暇教育不仅仅是应该培养学生树立正确的闲暇理念,对职业院校而言也需要在理解闲暇教育理念后认识到自身办学模式中存在的种种问题,并加以改进。具体体现如下。

（一）尊重传统,发掘特色的教育理念

闲暇教育是职业院校在人才培养中的重要内容,也是职业院校学生成才的关键一步。职业院校的学生闲暇时间较多,学校应对此加以重视并有意识地对学生进行闲暇教育,使学生能合理健康地度过其闲暇时间。闲暇教育的内核是自由教育精神,是对学生作为一个完整意义上的人的尊重。闲暇教育理念要求职业院校的办学者摒弃现代工业化社会下猖獗的功利主义和职业主义观念,以人文的眼光和发展的眼光来看待受教育的个体,职业教育功能首先应该是教育性,其次才是职业性。职业院校需要从培养全面发展的人的角度对学生实行全方位的教育,职业教育的最终目的应该是使学生通过自己的努力来获得美好生活。

对传统的批判并不意味着抛弃职业教育一直以来的所有办学理念,我们应以辩证发

---

①　周家荣.管办评分离背景下以教育标准促进教育评估发展[J].现代教育管理,2018（07）:56-61.

展的眼光对职业院校传统办学理念有所扬弃。基于此,职业院校的办学理念应从以下两个方面有所改进。其一是职业院校在人才培养的过程中需要尊重职业院校一直以来的办学传统,以职业性和专业性为其一贯的办学重点,这也是职业院校区别于普通高校的重要之处。不论高等教育系统如何进行发展改进,职业院校都需要明确其自身的定位,而不是盲目改革本末倒置。其二是职业院校应破除政府统一规格管理下的"绩效主义",跳出追求政府相同标准的桎梏,根据自身实际情况发掘出属于本校的特色领域进而培养特色人才。最后,职业院校应在此基础上加强对学生个体的关注,以健康的办学理念来培养全面发展的人才。

(二)回归人性,整全发展的教育目标

闲暇教育是注重受教育者作为一个完整人的精神层面上需求的教育理念。闲暇教育观认为,受教育者不管是在学校还是在社会中,不应当只是拥有作为"工具"的价值,更应当是作为一个真正意义上的"人"来被对待的。不管是教授学生健康的闲暇观,还是恰当有效地去利用学生的闲暇时间,都是在对学生的精神世界进行关心和引导,都是把"人"作为教育的中心,把全面发展的人才作为教育的目的。

改革开放以来职业院校已经有了长足的发展,但是在职业院校一直以来的发展中,技术一直是重点关注对象。对于过分关注技术而带来的负面效应,例如,人的异化和培养目标的单一,职业院校似乎鲜少重视。人才的培养目标一般来说分为三个大维度:知识水平、个人能力和综合素养。知识水平是根基,学生拥有一定知识水平后,向内可以内化为个人能力,向外可以表现为综合素质。个人能力是目前职业院校培养目标的核心,突出表现为动手能力和逻辑思维能力。综合素养的内涵较为丰富,包括身体素质、心理素质、专业素质,等等。职业院校在人才培养过程中首先应确保学生专业知识获取,在本专业知识已经熟练掌握后,还应该确保学生能掌握与本专业相关的知识,使学生能多角度地看待本专业的学习内容,增强学生的迁移能力。在智能制造的时代,特定岗位的"单一技能者"重复、简单的工作方式,将逐渐被工具和技术替代,工作内容复杂化的提升、职业岗位工作范围的拓宽和专业工种间业务的交叉要求一专多能的人才。[①]职业教育就其本身来说,是教育与职业技术相结合的产物,需要满足社会功利性的需求,同时也需要个性发展的人。因此,职业教育的出发点和落脚点必须是回归人性,培养具有优良综合素质的全面发展的人。

(三)加强人文,提升能力的教育内容

闲暇教育理念在教育内容上强调人文学科课程的开设,受教育者作为一个有连续思维的个体在课堂上习得的知识内容对其闲暇时间的利用也会有着潜移默化的影响。人文学科的学习对受教育者的世界观、人生观、价值观的培养有着一个积极的作用,这与亚里士多德时期对"自由人"的推崇和近代学者对"自由教育"的捍卫和马克思理论中"人的全面发展理论"是一脉相承的,其内在核心都是期望受教育者通过恰当的教育在认识到自己的有可为和不可为之后,最大限度地享受自由。

其一是在职业教育中,人文学科课程一般在公共基础课上体现,所以在课程设置上职业院校应突出公共基础课的基础地位,增强课程的普适作用,做到公共课程种类齐全和数量足

---

① 郑玉清.现代职业教育的理性选择:职业技能与职业精神的高度融合[J].职教论坛,2015(05):30-33.

够,打破职业文理不通的课程体系,将人文教育渗透到课堂教学或日常实训中,切实协调好公共课和专业课的关系。其二是人文学科的教育不应该只局限于课堂,职业院校应有意识地在学生的日常生活中体现人文教育,给学生提供一个充满人文气息的氛围,学生通过人文教育的学习能让自己的闲暇时间度过得更加充实而有意义,从而完善自身的人格,增长自身的智慧,明白自身的理想。其三是职业院校的教师也应该积极提升自身的专业能力和教学能力,了解专业行业的最新发展,把市场需求和学生需求结合起来,制订一个全面实用的教学计划,确保学生所接受的教育内容是及时、有效、完整和有用的。

（四）形式多样,注重创新的教育方法

闲暇教育理念在教育方法上强调形式多样、内容充实,充分发挥学生的动手能力和创新能力。教育方法虽然只是学生学习新知识、增长新能力的一个中间形式,但是中间形式是否科学合理在很大程度上会影响课堂效果。闲暇教育理念是引导学生拥有丰富多彩的休闲时间的教育理念,但是与学生的生活从来都不是割裂的,课堂上形式多样的教学方法也会间接地对学生的闲暇观有所影响。

其一是教师应具备完善的知识结构和专业的教学水平,能将所学的理论知识和本专业的前沿发展应用到职业教学中来,并能根据学生学习的实际情况制定教学方案和教学内容,关注学生的个性发展。其二是僵化的教学方式忽视了学生的自我意识,容易造成学生兴致缺失。因此,教师可以将教育与现代技术相结合,提供丰富的知识和素材,把教学与实际相结合,从而引起学生的求知欲和好奇心,培养学习兴趣,从多角度调动学生的积极性和能动性。其三是面对科技迅速发展的信息化时代下各种新式教学方法的冲击,教师应提升自身的专业能力,学会辨别和挑选出最适合本校学生的教学方法,在认真观摩学习和仔细研究思考后,方能在课堂上加以应用。其四是职业院校应建立一个开放、多元的教育模式改变传统老师讲学生听的课堂互动模式,创设一个良好的教学氛围促进师生双方友好、高效地进行沟道,进而帮助学生形成良好的解决问题能力和创新能力。

（五）多元评价,健全体系的教育评价

闲暇教育理念强调学生学习和生活的一贯性发展,学生在课堂所收获的除了有为谋生而准备的文化知识和技能技巧外,更应该习得的是一种悠闲的生活态度和职业素养。学生在明白生活不仅是工作,自身存在的意义不只是劳动后会更从容地去面对职业生涯中可能出现的种种问题。因此,在教育评价方面,闲暇教育理念反对僵化的评价体系和评价主体,强调多方的评价主体和健全的评价体系。

2020 年 10 月,中共中央、国务院正式印发了指导教育评价改革的纲领性文件《深化新时代教育评价改革总体方案》(以下简称《总体方案》)。此次印发的《总体方案》为新时期职业教育的教育评价方式提供了机会与改革方向。《总体方案》中首次明确提出了"四个评价"的改革方向和切实破除"五唯"顽瘴痼疾的决心。因此,为切实提高职业院校的评价质量和评价效率,应从以下几个方面进行努力。其一是政府应该简政放权,确立多元的评价主体,建立合适的评价机构,发挥社会及学校自身的力量,从不同层面对职业院校的教育质量进行科学合理的评价。评价机构要广泛吸收教育科研机构、行业组织、企业、社会其他力量一同组成第三方评价的组织、执行机构,具体实施人才培养质量的第三方评价。其二是在对职业院校进行教育评价时应关注院校在办学模式、办学特色上的不同,根据所评价学校的具体情况和特色专业进行标准和制度的划分及制定,做到在学校层面的教育评价的高效有序进行。其三是应建立健全与职业教育类型相符的评价机制,完善职业教育评价治理体系。在评价标准的制定上应充分考虑职业教育的学校类型,加大以职业为特色的评价比重,关注职业学生职业能力和动手操作能力的高低,将深化产教融合、校企合作作为评价职业教育的重要标准。

第三节　注重学生适应性发展的育人策略

闲暇不是无所事事,也不是游手好闲,而是一种闲适的心态,只有在这种心态下,人才能不会被智能化时代下猎獗的功利主义所异化,才能实现人类本质上所追求的超越。职业院校的学生更应该注意到这一点,职业教育因为和社会经济发展密切相关,其职业性几乎在职业教育系统的处处都能体现。随着"以就业为导向"成为职业教育培育人才作为参考的指挥棒,职业院校的育人本质逐渐模糊,学生的素质呈现单向度发展之势。因此,职业院校在进行人才培养的过程中,需要注意到学生人格上的完整和健全,注重培养高素质的闲暇教育学习者。

一、职业院校学生适应性发展的内容

适应性是个体与其生活环境保持和谐状态所表现出来的行为反应,人格的适应是积极的。学生良好的学习适应性是顺利完成学业的重要保证,否则会造成诸多的学业问题和心理问题,进而影响到学生的学习成绩和人格成长。对职业院校学生来说,由于学习内容、学习方法及教师的教育方式发生了较大的变化,在学习、生活、人际交往、心理健康等方面出现较普遍的不适应现象,主要表现如下。

(一)学习方面

1. 学习态度

对职业院校的学生来说,学习仍然是排在第一重要的事。然而这个阶段的学习却不仅仅局限于对课本知识的简单掌握,也不会有教师、家长在身边对其耳提面命,更多的是依靠学生的自觉自知。因此,让学生学习认识自身、学习如何与环境相适应,学习找到自己的目标,学习如何与社会相适应便至关重要。[①]

有研究表明,职业院校学生与本科院校的学生相比,在学习态度方面,本科院校学生明显优于职业院校学生。也有调查显示,有69%的职业院校学生承认学习成绩不好,是由于自己"学习不够努力"所致。

2. 学习方法

职业院校学生在中学时期养成了一种被动的学习方法,就是学习听从教师的安排,本身

---

① 彭时敏.《思想道德修养与法律基础》课对大学新生适应性教育探析[J].福建教育学院学报,2010(01).

缺乏自学和独立思考的能力,因而一走进大学课堂,面对众多基础课程、专业课程,许多人就会感到无所适从。此外,高校教师讲授比较抽象和概括,更加使学生对职业院校的自主学习方式极度不适应,心里充满矛盾和焦虑。由于这种学习方法上的不适应所带来的自卑感得不到及时矫治、疏导,学习就会成为学生心理的沉重负担。

3. 专业学习

职业院校学生文化课基础较差,综合素质不高,容易出现学习心理问题。此外,他人对自己学习成绩的不认同,也使职业院校学生的自我评价较低。有关职业学生学习状况的调查显示,职业院校学生对所学专业不太感兴趣的占 35%;对课程不是很感兴趣和不感兴趣的占 87%。可见,职业院校学生对专业的选择和学习是比较困惑和懈怠的。有的学生所学专业并非是自己的选择和兴趣,也有的学生对自己期望值不高,认为只要能进职业院校,不论什么专业都行,种种原因造成进校后对所学习的专业产生不满、抵触情绪,导致专业学习吃力,成绩不好,进而产生对学习的厌倦,无法适应专业的学习,甚至产生转换专业或退学的想法。

（二）生活方面

1. 生活自理能力

一项关于职业院校学生的生活适应性调查,其结果表明:在生活自理能力方面,有 35.7%的学生因不会照顾自己而生病;有 62.9% 的学生花钱、吃饭无计划;有 56.3% 的学生因不能处理日常生活中的困难而烦恼,不少学生,面对独立的生活,往往会出现无所适从的失落感。

2. 生活方式

据调查,50% 的新生对住集体宿舍感到厌烦;78.3% 的学生觉得校园生活很单调;73.7%的学生觉得学校生活节奏太慢;26.3% 的学生不习惯在校食宿。也有研究发现,有 11.62% 的学生对学校生活不适应,主要集中在食堂与寝室的状况不能令自己满意,同自己家中的生活起居条件相比反差太大。

造成职业院校学生生活不适应的原因,一方面,职业院校学生在入学前,由于家长长期过分照顾与关爱,使他们的依赖性很强,独立性差。另一方面,强烈的想家情绪,对陌生环境、新生事物的紧张情绪也是学生产生适应障碍的原因之一。此外,集体生活、气候环境、饮食特点等,也都会影响学生的生活适应性。

（三）人际交往方面

1. 同学关系

有研究表明,学生能否和同学保持良好的关系,是影响其心理健康水平的一个极为关键的因素。相关调查显示,学生中,40.71% 的学生表示与同学相处有一定障碍,有严重障碍的学生占 10.9%,与同学相处障碍困扰很严重的占 1.92%,这表明更多职业学生与同学相处有不同程度的适应障碍。

2. 师生关系

在职业院校除了上课,学生与教师的接触远远不如高中频繁,与教师的交往也存在戒备心理。有调查显示:79.5% 的学生觉得教师看不到自己的优点;73.2% 的学生觉得师生关系淡漠;74.6% 的学生感到教师不关心学生;62.6% 的学生不愿意接近教师;45.5% 的学生对班主任的工作表示不满意。

职业院校学生人际适应性,是影响学生适应能力的一个主要方面,是各年级职业院校学生在学校适应上存在的最普遍的问题,其主要原因是职业院校学生正处于青年期,感情丰富而又敏感,但现实又让他们感到人与人之间没有亲近感。面对新的人际关系,有的学生会变得压抑、孤僻、闭锁;加上职业院校是以集体生活为特征的,同学都来自不同的地域和家庭,有着不同的思想观念、价值标准、爱好习惯,容易出现互不认同的情绪。

（四）心理健康方面

1. 矛盾心理

目前职业院校的学生大多都是"00后",而当今年轻的"00后"群体是一个"矛盾的综合体"。他们是互联网的"原住民",一出生便在互联网的熏陶下成长,因此他们拥有快速接受新事物的能力,特立独行的思考模式和丰富多样的生活方式。他们年龄处于心理学所说的"青年中期"的发展阶段,而这个阶段的学生所需要接受的教育和发展是多方面的,既要学习文化知识,又要逐步融入社会,在心理发展上,他们正处于一个从幼稚到成熟的过渡阶段,会产生很多矛盾心理,很多不适应也是"心理断乳"的必然反应。[1]

2. 自卑心理

自卑心理在职业院校中存在的比例较高,在与人相处的过程中,往往因为自身的学历比本科院校低,或者说周围人的评价会是他们自卑感产生的部分原因,尤其是新生,在进入大学初阶段由于对学习方法、内容的不适应,容易厌学、弃学。职业院校的学生文化基础比普通高校的学生基础稍差,高中阶段经常被老师和家长责备,长久以来产生一种挫败感、情绪消极,在人际交往中不愿意与人交往。他们中的部分人敏感度较高,对周围环境中的人和事都持警戒心态,容易把身边同学的言论对号入座促使越来越多的职业学生产生社交恐惧症。[2]

二、职业院校适应性发展育人的对策

针对学生适应性方面的种种问题,职业院校可参考从以下几个方面提升本校的育人能力。

（一）转变教育管理理念,发挥管理工作育人功能

职业院校教育管理工作是引导学生思想和行为良好发展,为学生传递更多教育理念的主要途径,承担着重要的文化育人职责。要想在全新教育环境中转变职业院校的管理职能,职业院校就要转变教育管理的理念,完成对学生精神和思想的建设。

1. 职业教育管理者应坚持以德树人的根本教育理念,更好地发展学生的共性与个性

一方面,职业院校应去面对学生的共性需求,建立系统性的培养方案,引导学生在大环境下健康发展。另一方面,职业院校要为不同个性的学生提供展示的平台,不断增强管理教育的开放性,让学生在受教育和管理中有足够的发言权,并主动参与到管理教育中,形成自我约束的意识和能力。

---

① 张宝君."90后"学生心理特点解析与对策[J].思想理论教育导论,2010(04):111–114.

② 赵晓英.高职院校新生适应不良问题及其对策研究[J].产业与科技论坛,2012,12(11):144–145.

2. 职业院校要坚持德育为先的管理思想

学生的基本素养是其良好发展的根本,而学习能力和技术技能是学生职业发展的保障。只有在培养学生成为良好公民的基础上,发挥管理育人的职能,引导学生掌握更多的思政理论,才能真正实现学生全方位的发展,发挥管理育人工作的全部价值。最后,职业院校要坚持知行合一的行为准则。管理教育理念需与实践相融合,既发挥课堂的主导作用,又能展现管理工作教育引导的作用。职业院校要通过内外配合提升学生的综合素养。[①]

(二)创新管理育人方式,实现全过程育人

全过程和全方位管理育人作为一种全新的教育方式,要求职业院校教育工作者和管理工作者与学生成长密切联系,关注学生成长过程中出现的学习态度和行为方式的变化,并通过制定管理方案和渗透管理手段,展现管理育人的优势,掌握新时代学生发展的全脉络。一方面,职业院校管理人员可加强对学生的了解,通过调查问卷的方式掌握学生的内心诉求和需要,然后可结合学生的实际情况制定管理制度,还可引导学生参与到管理制度的制定中,使管理手段和内容更加贴近学生,从而得到学生的认可和配合。另一方面,职业教育管理者可加强与思政教育的合作,结合思政教育目标开展学生感兴趣的管理育人活动,如文化讲座、知识竞赛、寝室文化建设活动等。职业院校要将管理制度和思政理念融入活动中,并在无形中加深学生对管理育人工作的认知,通过引导使其逐渐掌握自我管理的方式,并认识到自身存在的问题,以实现能力和素养的良好发展。

(三)运用多种措施,实现全方面育人

在当前时代不断发展的背景下,"育人"已经成了思政工作当中的关键环节,但是在经济帮助的基础上促进育人理念的全面发展已经成了当前关注的主要问题,并且也是思政工作当中的重点以及难点。当前职业院校在工作开展的时候应当落实多种措施,实现全方位的育人,从而坚持以学生为中心开展活动,创建良好的学风建设、公益活动以及志愿活动等,对学生进行多方面的教育。对于资助的学生也应当保证后续工作的开展,了解学生的情况以及心理状况,注重学生思想发展的情绪,使学生懂得感恩,促进学生健康发展。并且学校还可以开展对资助学生的诚信教育,为学生树立良好的意识,开展相关的诚信活动,积极宣传社会主义核心价值观的发展体系。还可以举办多方面的志愿活动,使学生养成良好的自立自强、知恩图报、服务他人的责任意识,促进学生的综合素质得到全面提升。职业院校可以创建勤工俭学的岗位,使有困难的学生可以正视自身的情况,不会产生自卑的心理情绪,运用积极的心态来面对生活的实际状况,引导学生自强不息,刻苦学习,促进学生社会实践发展能力得到提升。

(四)协同推进,全面探索思政课程

在社会经济不断发展的过程中,社会对高素质的实用型人才的需求也在不断的提升,职业院校的思政教育担当了关键的责任与使命。在新时代的发展中所提出的"三全育人"为思政教育的发展提供了全新的方向。对于职业院校思政课程的开展,不仅要紧紧抓住思想政治课程教学的主渠道,并且还应当深入挖掘其他专业课程所蕴含的思想政治资源,彰显出课程

① 刘玲.高职院校以习近平新时代中国特色社会主义思想铸魂育人的理论机理和实践路径[J].教育观察,2019(28):08-09.

的育人功能,促进与思政课程的同步发展,形成协同发展的效应。课程思政不单单针对的是某一具体的课程或者课程体系,而是落实在所有课程中的一种育人理念。促进课程思政的创建,首先职业院校的领导应当统一制订合理的计划,完善创建的框架,建立、健全的规章制度,并以此为切入点促进思政与学科的整合教学,依照专业的不同特点将课程思政融入人才培养方案中。其次,教师是思政课程的组织者与实施者,不仅要挖掘出"教书"的功能,并且还应当挖掘"育人"的功能。在教授期间,应挖掘其中蕴含的人文精神、科学精神以及家国情怀等,弘扬伟大的责任感以及使命,在传授知识与能力培养的期间强化对学生价值的引领,培养学生成为有责任、有担当的人才。①

总而言之,在新时代背景下,职业院校要有新的作为,要想办学生和家长更满意的职业教育,就要从管理工作入手,转变传统过于僵化的管理模式,增添管理育人的功能,通过对学生思想和行为的引导,渗透更多管理理念和正确的价值观,不断提升学生的职业素养和行为素养,培养职业学生成为新时代背景下合格的社会主义建设者和接班人。

三、职业院校注重学生适应性发展的意义

(一)有利于贯彻落实"三全育人"理念

"三全育人"是《关于加强和改进新形势下高校思想政治工作意见》中提出的要求。其要求职业院校要将思想政治工作贯穿教育教学工作始终,建立教育育人、管理育人、文化育人的长效机制,构建全员育人、全程育人、全方位育人的新型教育模式。②"三全育人"综合改革是对长远育人格局与体系的重新建构,目前尚处于试点阶段,该如何在教学实际中进行落实还缺乏参考。重视作为育人主体学生的适应性发展以及展开针对性的策略,可以营造良好的育人氛围,推动"三全育人"理念的落实。

(二)满足社会经济发展对人才的需要

加强职业院校适应性育人策略有利于创建良好的育人环境,为职业院校人才培养提供重要保障。目前,职业院校的教育目标是培养具有创新能力的综合性技术应用人才,而当下的职业院校教育虽有一定进步但还存在不足,想要实现综合性技术应用人才的培养必须不断进行教育创新,重视学生适应性的培养。随着互联网技术的应用普及,市场竞争越来越激烈,企业要想立足于不败之地就必须不断引入具有创新精神的高素质和高技能创新型综合人才。③职业院校启动适应性育人策略可以促进学生思想政治教育,提升学生的综合素质,有利于推进创新型综合人才的培养,有效推动我国生产力水平和科技水平的提升。

(三)满足学生对自身职业发展的需求

职业院校注重学生适应性发展,还可以刺激学生学习专业知识及技能的主动性,培养学生的自主创新意识,推动学生自身的发展。从某方面来讲,注重学生适应性来实践育人机制,一方面可以让学生更快速、便捷地适应职业院校学习节奏,有助于学生正确"三观"的养成和

---

①　余扬.试论职业院校"三全育人"体系的构建[J].公关世界,2022(01):92-93.

②　朱倩,吴慧媛.新时代高职院校"三全育人"模式构建研究[J].教育与职业,2021(17):83-87.

③　邢瑞娟.新时代以社会主义核心价值观引领高校校园文化建设的路径选择[J].佳木斯大学社会科学学报,2019(06):53-56.

生存能力的提升。另一方面可以创新职业院校教育模式、管理模式,有效整合学生的工作、学习和娱乐,为进入社会奠定基础。所以,总体来说注重学生适应性实践育人机制可以充实校园文化,拓展其内涵和形式,满足学生的自身发展需求。

（四）促进职业院校教学质量的提升

职业院校育人策略与人才培养密切相关,其育人策略实施效果的高低将直接影响人才培养质量。近年来,随着社会的发展以及教育改革的不断推进,职业院校育人策略的建设也在不断发展、创新,有效提升了学校育人质量。基于学生为主的内在原则,职业院校有效推动了学校注重学生主体理念的形成。所以,根据职业院校实际需要,不断注重学生适应性育人策略可以促进学生正确"三观"的形成,学会用正确的理论来武装自己,激发学生以自我实现和自我发展的需要来学习,进而提升职业院校的整体教学质量。

第七章　构建基于职业素养习养的
闲暇教育的高效能教学模式

　　职业院校办学不但要提倡整全性教育,注重学生适应性发展,而且还要注重教学模式的构建以促进职业教育与闲暇教育的有机结合。《职业教育提质培优行动计划(2020—2023年)》指出要加快推进职业教育现代化,"推动职业院校'课堂革命',适应生源多样化特点,将课程教学改革推向纵深",构建高效能教学模式便是实现职业教育现代化、推动"课堂革命"的重要举措之一。当前我国职业教育随着高等教育大众化发展越来越快,可随着经济社会的发展,人们除了越来越重视自身职业技术和技能的发展,也越来越重视自身自由、全面的发展。但一方面,我国闲暇教育发展刚刚起步;另一方面,我国职业教育还面临较多问题,其原因一是职业院校学生学习积极性不高,缺乏自我管理能力、思维能力、自学能力和适应能力,进而导致教学难度和管理难度加大;二是职业院校由于既有技能又有扎实理论功底的"双师"型教师较为缺乏,理论教学和实训教育还没有实现一体化,缺乏创造性能力的教学提高。因此,要构建把职业教育和闲暇教育有机结合的高效能教学模式。

　　高效能教学模式主要是指"教学模式(方法)与教学目标的匹配度高""教学目标的达成度高"的教学模式,"目标与方法一致"是教学效能是否高的主要标准。[①] 同时,这也是判断是否能推动构建职业教育和闲暇教育有机结合的高效能教学模式的标准。随着我国发展进入数字经济时代,休闲的方式日益增多,闲暇教育也在不断发展,意味着人类自身将不断得到提升,为人的自由、全面的发展赢得更广阔的时空。职业院校的学生不仅是祖国职业技术发展的中坚力量,同时也是我国实现中华民族伟大复兴的重要力量。如何构建高效能教学模式来充分发挥学生的主体性和创新性作用,直接关系到他们是否能全面发展,关系到我国是否能实现中华民族的伟大复兴。

---

　　① 王飞.论教学模式的理论依据及高效能教学[J].曲靖师范学院学报,2016(01):37-40.

第一节 个性化教学替代传统以教师和课程为中心的教学

众所周知,个性化教学以"学有所长、突出个性、生动活泼、自主创新"为培养目标,使学生"学会技能、学会思考、学会做人、学会学习"。[①] 闲暇教育注重使人的个性充分自由发展,提高、充实人的精神境界,因而它内在地蕴含着个性化、自主性、创新性等特征;职业教育注重让受教育者获得职业知识、技能和职业道德,所以采用个性化教学模式能成为促进职业教育和闲暇教育有机结合在一起发展的开放动力之一,是一种高效能教学模式。

一、个性化教学的内涵及其特征

虽然个性化教学的提出有孔子的因材施教的传统文化理论、多元智力理论、生态学理论、后现代主义理论和当代教育学理论等许多理论作为其依据,但当前学术界对个性化教学并没有统一的定义。他们的研究主要包括以下四种观点:第一种观点主张从学生的个人需求与教师的个性化教学层面进行概括,如胡海舟认为个性化教学是指"在尊重教育教学规律与共性的前提下,针对学生的个体差异,适应学生的个人需求,发挥教师的个性特长,采用个性化的手段,运用灵活多样的形式进行教学,以促进学生个性的积极发展和素养的全面提高"。[②] 第二种观点认为个性化教学的界定要侧重于根据学生的个性、兴趣和发展目标来进行教育教学界定,如何柯桦认为个性化教学是指"以学生成长目标为导向,根据学生的个性、兴趣及发展目标进行个性化培养,真正形成'以学生为中心'的教育教学模式"[③]。第三种观点认为个性化教学的界定要侧重于根据被教育对象的潜质特征和自我价值倾向来进行教学,如李静主张个性化教学通常是指"根据社会未来发展趋势,对被教育对象的潜质特征和自我价值倾向进行发掘,对被教育者进行综合调查研究和分析,并且针对被教育者的自身学习情况为教育者制订教育目标、计划以及教学中辅佐方案等,从多个方面对被教育者进行自身潜能释放"。[④] 第四种观点主张根据教师自身的特点、所教学科的特点和学生的特点统一起来进行教学,如傅松涛、孙海丽个性化教学就是"教师要针对自身的综合特质,结合所教学科的特点以及学生的独特个性、能力结构,并在此基础上设计的整体教学思路和教学程序"。[⑤] 这四种观点虽然都倾向于满足学生"学"的需求,但都较为片面,侧重于学生被动地接受教师的个性化教学。其原因有:其一是因为当今教学倡导学生的全面、自由的发展,这四种观点都没有主张把"教育性"和人本身有机地结合在一起进行教学,即如何把享受闲暇与忙忙碌碌的工作做好时间的合理分配;其二是教学应该是一种动态的、开放的、分级的教学,尤其是在当今数字化时代;其三开放性、动态性、层次性特征更为明显,这四种观点都没有体现出这三种特征;其四是教学

---

① 王志伟.浅谈高职个性化教学模式构建[J].教育教学论坛,2011(24):140-142.
② 胡海舟.个性化教学与教学模式化悖论关系的突破[J].教学与管理,2015(12):14-16.
③ 何柯桦.个性化教学背景下高校应用型人才培养研究[J].科技与出版,2020(01):55.
④ 李静.基于个性化教学的综合性大学钢琴表演专业改革与创新研究[J].北极光,2019(03):156-157.
⑤ 傅松涛,孙海丽.教师个性化教学的缺失及其改进策略[J].河北大学成人教育学院学报,2010(04):87-88.

模式内在地蕴含了"教师的教学模式与学生的学习模式",① 故个性化教学应当包括个性化教学与个性化学习。但这四种观点基本都没涉及学生如何根据自己的需求开展个性化学习,因此,个性化教学作为高效能教学模式之一,它的内涵单从其中一方面概括过于片面,教与学两个方面都需要涉及才能促进高效能教学模式的成功。

众所周知,职业院校的学生有"动手能力强,而数理逻辑的智能相对较弱,或者发展的基础较差,其文化基础水平和智能结构呈现的类型性,形成了学习需求和发展方向上鲜明的类型特征",② 因此,我们的教学应不同于传统的以教师和课程为中心的教学,也异于传统理念的"个性化教学"。故针对本书主题,个性化教学的内涵相比当前学术界的定义应具有更为丰富的内涵,教与学两个层面都应包括进去:"职业院校教师利用自身的个性化特长和手段从多个方面使学生的潜能得到释放,学生自身要自主地依托职业教育和闲暇教育思想、实践来提升自己的职业技能,增加自己的精神财富,让自身得到自由、全面的发展"。因此,此个性化教学具有以下特征:

1. 从"教"的方面看,个性化是其主要特征

在社会主义新时代,职业院校教师应针对所培养的学生学习水平的差异来调整教学运行机制和教学资源配置,先把学生划分成不同的教学层次,再根据他们的个性、兴趣及发展目标来进行教学,因材施教,以便让他们从"有业"走向"乐业",实现他们的可持续发展。

2. 从"学"的方面看,个性化教学主要侧重于学生的个性化

职业院校的学生应在教师的引导下发挥主体性作用,自觉、自主地提升个体技能,学习职业技术的同时,还要学会如何利用闲暇来提升自我及反省自我,满足自身的精神需求。因而,这种个性化教学渗透到了学生终身学习的全部过程,也渗透到了教师的整个教学过程,"使学生在学习过程中通过认识自我、研究自我、总结自我等方式提升自身素质,最终实现全面发展"③。一方面,它尊重不同学生之间的差异性,因材施教,是一种适应性教育。另一方面,每个学生都是独一无二的个体,他们的个性中"都包含着无限的创造性,这种创造性受到主动性和求知欲的驱使,成为个性发展的基础。无个性,不创造。如果能够充分发展个性,就能够培养一个人的创造力,从而有效地促进他的全面发展"④"全面发展是个性的全面发展,这种个性化教学是一种创造性的教育,是一种全面性的教育"⑤,这种个性化教学也是一种创新性的教育。

据前所述,个性化教学还要科学处理好个性和共性、个体和群体、个性化教学和教育公平、个性化教学与教育体制改革、个性化教学与个别化教育等之间的关系,才能最终实现高效能教学。其一是对传统以教师和课程为中心的教育的变革,要求教师和学生既要提高职业技能,也要重视闲暇生活,职业院校是要培养"身"与"心"都要健康的学生,这里的"教师"不是单个老师的教学,更不是某个教师在单方面的教学;这里的"学生"不是单个学生的学习,更不是某个学生只学习某方面的知识。我们要知道提倡个性化教学"不等于放弃共性,而是

①　谷菲菲.高校大学生可持续发展能力培养途径研究[M].北京:经济日报出版社,2018:33.
②　童山东,唐高华.基于"三全"教育理念的职业院校个性化教育特色研究[J].云梦学刊,2015(02):117-121.
③　周宇.论高校思想政治教育的渗透性[J].高等教育研究,2005(08):79-83.
④　赵艳华.高校个性化教育理念与对策研究[D].河北科技大学,2014.
⑤　黄留炎.浅谈青少年学生人文素质的培养[J].四川教育学院学报,2002(10):01-3+5.

对以往不科学教育模式的纠正。个性化学习也不能理解为单个人的学习,更主要的是发挥每个学生的主动性和主体性,使每个学生都能主动积极地投入到学习中"①,使每个学生都能全面发展,所以提倡个性和共性并不矛盾,个体和群体也并不矛盾,都是可以共存的。其二是要发挥教育民主,使得每个接受职业教育的学生的潜能都能得到释放,都能得到发展,在这个背景下提倡个性化教学其实就是倡导要为每个接受职业教育的学生提供合适的教育,所以,提倡个性化教学和教育公平并不矛盾,二者是可以互相融合的。其三是这一种教育改革,既包含技术性革新,也包含体制性革新,这两种改革可以同步,且并不互斥。虽然从一般意义上而言,教育体制相对固化,但是这个世界上并没有单独为某个学校某个学生制定的教育制度,所以才需要强调个性化教学,其本质在于要以学生为本,让学生得到自由、全面的发展。因而,个性化教学与教育体制改革也并不相互矛盾。其四是个性化教学与个别化教育的关系。这二者的区别在于"个别化教育更多的是关注特殊教育,针对个别的学生,如某个学生的智力超常,那么就需要对该同学进行个别化教育"②,个性化教学面向全班所有学生,而个别化教学主要指对单个学生的教学。同时,二者又存在一定的联系,"个性化教学中有个别化教育,个别化教育中也有一定的学生个性的彰显"。③

二、个性化教学替代传统以教师和课程为中心的教学的必要性和可行性

传统以教师和课程为中心的教学,课堂由教师主导,学生被动接受,整个教学过程就是教师对学生单向"培养"的过程。这种教学不利于发挥学生的积极性和自主性,不利于师生进行经验和知识的交流,不利于平等对话以交流双方的情感和体验,也不利于实现教学相长和共同发展,更忽视了学生的"自我"。因此,个性化教学替代传统以教师和课程为中心的教学是极其必要的,也有其可行性。

(一)个性化教学替代传统以教师和课程为中心的教学的必要性

当前世界发展进入了数字信息化时代,"工业化时代的特点是标准化,而信息时代则是个性化为主导。多样化的社会需要性格各异的创新型人才,……人才培养和知识创新的客观需求,是促使高等教育重视个性化的最直接动因",④实施个性化教学替代传统以教师和课程为中心的教学,是促进教育发展的本质需要,即把学生培养成具有职业素质和闲暇素质共同发展的人才。当前职业院校学生相比中学阶段的课程少了很多,再加上平时的节假日,有大量的闲暇时间,但是他们并没有充分利用这些闲暇时间。学生不知道如何去利用这些闲暇时间,认为上课时学好职业课程,闲暇时间玩好就行,更不懂得什么是闲暇素质和闲暇教育。他们在闲暇时间可以"提高自身发展需求的知识扩充、能力提高、素质培养的活动和满足身心需求的娱乐休闲活动等"⑤,但他们从事球类运动、打网络游戏、看影视剧以及聚会、逛街等娱乐休闲活动等的闲暇活动,从事把职业素质和闲暇素质提高的知识扩充和素质培养的活动较少。

①　顾明远.个性化教育与人才培养模式创新(节选)[J].基础教育论坛(文摘版),2012(02):20-22.

②③　王中华,熊梅.当代个性化教学研究述评[J].当代教师教育,2012(02):52-56.

④　赵艳华.高校个性化教育理念与对策研究[D].河北科技大学,2014.

⑤　高国伟.思想政治教育视角下的大学生闲暇教育论析[J].武汉理工大学学报(社会科学版),2016(05):943-947.

这是因为他们虽然在课堂上学到了如何提高职业素质的技能,但缺乏如何提高闲暇素质的技能,且对闲暇缺乏正确认知,绝大多数学生,甚至包括一些教师对闲暇的认知还"停留在休闲上,认为闲暇时间就是自由支配的时间,自己想做什么就做什么,较为盲目。这就会导致闲暇教育形式的单一性和闲暇认知的缺失,学生不能形成一个良好的闲暇状态"[①]。这一方面,是由于很多高校及其教师自身也没有意识到闲暇教育的重要性,更谈不上要提高学生的闲暇素质,认为把职业课程学好,不犯法,不违反道德,就是一个优秀学生,是一个全面发展的学生。有的学校或者有的教师虽然意识到了随着我国社会发展进入了新时代,闲暇素质跟职业素质同样重要,但也只是在课堂上按照传统的以教师和课程为中心的方式向学生简要介绍了闲暇内容,并没有重视闲暇教育。传统的教学过于强调传统以教师和课程为中心的教学对学生进行灌输,更过于强调对学生专业知识的学习成绩,这不利于他们闲暇素质和职业素质的提高,更无助于他们全面发展。但是教师在课堂上实施个性化教学,把职业教育知识和闲暇教育知识融合在一起,能"保证学生个性发展和全面发展的统一",进而实现"实现成人和成才的统一"。[②] 这是闲暇教育发展的本质需要,是实现教育现代化的客观要求。

（二）个性化教学替代传统以教师和课程为中心的教学的可行性

许多国家都非常重视个性化教学,如日本通过法律把个性化教学作为教育政策确定下来,"日本实施开放式个性化教育时间长,形成了独特的教育理念。在实施过程中,设置开放式空间,创新课程与教法,明确教育目标,设计个性化活动及开放式的管理等具体措施,开放式个性化教育效果显著"[③]。个性化教学一般适合小班教学,因而在我国中小学得到了广泛的应用,但过去职业院校和其他本科层次的大学基本都是大班教学,所以除了一些专业如英语专业采用,其他专业一般比较少采用。现在很多职业院校也提倡采用小班教学,但职业院校的学生不适合传统的以教师和课程为中心的教学方式,要发挥他们的主体性作用,必须从多角度进行刺激和感染,而职业院校采用个性化教学正有这样的效果。因为其理念"具有人性化的一面,适应学生个体差异性和多样性发展的需要"[④],允许学生跟其他人的学习模式一致,教师也可以根据每个学生的不同情况给他们留出时间和空间进行引导,让他们能有自己主动学习的空间,关注自身的价值和多样发展。同时,教师可在教学过程中强化自身的能力,追求有效教学。闲暇教育是"要把学生培养成为心智健全的人,人格完整、热爱学习、热爱生活的人"[⑤],让职业院校的学生不只关注他们职业技能的娴熟,更要关注他们的精神世界和当下的生活世界,让他们"学会用各种各样丰富的感性的东西去体验生活,去体验生活中一切美好的事物"[⑥]。学生对生活中的美好事物的感性体验会迁移到他们的学习和实践中来,从而转变他们的学习观念和工作观念,变苦学、苦业为乐学、乐业,而"乐学、乐业"也正是职业教育所推崇的。所以,个性化教学替代传统以教师和课程为中心的教学为职业教育和闲暇教育的发展提供了现实的可行性。

---

①　高国伟.思想政治教育视角下的大学生闲暇教育论析[J].武汉理工大学学报(社会科学版),2016(05):943-947.

②　向晓春,李竹钦,等.论远程成人教育中的素质教育[J].中国成人教育,2008(02):52-53.

③　王淑杰.日本开放式个性化教育改革及其启示[J].肇庆学院学报,2011,(04):69-72+91.

④　何雁,洪世昌.试论个性化教学的基本特征[J].江西教育科研,2003(12):34-35.

⑤⑥　刘春娥.中职德育课开展闲暇教育探析[D].苏州大学,2013.

三、个性化教学替代传统以教师和课程为中心的实施路径

个性化教学"就是希望去刺激和引导每一个人,并为其提供充分的个别化学习机会,让每一个人都找到适合自己的学习内容和方式,学得轻松,学得快乐。更重要的是,在学习过程中,让学生通过操作、体验等学习过程,以综合、统整等方式,自然建构生活的知识和技能。"①,我国要加强个性化教学,以培养适合社会经济发展需要的人才。

（一）职业院校要为本校教师和学生提供进行个性化教学的"温床"

传统的以教师和课程为中心的教学模式化,内容和方法陈旧,既不能让教师在课堂教学中发挥自身的个性提高教学效能,又会逐渐消解教师的工作积极性和职业成就感,而个性化教学能最大程度地避免此情况的出现,职业院校和教师对此都要予以重视。职业院校在对教师和学生的管理过程中要本着促进教师的个性化教学和把学生培养成全面发展的人才这个教育目标为个性化教学完善保障机制、激励机制和评价机制。

1. 职业院校要完善保障机制以为本校教师和学生进行个性化教学提供物质保障和精神保障

其一是要加大财政投入,为本校教师和学生提供相关的教学设备、设置专门的机构、配备专业人员、制定相关的规范和制度,以便在校内、校外开展职业教育和闲暇教育做准备。要充分运用数字化技术和信息化网络建立网站,让教师和学生有交流的平台,也能获得免费、可靠的安全的职业技能知识和闲暇教育知识。其二是要引进艺术、文学、交通、食品、环境等学生感兴趣的领域的机构或人员举办讲座或实训,促进学生成长为全面发展的人才做准备。其三是要加强对教师的培训。职业院校要定期对教师进行个性化教学理论的培训,组织教师、学生在本校或其他学校或聘请教育专家就个性化教学实践经验展开交流。其四是要培育个性化教学文化。一方面,学校要引进不同院校毕业和在不同企业、不同工作岗位工作过的教师。同时,学校要根据每个教师的特点和兴趣帮助他们提高自己的个性化教学,创造条件和机会让教师相互帮助、相互合作开展工作,但也要避免盲目合作或者偶尔合作现象的出现。用行政强制手段强迫教师之间或者教师和学生之间协作也是不行的,这种帮助与协作要双方都同意。另一方面,对学生而言,学校要建立为个性化教学服务的管理体系、培养方案,开展形式多样化的教育。从新生开学起,学校就要组织教师根据每个学生的特征、兴趣和爱好建立个性化的管理体系和培养方案,引导学生加入不同的社团,让他们形成"乐学""乐业"的风气。将这两方面紧密结合,进而形成学校的个性化教学文化。

2. 职业院校要完善激励机制以激励教师和学生进行个性化教学

学校进行教学的最终目标是要促进教师和学生的进步,但学生全面发展又是通过教师的个性化教学作为主要方式才能实现,所以一方面,学校要提高教师进行个性化教学的热情和兴趣,另一方面,也要激励学生进行自主性学习,由苦学变成"乐学"。其一是学校要为教师工作和学生学习提供一个宽松的环境,让教师有一定的自主权决定自己的个性化教学工作如何开展,使教师在自己岗位上、学生在自身的职业技能学习和闲暇教育能最大程度地释放自己的"潜能"。其二是学校要设立奖励制度从精神方面和物质方面对教师的教学效能和学生的

---

① 徐明波．地方本科院校转型中的组织变革研究 ——以 L 学院为例［D］．华东师范大学,2022．

学习成效进行奖励,以鼓励教师在个性化教学上创新,鼓励学生根据自己的专业、兴趣和个人特点相融合进行个性化学习。其三是学校要以教师为本、以学生为本进行管理。学生和教师意识到自己被尊重,被需要,将会更加乐学、乐业,他们会以学校为荣,以自身的学习和工作为荣,从而内在地激励他们进行个性化教学,这也有利于教学效能的提高。

3. 职业院校要完善评价机制以引导教师和学生进行个性化教学

当前我国的职业院校的评价机制主要以学生的考试成绩排名先后作为依据,这对教师如何改进教学并不能起到充分的指导和激励作用,对学生也不能进行全面的评价,尤其是对那些排名低的学生,不利于他们自由、全面发展。另外,虽然很多学校采用量化评价来对教师和学生进行评价,可这也一般是由专门的教学管理人员进行,而质性评价却是由教师和学生自身进行。但不同专业、不同层次的学生都有其自身的特征,"不管是谁,只要他把您所教学生的测验成绩作为衡量您教学效果的凭据,他都必须认真考虑您所教学生的特殊性以及您开展教学时所面对的具体的教学背景"[①],我们的教育注重的也是学生的差异性发展、全面的发展。故学校要建立科学的评价机制既能引导教师丰富充实自己的教学优点和特色,根据本专业和闲暇教育的特色采用不同的教学案例和视频等内容反思自己的个性化教学,又能引导学生根据自己的个性、兴趣、爱好等实现"乐学""乐业",使他评和自评相结合,实现自评和他评之间的优势互补,以促进教师教学的个性化和学生学习的自主化。

（二）职业院校教师要加强专业知识和闲暇教育知识学习,为提高个性化教学效能服务

其一是教师要加强本专业和闲暇教育的知识学习,将自己的专业知识和倡导的闲暇教育理念转化为自己的教学理论以指导学生的学习。因为这一方面可提升教师自身的专业水平,另一方面也与教师的生活经历、工作经验及自身的个性特点相契合,容易为教师形成独特的个性化教学理念,增强教学的个性化。其二是教师要善于根据学校的评价和学生评价发现自己工作的不足之处,有针对性地根据每个学生的情况教学。另外,要根据学生的个性以促进职业技能和闲暇素养融合为目标实行动态分层教学,针对不同层次的学生制定不同层次的教学目标因材施教,使每个学生都尽可能进步,突出学生的个性发展。教师在个性化教学实践过程中应该认识到是自己去适应不同层次的学生,去适应每个学生的要求,而不是学生适应自己。在课堂上发挥主体性作用的是学生,自己只是起引导作用,让每个学生都能充分体验到学习的乐趣。同时,教师应针对学习能力不同的学生采用相应的方法、不同的教材和教本进行教学,努力完善个性化教学。其三是要多请教个性化教学的教育专家,学习各种技巧和方法,形成多元化的思维,使学生能够接受不同教师的个性化教学,合理运用教学案例提高教学效能。其四是教师要充分利用数字化技术来进行个性化教学。教师通过数字化技术既可备课、制作视频、制作课件等,也可用来采集每个学生的学情数据,为他们每个人建立一个全面发展的学习模型,再利用这个模型来为每个学生推荐他们各自所需要的资源和数据,进行个性化教学。

（三）职业院校学生要通过自主化学习,为提高个性化教学效能服务

其一是学生要认识到职业教育与闲暇教育结合在一起的重要性,不能把教育当成只是谋生的手段。其二是学生要树立自信,教师不是知识的垄断者,自己在个性化教学中起主体性

---

① 王本陆.教师课堂教学评价指南[M].重庆:重庆大学出版社,2010:320.

作用,教师只是引导者,师生平等。学生要积极参与课堂,在学习中发挥自主性作用学习。其三是学生要借助数字化技术建立自己个性化的"档案袋",把自己每节课要达到的目标、学习到的知识、学习方法以及从职业技术人才发展到全面发展的人才所需要的知识、技能和实践都进行记录,并以此为基础,主动去研究怎样才能做得更好,形成自己个性化的学习风格,让自己喜欢学习、乐于学习,最终促进教育的发展。

(四)教师要充分利用网络和数字化、信息化技术为提高个性化教学效能服务

职业院校的学生基础知识欠缺,学习兴趣不够,网络和数字化、信息化技术有利于学生的学习。现在职业院校都基本建立了校园网、数字化教学资源库等,如习题库、试题库、案例资料库和教学资源库等。其一是教师可利用网络和数字化、信息化技术根据学生的个性、兴趣和爱好等设计相应的教学内容,这些内容既可以对学生进行职业教育,也可以对学生进行闲暇教育。同时,教师还应注意引导学生自主性地去学习、去探索新的知识,增强学生的求知欲。另外,教师对学生在教学过程中的表现进行较为全面的评价,"在大数据环境下,表情识别技术、传感技术、学习分析技术等先进技术的深度融合,使学生的个性化评价更加全面。如课堂教学中,通过表情、坐姿等数据采集分析,可以准确判断出学生的注意力集中情况、身体疲倦情况"[1]。其二是学生利用智慧职教、中国大学 MOOC 和学习通等平台对上述资源进行与自己个性、爱好相关的学习,"信息化时代,大数据、'人工智能 +'等新技术,正深刻改变着大学教育的传统业态,加速推进大学教育从'同质化'形态向'个性化'教育新形态新模式转型,促进个性化教育由经验范式走向科学范式、由理想模式变为现实模式"[2]。学生可借助PowerPoint、Word 等工具进行知识体系的建构和跟教师、同学等进行沟通,也可进行探索性的操作和研究,如编程等。学生根据自己的个性在教师的引导下有意识地进行自主学习,提高自己的职业技能和闲暇能力,让自己逐步为实现自由、全面发展而努力。

第二节　营造工学结合、知行合一的体验式教学情境

2022 年 8 月 19 日,习近平总书记向世界职业技术教育发展大会致贺信指出:"职业教育与经济社会发展紧密相连,对促进就业创业、助力经济社会发展、增进人民福祉具有重要意义。中国积极推动职业教育高质量发展,支持中外职业教育交流合作",这就需要职业院校学生能全面发展。营造工学结合、知行合一的体验式教学情境,要求根据受教育者的认知,通过设置现实中的情境演示教学内容,让个体受教育者进行体验,以使他们能理解知识、激发情感以及提高能力,这与职业教育与闲暇教育有机结合要实现的目标内在相契合。因此,营造工学结合、知行合一的体验式教学情境是促进职业教育与闲暇教育有机结合的开放动力之一,能有效地提高教学效能。

---

①　沈利迪.基于大数据的高职个性化教学模式研究[J].电脑与电信,2018(06):20-21+24.
②　付华军,刘欣.应用型大学个性化教育:理念、取向与制度设计[J].教育学术月刊,2021(06):54-60.

一、工学结合、知行合一的体验式教学的内涵及其特征

"教育的本质在'化',又有'以文化人'的教育和'因文化人'的教育"[①],因而职业院校通过职业教育和闲暇教育来"化"学生,这个"化"是一个过程,这个过程是由情境组成的。建构主义理论主张"知识的意义是由学习者自己建构起来的,学生是知识和意义的主动建构者,而不是外部刺激的被动接受者和被灌输的对象,这就决定了学生是教学活动中的中心和主体,教师是学生建构知识的忠实支持者、积极帮助者和引导者"。在此基础上此理论发展成的情境学习理论核心内涵包括:"第一,在知识实际应用的真实情境中呈现知识,把学与用结合起来,让学习者像专家、'师傅'一样进行思考和实践;第二,通过社会性互动和协作来进行学习"[②],据此理论,"在知识实际应用的真实情境中呈现知识",实际上就是要求人们在情境中"一方面,强调身心的参与,用自己的身体去经历,用自己的心灵去感悟。这不仅是理解知识的需要,更是激发学生生命活力,促进学生成长的需要。另一方面,重视直接经验。就是把学生的个人知识,直接经验和职业场景看成重要的课程资源,把对直接经验的改造、发展作为学习的重要目的"[③],这正与体验式教学的内涵相契合。体验式教学"从国家层面看,现代教育改革在教学模式上体现工学结合、知行合一,学习内容即为岗位工作内容"[④],因而体验式教学还需要与工学结合、知行合一结合在一起方能使职业教育人才培养效能达到最高。实现工学结合需要做到"一是学习的内容与生产实际岗位工作内容紧密结合;二是学习的情景与生产实际情景相仿;三是学习的标准与实际生产岗位工作标准相符或高于实际生产岗位工作标准"[⑤],但是"工学如何结合、结合到什么程度是学校要解决的教学实施问题。如果不能很好地解决这一问题,就会出现'知之浅''行之浅'的现象"[⑥],因而进一步地提出要"知行合一"。"知行合一"需要实现"教会学生'知'与'行'如何融合,而且要积极引导学生实践'知即行、行即知'"[⑦],而"'知行合一'的教学之道包括目标设定、情景创设、载体设计、教学评价、学习品质养成"[⑧]。

"知行合一"理论为工学结合的体验式教学提供了理论基础,"工学结合"理论为知行合一的体验式教学的实现载体,职业教育和闲暇教育的有机结合决定着工学结合、知行合一的体验式教学的深度和广度。由以上阐述可知,工学结合、知行合一的体验式教学作为一种高效能教学模式所要实现的目标也是要让学生全面发展,故工学结合、知行合一的体验式教学情境内在地促进职业教育与闲暇教育有机结合,是职业教育与闲暇教育有机结合的动力之一,因而工学结合、知行合一的体验式教学被赋予了更为丰富的内涵。

由于营造体验式教学情境适用于小班教学,故针对此教学方式如何应用于中小学课堂研究较多,如郭琪(2018)主张体验式教学"就是根据教学目标,对学习内容进行生活化的加工,以教师预设情境、设计活动作为媒介,通过调动学生原有的生活经验,引发他们对加工过的教

---

①　庞桂美.闲暇教育论[M].南京:江苏教育出版社,2004:138.

②　熊娟.基于学习领域的高职教育学习情景设计及实践[J].职教论坛,2010(30):56-59.

③　钟海青,戚业国.走向高效能的教学[M].王本陆,赵婧,等译.桂林:广西师范大学出版社,2004:74-75.

④　张锐忠,魏立斌,杨安华."工学结合、知行合一"的教学实践与探索[J].职业,2015(09):32-33.

⑤⑥⑦⑧　朱伟芳.工学结合背景下职业教育"知行合一"教学之道研究[J].高等工程教育研究,2018(03):196-200.

学内容进行价值判断、情感共鸣和内省体察,使学生在这一过程中掌握某些技能,养成某些行为习惯,乃至形成某些情感、态度、观念的动态的教学过程"①。而职业院校一般都是实行大班教学,学术界对营造体验式教学情境如何应用于职业院校的研究较少。杨舰、徐伟(2012)指出要"开发可持续发展理念的职教工学结合课程学习情境,以使学生在自主学习过程中,逐渐建立可持续发展观,从而完成可持续发展理念的有效传播"②,侧重于营造"工学结合"的体验式教学情境对学生进行教学。朱伟芳(2018)提出"'工学结合'只解决了教学的途径问题,……选择'知行合一'的教学之道是解决这一问题的有益尝试。'知行合一'的教学之道包括目标设定、情景创设、载体设计、教学评价、学习品质养成"③,侧重于工学结合背景下职业教育营造"知行合一"教学情境。左彩云(2016)认为"体验式教学,是教师引导学生全身心经历经验学习内容,从而使学生在认知、情感和技能等方面有所收获的一种教学形式,更适合职业院校学生的特点"④,侧重于营造体验式教学情境。学术界对工学结合、知行合一的体验式教学情境的内涵的研究几乎没有。而随着社会经济的发展,当前许多职业院校也采取小班教学,工学结合、知行合一的体验式教学被赋予了更为丰富的内涵,有其鲜明的特点。由此,我们可总结工学结合、知行合一的体验式教学的内涵主要是指:职业院校为了将学生培养成全面发展的人,教师应根据学生的身心特点利用校内外的职业教育资源、闲暇教育资源和其他各种资源有目的、有意识、有计划地营造"工学结合"情境使学生"知行合一",促进这种职业教育和闲暇教育有机结合在一起的教育的发展。由此,此工学结合、知行合一的体验式教学主要有以下特征:

1. 经世致用性

"工学结合"主张学生要将学习与工作相结合以达到学以致用之效,而"知行合一"不但要让学生理解、领悟知识,还要进行反复实践。使职业院校通过营造工学结合、知行合一的体验式教学培养学生解决生产、生活中实际问题的能力,激励学生根据自己的兴趣和个性进行学习,使学生更好地适应各种岗位,经世致用,会有更多的机会升职加薪,过好自己的闲暇生活。另外,职业院校有很多机会跟企业、工厂、科研机构等合作,能够使教师的研究新成果转化为现实产品,为企业和工厂提供全面发展的人才,也能促进教师把企业、工厂、科研机构的最新成果用到教学当中。学生在工学结合、知行合一的体验式教学中学习,学习动力会非常大。

2. 自主性

在职业院校工学结合、知行合一的体验式教学中,学生是主体,师生平等,各有自身独立的人格和自主意识,学生不是被动接受的一方。因为工学结合、知行合一的体验式教学基于学生的发展营造的情境是根据他们的兴趣和个性,无论是实体性体验,还是模拟性相似体验与符号性趣味体验,都是学生主动参与整个体验式教学过程,这个过程是他们的内在需要,而

① 郭琪.情境体验式教学在道德与法治课中的应用研究——以"让友谊之树常青"一课为例[D].曲阜师范大学,2018.

② 杨舰,徐伟.可持续发展理念的职教工学结合课程学习情境的开发[J].广东技术师范学院学报(自然科学),2012(03):53-55.

③ 朱伟芳.工学结合背景下职业教育"知行合一"教学之道研究[J].高等工程教育研究,2018(03):196-200.

④ 左彩云.基于高职院校学生特点的体验式教学探索[J].辽宁高职学报,2016(06):37-39.

不是教师或学校或社会逼迫他们参与。同时,这个过程也是学生学习和营造的情境的有机统一,这是学生身心健康发展的内在驱动力。

3. 创新性

"知行合一"主张学生在学习中要将知识融会贯通,并反复实践,在此基础上创新。职业院校工学结合、知行合一的体验式教学通过营造情境为学生的创新意识及创新能力的培养在情感上做好铺垫,让他们在悬念和问题中学习新的知识,激发他们对新的知识产生兴趣和创新力。职业院校在和企业、工厂、科研机构进行合作时,将最新成果应用到教学中,这也为学生的创新奠定了基础。

4. 情境性

职业院校教师推行工学结合、知行合一的体验式教学模式需要根据学生的兴趣、爱好和个性营造各种学习知识的情境,学生以此实现情感的提升以及知识的学习。"以'情'为中介情境教学巧妙地把认知与情感,抽象思维与形象思维,教与学,指导与非指导等诸因素加以协调,平衡与整合"[1],知识是学生和各种情境之间联系的产物,不是客观的,更不是主观产生的,而是根据自己的认知与情感、利用自身的抽象思维与形象思维与营造的各种情境交互作用产生的。"人们不是根据内心关于符号的表征行动的,而是通过与环境直接接触与互动来决定自身的行动。在这种基于情境的行动中,隐含在人的行动模式和处理事件的情感中的默会知识将在人与情境的互动中发挥作用"[2],学生和教师将更加相互亲密合作,激发师生的热情,使得师生都能获得进步。

二、营造工学结合、知行合一的体验式教学情境的必要性和可行性

工学结合、知行合一的体验式教学模式是职业院校为了将学生培养成全面发展的人才的高效能教能教学模式之一,因而营造工学结合、知行合一的体验式教学情境对促进职业教育与闲暇教育有机结合来说具有其必要性和可行性。

（一）营造工学结合、知行合一的体验式教学情境的必要性

体验式教学能让学生更好地把教学内容和现实实践结合起来,提高学生适应社会的能力,也有利于学生在学习活动中认识自我、自我建构。其一是在体验式教学中,课堂师生关系、学生与学生之间的关系都处于平等的地位,能民主地、有效地探讨职业技能知识和闲暇知识。学生不再像中小学一样会被根据成绩的好坏或表现的好坏被打上"好学生"或者"坏学生"的标志。其二是工学结合、知行合一的体验式教学需要全班同学共同参与,每个同学都拥有根据自己兴趣、爱好和个性表达自我、表现自我的机会,每个同学都能得到充分的尊重和公平对待。每个同学的身心在这样的情境中学习将会得到较为健全的锻炼。其三是体验式教学优势也需要团队共同来完成某项内容,同学与同学之间需要协作和配合,这能有效地提高他们的团队协作能力。其四是工学结合、知行合一有利于提高学生的动手能力和解决问题的能力,他们既可以通过大数据和互联网在课堂教学中通过"角色扮演"来模拟体验,又可以到相关企业或闲暇场所进行实习或实践。但是,当前营造工学结合、知行合一的体验式教学

---

① 祝辉.情境教学研究[D].上海师范大学,2005.

② 宋宇.刍议情境体验式教学法的模式和特点[J].长春教育学院学报,2010(03):112–113.

情境还有很多做得不足之处。其一是教师对工学结合、知行合一的体验式教学情境的营造没有根据学生的兴趣、爱好和个性，针对性不强，形式化严重，造成学生缺乏对职业技能和闲暇教育知识的学无所用之感。其二是做到工学结合、知行合一的前提是既要职业院校开设的课程和专业要跟得上经济社会发展的需求，又要教师对经济社会发展的需求和教学内容非常了解，但当前处在数字化、信息化时代，社会发展日新月异，而课程和专业的设置却相对滞后，教学内容的调整对教师的要求相对较高。能够做到工学结合、知行合一的教师相对较少。其三是校园文化、职业文化和闲暇文化没有统一起来，各说各话，让学生无所适从。故营造工学结合、知行合一的体验式教学情境是必要的。

（二）营造工学结合、知行合一的体验式教学情境的可行性

习近平总书记非常重视职业教育的发展，他强调，我国要加大制度创新、政策供给、投入力度，弘扬工匠精神，提高技术技能人才社会地位，为全面建设社会主义现代化国家、实现中华民族伟大复兴的中国梦提供有力人才和技能支撑。这充分说明国家对职业教育的发展和改革大力支持。教育部等六部门首次根据教育法、劳动法、职业教育法等有关法律法规，制定《国务院关于加快发展现代职业教育的决定》，① 这充分调动了社会各因素的积极性，极大地提高了职业教育和校企合作的认同度，为营造工学结合、知行合一的体验式教学情境提供了一个良好的制度环境。另外，职业院校当前对"学校领导管理能力与水平建设、专业建设、师资队伍建设、课程建设、实训实习基地建设、教学质量建设、深化校企合作建设、毕业生的'双证书'制度建设 8 个方面"② 都取得了较大的成就，尤其是专业建设和师资队伍建设。其一是在学校领导管理能力与水平建设层面，"分类制定人才培养方案，整体进行教学组织活动；并依据不同的学制形式，分别制定学生及学籍管理制度，对于不同生源的特征，分类编制奖惩制度"，③ 为职业院校的教学奠定了基础。其二是在专业建设方面，当前我国职业院校非常重视校企合作，他们的"专业设置及专业人才培养方案是校企合作的结晶"④ "能够始终坚持服务区域经济发展的办学方向，围绕区域产业布局设置专业，紧扣区域产业发展建设专业"，⑤ 强调专业建设与区域内产业发展要相适应，"不仅增设以及调整相关专业，也对专业的口径问题进行调整，使宽窄结合，更加适应产业结构调整的需要，更重要的是符合了职业的培养目标"。⑥ 其三是在师资队伍建设方面，逐渐"体现在起初重教师理论知识、实践知识、基础教学能力以及实践教学能力建设，逐渐演变为并重师德与专业理念、专业发展能力，这也是更高层次的素质要求……从宏观方面制定了双师型教师聘请和培养的方向，接着更加注重'双师型'教师的实践技能和评聘制度，再深化到提高教师的职业道德，以及针对双师型教师要制定适合自身发展的评聘制度等"。⑦ 不仅如此，培养目标开始"既面向社会需要，也注重学生的个体发展，

①　赵善庆 . 我国职业教育产教融合制度变迁路径及问题与挑战［J］. 山东商业职业技术学院学报，2019
（05）：29-36.

②⑤　潘建华 . 我国职业教育校企合作的有效性研究［D］. 上海师范大学，2017.

③　刘文星 . 基于高职百万扩招背景下的教学管理改革措施［J］. 山西青年，2021（19）：139-140.

④　李继中 . 关于高职工学结合教学有效性的解析［J］. 高等工程教育研究，2012（04）：146-152.

⑥　于鹤 . 我国高等职业教育人才培养政策研究（1978-2020）——基于政策文本的分析［D］. 东北师范大学，
2021.

⑦　庞润泽 .21 世纪以来我国职业教育师资队伍建设政策发展研究［D］. 山东大学，2020.

增强学生的可持续发展能力,面向岗位的转换能更快适应岗位的发展",[①] 这些都为营造工学结合、知行合一的体验式教学情境提供了可能。

三、营造工学结合、知行合一的体验式教学情境的实施路径

职业院校营造工学结合、知行合一的体验式教学情境既可以促进职业教育与闲暇教育的有机结合,又能提高教学效能,帮助学生全面发展。

（一）职业院校要完善促进营造工学结合、知行合一的体验式教学情境的保障机制和激励机制

当前国家为职业院校的发展建立了较为完善的保障机制和激励机制,但还有很多不完善的地方。教育法、高等教育法、职业教育法等法律法规以及职业院校的许多规章制度都是针对如何把学生培养成技术人才制定的,缺少针对把学生培养成全面发展的人的保障机制和激励机制。因此,其一是职业院校要加大财政投入和人力资源投入,以保障营造工学结合、知行合一的体验式教学情境所需要的经费以及所需要的老师。学校要建立专门的经费保障机制,对营造工学结合、知行合一的体验式教学情境每个环节的费用进行预、决算,确保经费不浪费。经费可由政府拨款,也可吸引企业或科研机构等进行赞助,但经费的使用权和管理权归学校,学校要规范每一笔经费的使用。其二是职业院校要完善评价制度。把营造工学结合、知行合一的体验式教学情境的每一个环节细分出来,并制定评价标准进行考核,对表现好的老师和学生分别进行奖励,或者可在教师的职称评定或评优评先中加分,反之则应有相应地惩罚,以此激发教师和学生的活力,激励教师和学生都能积极投入。其三是职业院校要建立相应的管理机构和管理制度。为保证工学结合、知行合一的体验式教学情境的顺利进行,需要对教师、学生、教学场地、实训场地以及校外的企业、科研机构等进行组织和管理,学校建立专门的机构和制度进行管理。对于企业和科研机构可以跟他们签订人才培养合作协议,明确权责和利益关系。其四是职业院校要建立相应的培训制度。一方面,学校要加强对教师的培训,让教师自身能成为工学结合、知行合一的全面发展的人;另一方面,要加强对学生的培训,让他们在体验式教学情境中跟着老师的引导发挥主体作用,进行自主性学习。

（二）职业院校要利用大数据和互联网提升教师职业能力

职业院校教师要有"行业实践技能及问题解决能力,行业合作、服务和协调组织能力,创新能力和技术推广能力",[②] 营造工学结合、知行合一的体验式教学情境更需要教师有这些能力。但一方面,职业院校在招聘教师时既没有实行的行业技能实践考核标准,又在不断扩大招生规模,这导致师资力量极为不足。另一方面,营造工学结合、知行合一的体验式教学情境对教师的要求更高,需要教师有极强的组织力、深厚的职业教育与闲暇教育知识来营造一个能激发学生学习热情和兴趣的情境,让学生沉浸其中学有所得。从第三方面看,生活在数字化和信息化时代的学生对高科技和互联网运用起来非常熟练,他们善于适应各种变化和新环境。因此,这对职业院校教师来说是一个极大的挑战,他们自身不但要懂职业技能知识和闲

---

① 于鹤.我国高等职业教育人才培养政策研究（1978-2020）——基于政策文本的分析［D］.东北师范大学,2021.

② 王海琴.高职院校教师职业能力提升研究［D］.西北大学,2019.

暇教育知识,还要会进行职业技能实践,要会利用在不断更新换代的互联网技术和数字化、信息化知识来适应学生学习的需要。《职业教育提质培优行动计划(2020—2023年)》提出要"引导职业院校开展信息化全员培训,提升教师和管理人员的信息化能力,以及学生利用网络信息技术和优质在线资源进行自主学习的能力",而营造工学结合、知行合一的体验式教学情境更离不开数字化、信息化技术和互联网技术。故职业院校利用大数据和互联网提升教师的职业能力显得日益重要,要为教师制定专业的培训制度、科学的考核制度和职称评定标准,让教师利用大数据和互联网有针对性地拓宽教师的知识面,尤其是对于新进教师要加大实践能力和营造体验式教学情境能力的培训,让教师发挥工作积极性,使他们自身做到工学结合、知行合一。教师自身要以营造工学结合、知行合一的体验式教学情境为目标大力提高自身的"教育观念的培养训练、职业教育理解力、职业道德教育能力、专业实践能力、指导学生实习实训及就业能力",[①]可以通过智慧职教、中国大学MOOC、学习通等平台观看优秀教师的教学,或者去其他学校观摩学习,或者去专业机构培训,学会如何营造工学结合、知行合一的体验式教学情境促进职业教育与闲暇教育的有机结合。同时,一方面,职业院校可以定期组织教师与其专业相关的企业去交流以提高教师的专业实践能力,也可以请企业的专业技术人员或管理人员来学校与教师一起营造工学结合、知行合一的体验式教学情境,这样能让学生更能受到锻炼和启发;另一方面,学校还可以与企业、科研机构创建营造工学结合、知行合一的体验式教学情境的研究中心,以提高学生的创新力和闲暇生活能力。

(三)教师要在教学内容上体现职业教育与闲暇教育的有机结合

体验式教学要能实现工学结合、知行合一,但更重要的是要能促进职业教育与闲暇教育的有机结合。其一是要根据教学方案把体验式教学情境中学生和其他各个角色所承担的工作任务、设计到的职业知识和闲暇教育知识要素、能力要素以及评价机制都要根据教学条件和设备设计好。其二是在所营造的体验式教学情境中的教学内容要能体现工学结合、知行合一。一方面,要"基于真实的工作环境与生产过程就是职业院校的教学条件必须能复现岗位的工作任务、工作情境、工作过程、职业氛围、协作性、任务完成的考核与评价条件等因素,……应该体现工作过程系统化、岗位训练情境化的特点",[②]教师要根据学生的认知规律把职业技能知识和闲暇知识配套形成一单元,让学生在情境中把知识单元跟工作结合起来,以领会相关的职业技能闲暇素养;另一方面,要把职业技能知识和闲暇知识融入进每个环节,让每个学生"在真实的生产情景中,去观察、去了解、去实践、去感悟、去认知企业岗位工作的技术技能要求和企业职业素养的真切情形,在此基础上,回到课堂、回到学校,去有效推动学生的知行合一"。[③]教师要少说教,教学内容要多一些与师生互动、学生与企业和科研机构人员互动的知识,让学生除了把课本上的知识和学校里的生活常识进行内化,真正把职业技能知识和闲暇教育知识有机结合起来,在领悟的基础上去进行创新。职业技能知识和闲暇教育知识要随着经济社会的变化和学生心理和个性的变化不断更新,把深奥、难懂和枯燥的知识在体验式教学情境中变得易懂、深入浅出地、生动地让学生体验,进行有效内化。

---

①　刘明秀.教师专业化视角下高职教师能力评价研究[J].教育教学论坛,2016(18):22-23.
②　李继中.关于高职工学结合教学有效性的解析[J].高等工程教育研究,2012(04):146-152.
③　朱伟芳.工学结合背景下高职教育"知行合一"教学之道研究[J].高等工程教育研究,2018(03):196-200.

（四）要引入大数据和数字化、信息化知识和技术来营造工学结合、知行合一的体验式教学情境

教师在营造工学结合、知行合一的体验式教学情境中要引入大数据、数字化和信息化技术为师生搭建互动的平台，如智慧职教、中国大学 MOOC、学习通等平台，让师生"互补思想、相互成长、自我完善人格，不断在课堂教学过程中发现新问题、研究新思路、展开新论断、获得新认知"。[①]这种平台操作要简单易懂，界面和布局都要遵从学生的普遍爱好和个性，以充分发挥平台优势，通过各种形式对他们产生吸引力，向他们呈现各种学习情境。一方面，教师通过大数据、数字化和信息化技术对学生在体验式教学情境中的相关信息进行精准分析，为他们制订相应教学计划。另一方面，大学生根据大数据和数字技术、信息化技术所形成的学习报告及时调整自己的学习目标或方法或内容。这样既方便学生、教师、企业和科研机构的相关工作人员能及时相互沟通，共享信息和资源，也让能让教师了解每个学生的学习状况并加以引导。利用大数据和数字化、信息化技术让工学结合、知行合一的体验式教学更具开放性，能让课堂与外部世界如企业、工厂、科研仪器相联系，让教学氛围更为轻松，如让学生利用 VR 技术从看、听、触等方面增强对职业技能知识和闲暇知识的体验感，学会如何查自己资料，如何对自己不懂的知识进行提问，进而构建自己的知识体系，使自身成长为全面发展的人才。

第三节　构建能力本位的教学模式策略

能力本位的教学模式是能力本位的职业教育的重要内容之一。能力本位的职业教育"始于美国 20 世纪 60 年代师范教育领域的能力本位师范教育改革运动"，[②]美国教育总署在 1965 年"资助 10 所高校开发培养小学教师的示范性培训方案。这些方案都明确规定了有待学习的能力或行为，主张将对教师工作分析的结果具体化为教师必须具备的能力标准。在这场能力本位的教师教育改革中，造就未来教师的能力成为教师教育的中心任务"，[③]到了 20 世纪 80 年代中期，这种能力本位的教育在职业教育领域和培训领域开始在欧美国家兴盛起来，能力本位的职业教育的核心是"研究并实践通过什么样的手段才能够培训出受教育者适应职业的实际能力。它的侧重点在于通过个别化教学实现对于某种职业从业的能力。在这个过程中，尤其重视培养学生的自学能力和从业能力"。[④]我国职业教育在 20 世纪 90 年代曾引进能力本位职业教育，并在 200 多所学校进行实验，许多学校取得了较好的成效。[⑤]当时我国正在大

①　张锦 . 大数据时代高校智慧思政的模式建构研究［D］. 电子科技大学，2018.

②　和震，吴万雄 . 能力本位职业教育的历史背景与理论基础分析［J］. 工会理论与实践 . 中国工运学院学报，2002（05）：86-88.

③　庞世俊，姜广坤，王庆江 ."能力本位"教育理念对职业教育的理论意义与实践启示［J］. 中国大学教学，2010（10）：21-23.

④　张桂群 . 能力本位"的高职教育观与"以人为本"的教育观比较研究［J］. 科技信息，2012（36）：70+73.

⑤　王冰蔚 . 能力本位职业教育探讨［D］. 华中师范大学，2001.

力进行市场经济改革,需要大量的职业人才。这种高效能的教育模式不但极大地促进了我国教育的发展,而且还为我国培养了大量的职业技术人才。当前我国已进入数字化、信息化时代,闲暇教育开始逐渐受到重视,促进职业教育和闲暇教育的融合以培养全面发展的人才是教育发展的必然趋势。全面发展的人才既要有职业技能,又要具备闲暇能力,而能力本位的教学模式本质是要培养学生的能力,故构建高效能的能力本位的教学模式是促进职业教育和闲暇教育有机结合的开放动力之一。

一、能力本位的教学的内涵及其特征

能力本位的教学以"行为主义心理学、杜威实用主义教育思想以及拉尔夫·泰勒(Ralph Tyler)的科学化课程开发理论(即泰勒原理)"[1]为理论基础。当前学术界对能力本位教学的定义有很多:庞世俊、姜广坤(2010)等主张:"能力本位思想由高等学校教师教育领域扩展到职业教育与培训领域。能力本位的实质是强调以职业能力为基础,按职业分析和工作分析得来的职业能力本身的结构方式组织教学,重视职业能力的获得,对科学知识强调相关与必须,不强调系统获得"。[2]钟江涛(2010)指出:"'能力本位'就是指教学以培养学生综合能力为主要目标,把学生真正培养成为高素质的劳动者和技能型、应用型的人才"。[3]郭玉娟(2021)认为能力本位的教学:"将相关职业所需的能力作为重点,开展具有针对性的一种职业能力教学,其内容是以职业能力培养为目标和评价标准来设计相关的学习科目和模块化课程,学生可以根据能力标准开展自学或是自我评价活动,也可以自选相关的模块化课程,让职业能力培养可以更好地实现"。[4]这些学者都主张能力本位的教育与传统的"知识本位"不同,主要是要培养学生的职业能力。

能力本位的教学中的"能力"应包括学生的"职业技能"与"闲暇能力",让学生自由、全面发展的能力,能力本位的教学不再是只以培养职业技术人才为目标,而是要以培养全面发展的人才为目标。因而,此时的"能力本位的教学"的内涵更为广泛,它是指"为了适应劳动力市场的需要以及人们闲暇时间的增加,职业院校根据学生的心理、兴趣、个性以及他们的不同条件和不同要求,以职业技能和闲暇能力培养为目标和评价标准,把学生培养成自由、全面发展的人开展的教学活动"。能力本位的教学具有以下特征:

1. 强调教师的引导性、开放性

在能力本位的教学中,职业院校的教师除了关注学生的职业技能知识学习外,更多的是应关注如何让学生自由、全面的发展。教师要针对学生将来所从事的职业进行能力分析,把其工作分成几个部分,确定每个部分所需的职业技能和闲暇知识,再依据此确定对学生培养的目标。学生的发展不仅要适应社会发展的变化,更要适应自己作为人的发展的变化,"能

---

① 和震,吴万雄. 能力本位职业教育的历史背景与理论基础分析[J]. 工会理论与实践. 中国工运学院学报,2002(05):86-88.

② 庞世俊,姜广坤,王庆江. "能力本位"教育理念对职业教育的理论意义与实践启示[J]. 中国大学教学,2010(10):21-23.

③ 钟江涛. 深化课程改革 构建"能力本位"课程教学模式[J]. 现教育教学论坛,2021(21):12-13.

④ 郭玉娟. 能力本位教育视域下我国职业教育育人模式分析[J]. 现代职业教育,2021(22):196-197.

力反映了人本主义的要求,是教育关注个体价值和个人发展的体现"。①职业院校教师在教学中把实践和理论相结合,把职业技能知识和闲暇知识融会贯通进行教学,让学生把学到的知识运用到实践当中去。一方面,教师安排好学生的理论知识的学习时间,让学生主动去发现学习职业技能知识与闲暇知识有机结合中自己遇到的问题,对这些问题产生的原因进行思考,并主动去解决这些问题。与传统课堂教师主导、教师中心的教学模式不同,要采用学生中心、能力本位的教学,让学生成为课堂的中心。如把学生分成小组,让组内同学之间以及组与组之间进行学习讨论、互相评价,引导学生自觉地理解职业情境和闲暇情境有机结合中收获相关的知识。另一方面,教师引导学生进行职业技能实践和如何度过闲暇时间的实践,让学生把课堂学习到的理论知识应用到实践当中去,对自己的实践成果在同学之间进行相互交流,锻炼他们的社会交往能力。"在心理学意义上,能力与人的活动密切相关,人的能力在活动中形成、发展并且在活动中表现出来"②,教师通过这两个方面对学生的引导,不断地调整、改进教学内容、教学方法以及教学的组织方式,"满足不同学生的需要,使不同的学生都能体验到学习的乐趣和成功的愉悦",③让学生通过讨论的方式、实践的方式亲身体验和获取对他们成为全面发展的人才的必要的知识。

2. 强调学生学习的目标性、自主性

在能力本位的教学中,学生不再是按照统一模式的传统课堂中知识的"被灌输者",而是能根据学习任务自主安排学习,自行对自己的学习进行评价的"主动的学习者,老师是学生学习方法的指导者,是学习过程中的引导者和帮助者",④既要让自己提高对知识和能力的应用水平,又要让自身得到自由、全面的发展,促进自己的职业和闲暇融合,更促进自己和社会融合。学生在课堂教学中在教师的引导下根据自己的兴趣、爱好和个性选择自己感兴趣且能让自己发展的课题进行分析、讨论或辩论,把自己的潜能释放出来,提高自己运用职业技能知识和闲暇知识分析问题、解决问题的能力。

3. 强调教学的动态性、包容性

在能力本位的教学中,整个教学设计是动态的、包容的。一方面,教师会根据社会经济发展的需求调整教学内容、教学目标和教学方式,进而提高学生为适应这种需求而所需要的能力。另一方面,学生可以根据自己的情况来调整自己的学习内容和方式。由于不同的学生有各种不同的需要,不同的教师的教学方式也不尽相同,职业院校、教师与学生相互协调、相互包容,共同实现教学目标,促进职业教育和闲暇教育的融合。

4. 强调课程的渗透性和强操作性

在能力本位的教学中,职业院校出于社会经济发展、促进职业教育和闲暇教育的融合来开发课程,强调课程的渗透性和强操作性。澳大利亚的职业教育课程是"根据社会发展、行业需要、社区需求所开设,随着行业需求进行削减或增设,如果所培养学生不被行业接受,此课程马上停止。澳大利亚职业院校依据行业制定的职业标准,派人与企业培训教师共同研讨、

---

①② 庞世俊,姜广坤,王庆江."能力本位"教育理念对职业教育的理论意义与实践启示[J].中国大学教学,2010(10):21-23.

③④ 刘建华.能力本位:职业学校教学的基本价值趋向[J].现代教育,2012(05-06):72-73.

开发并实施课程"①,但中国的职业教育与澳大利亚不同,中国课程需要基于职业需求和闲暇需求。中国现在发展进入了数字化和信息化时代,职业院校联合教师、企业和闲暇教育、文化机构来开发并实施课程,既以学生为中心,根据学生之间个性的不同,让他们能用来自学,又要渗透对学生职业技能的培养和"闲暇知识"的学习。

5. 强调评估的多元化和灵活性

在能力本位的教学中,强调评估的多元化和灵活性,"其评价活动具有多样性,有基于学生工作情景观察评价,有基于学生课堂活动的行为评价,还有基于对学生学习能力的评价。课程评价方法有观测、口试、自评、操作、面谈、书面答卷、录像等"②,不再像传统教学那样,期末考试占评估的绝大部分成绩。职业院校建立完善的目标考核制度,把职业教育知识和闲暇教育知识渗透进去,对每个项目及其每个环节都可以设置考核点,明确考核的内容,先学生进行自我评估,再由教师考核评估,并把考核的综合结果通报给他们,以便他们能取长补短。

能力本位的教学要处理好与职业教育中"以人为本"的教学关系。二者既有区别,又有联系。职业教育中"以人为本"的教学是"将人作为中心,是一种以培养人格素养高度为基础和出发点,进而培养出具有高能力、高素养的职业教育人的模式。其根本目的就是为了能够让学生的个性得到全面、自由、充分的发展,能够提高学生的综合素质,让学生在步入社会后具有更好地适应社会的能力"。③ 由此可知,二者的目标相同,都是要培养自由、全面发展的学生,都是要提高他们适应社会发展需求的职业技能和学习能力,都注重他们个性、素质的发展以及能力的培养。但是"以人为本"的教学中所提倡的目标并没有把闲暇教育和闲暇文化融入进去,它所提倡的要培养自由、全面发展的学生是建立在工作和基本生活基础上的自由、全面发展;它所追求个性化发展也是建立在工作和基本生活基础上的,并不是针对如何度过闲暇时间所需要的自由、全面发展和个性化发展的能力。

二、构建能力本位的教学的必要性和可行性

随着我国进入数字化和信息化时代,传统的能力本位的教学已经相比于时代需求过时了,构建能力本位的教学有其必要性和可行性。

(一)构建能力本位的教学的必要性

一方面,教师与学生的关系,在传统的思想政治课教学中以教师为中心,教师在课堂上扮演着主要角色,学生处于从属地位。④ 另一方面,传统"能力本位"的教学虽然有很多优势,但也存在很多弊端。其一是能力本位教学中培养出来的学生虽然能在某一岗位上工作得很好,但是不能随着社会的变化适应岗位的变化,也难以选择其他职业,"如今,社会发展极为迅速,新技术、新行业不断出现,人的一生将面临多次职业变更,岗位竞争日益激烈。一旦社会需求

① 陈智强.澳大利亚 TAFE 模式及其对我国高职教育的启示[J].教育与职业,2011(36):90–91.
② 姬尧.基于能力本位的职业教学模式应用[J].开封教育学院学报,2013(04):161–163.
③ 张桂群.能力本位"的高职教育观与"以人为本"的教育观比较研究[J].科技信息,2012(36):70+73.
④ 张莹.高中思想政治课探究式教学法的应用研究[D].华中师范大学,2013.

即社会分工出现变化或波动时,受教育者就只能失业了"。①其二是在能力本位教学中培养出来的学生虽然能适应某一岗位的工作,但这工作拥有很多环节,能力本位教学中学生没有对这工作的整体性和经验性进行系统学习。其三是很多职业院校采用能力本位的教学,虽然从课程设置到教学评估都注重学生的职业能力发展,但是对人文知识和情感知识涉及得较少,"人是有鲜活个性的,不是机器的零件,是不能将之想当然的拆分的。在我国很多职业院校的实证研究都已经证实,由于没有厘清能力组合方式与工作过程间的关系,在工作分析后的'教学分析'过程中,由于忽视了'人性'的因素,各院校又重新回到了学科系统化的老路上,导致实践层面上的引入也基本不成功"。②这个社会不存在永恒不变的工作,构建能力本位的教学,把技术人才培养成全面发展的人才,让学生有适应社会经济发展需求的能力以及实现自身的自由、全面发展有其必要性。

（二）构建能力本位的教学的可行性

美国、德国等非常重视能力本位的教学,美国强调"培养集专业知识、专业技能、特定职业技能以及一般技能为一身的人才",③而德国更强调"在掌握不同学科知识和专业能力的基础上,培养学生的职业能力",④两个国家都是根据自身社会经济发展的需求进行的。当前我国处在全面工业化、信息化的阶段,需要大量的有高技能的可持续发展的人才。"职业院校构建能力本位的人才培育模式、教育教学模式,能够按照学生能力的发展特点为其营造和真实工作环境相关的情景、氛围,使得学生在情景中对未来职业岗位工作有着深入的了解,反复性参与训练和实践操作的过程中",⑤构建能力本位的教学中的能力既培养学生的"职业技能",又培养学生"闲暇能力",这样培养出来的人才不但能适应岗位工作需要的变化,又能适应社会经济发展需求的变化,具有可持续发展能力,充分适应当今社会的现实需求。职业院校设置的课程是根据市场经济发展的需要以及闲暇文化发展的需要来设置的,"构建完善的能力培养课程体系,重点发展学生的学习、实践操作、技术应用、创新创造等能力,增强未来发展过程中的就业能力与创业能力,促使人才培养质量的提升"。⑥教师根据学生未来要从事的工作以及相关闲暇知识所需要的职业技能知识和闲暇知识分解成多个任务,引导他们学习、讨论和实践。学生可以边学习、边研究,提高自己的能力。教师在教学过程中针对学生出现的错误、问题进行解答,并对他们完成每个阶段的任务情况以及思想状况、人际关系等进行评估,充分尊重学生的人格和看法,鼓励学生追求知识,让学生能自由、全面发展。

三、构建能力本位的教学路径

随着数字化和信息化时代的来临,各种技术及各种行业更新换代非常快,各种职业岗位的要求也在不断发生变化,人们必须适应这种变化才能不被社会所淘汰。因而学生要能适应这种变化,就必须尽可能地实现自由、全面的发展,故构建能力本位的教学在当前我国迫在眉睫。

---

①② 徐信贵.职业教育教学的价值导向:两种本位观的比较[J].江西广播电视大学学报,2012(02):33-35.

③④ 黄福涛.能力本位教育的历史与比较研究——理念、制度与课程[J].中国高教研究,2012(01):27-32.

⑤ 王舒.构建职业院校能力本位教育[J].山西青年,2021(12):142-143.

⑥ 李静.能力本位框架下高职院校外语课程体系的构建[J].教育与业,2017(02):98-100.

（一）树立科学地构建能力本位的教学理念

现代社会日新月异,学生通过网络、大数据等各种媒介可以快速地获得各种信息和知识,能"提升鉴别、交流、创新、解决复杂问题等综合素养,有效实现个性化教育与弥补个性化差异的问题"。[①] 面对此等复杂情况,职业院校要针对学生未来从事的职业所需要的能力及其标准进行分析,并将这个标准细分成培养学生的各项任务,教师主要对学生起引导作用,让学生真正成为课堂教学的中心,成为学习的主体。教学目标要兼顾知识、技能和素养等,其设定要明确、详尽,适合学生的发展。职业院校只有不断更新办学理念,促进职业教育与闲暇教育的有机结合,确立把学生培养成全面发展的人才的教学目标和指导思想,才能适应社会的变化,才能跟得上社会经济发展和学生发展变化的需要。

（二）改革专业和课程设置体系

职业院校的"专业和课程应根据社会经济发展的需要而不断进行革新,即使是传统专业,其课程的设置也要根据市场对人才能力的要求而不断调整",[②] 教材可采用单元化的形式,其内容把职业技能、闲暇教育所需要的知识和学生的个性化发展融合进去进行编排。职业院校要根据职业教育和闲暇教育的特点对课程进行整体设计,所涉及的内容需要把职业技能知识和闲暇知识相融合,请企业、科研机构和社会参与,按照服务培养全面发展人才的教育和学生个性化发展进行课程教学内容和方式的设计,构建系统化的促进职业教育和闲暇教育有机结合的课程体系。同时,职业院校还要为学生设置以他们为主体的不同的课程模式供他们选择,如项目式的、案例式的等形式。

（三）利用大数据和互联网完善教学方法以打造高效课堂

教师在教学中要不断完善教学方法进行教学,把课堂教学和实践教学结合起来,加强锻炼大家发现问题、分析问题和解决问题的能力以打造适合学生的高效课堂。当前,教师在课堂教学中采用的比较多的是"如项目教学法、问题导向教学法、案例教学法、角色扮演法等",[③] 但随着互联网和大数据技术的发展,课堂教学方法也应发生相应的变化。人工智能助推构建能力本位的教学"实现网络化、数字化、智能化的变革,真正为学生提供精准化、交互式、定制性的智能服务",[④] 其一是大数据技术运用到教学当中,教师通过智慧职教、学习通等平台将职业技能知识和闲暇教育知识推送给学生,这些知识可以是通过视频、动画、漫画和游戏等形式展现出来,也可以让学生角色扮演在虚拟的网络场景中通过"过关"的形式获得知识和能力的提升;其二是教师可以利用大数据技术为每个学生制定相应的学习模型,将学生的学习情况、作业情况和测试情况等详细记录下来,并对此进行分析,以掌握学生知识掌握的程度以及能力提高的程度,对他们做出评价和给出建议;其三是教师可以利用大数据技术实现教师和学生之间的沟通、学生和学生之间的沟通。

① 韩玲."互联网+"背景下的能力本位教育教学模式创新探究[J].教育教学论坛,2019(47):123-124.

② 孙新凤.试论职业院校的"动态编制"管理[J].广东交通职业技术学院学报,2008(01):117-120.

③ 周亚.能力本位的高职院校课程改革路径及有效课堂教学研究[J].中国职业技术教育,2017(17):93-96.

④ 樊瑞科,张茂杰.人工智能赋能高校思想政治理论课教学的若干思考[J].石家庄铁道大学学报(社会科学版),2021(04):59-65.

（四）教师要利用大数据和互联网提高自己的教育教学能力

职业院校教师的教育教学能力是影响学生能力培养的极为重要的因素之一,故学校要加强师资建设,组建一支教育教学能力高的教师队伍显得异常重要。因而在互联网和大数据时代,教师要熟练运用互联网技术和大数据技术上好每一门课、每一次课。教师可利用互联网技术和大数据技术根据每一章节的知识点都有相应的课件、作业和视频、动画、漫画等制作成数字资源推送给学生,并利用互联网跟学生及时进行沟通,了解每一个学生学习的实际情况,再"将采集到的学情数据进行分析与处理,通过云计算、语义网、可视化等技术,为每一位学生建立学习模型"。[①]教师通过每个学生的学习模型对他们进行精准教学和辅导,并"根据学生对于每个知识点掌握程度不同,进行个性化的资源推送,帮助学生精准定位薄弱点,提高学生的学习效果"。[②]同时,教师还要对学习模型进行分析,分析出每个学生的特点,总结出所有学生的共性,再对他们的学习表现和方法进行追踪并适时干预,让学生明白自己的不足之处在哪里,"学会利用现在的各种获得信息的手段,改进自己的学习方法,提高学习效率,开展成功的学习活动"。[③]

（五）改进并完善教学评价机制

"对于教学效果的评价,并不是单一的,它存在多样性,可以随堂随测,也可以阶段性考核。在每一个阶段的考核中,都能够对于该阶段的学习效果进行一个总结,能够根据学生的掌握情况,及时调整计划",[④] 教学评价机制既包括对教师的评估机制,也包括对学生的评估机制。其一是从教师对学生的评价来看。教师通过大数据技术把学生的学习成绩、学习表现、沟通情况、情感表达等因素纳入评价机制,从多个方面制定评价指标,对学生进行定量评价。另外,还可以让学生制作PPT、视频等展示自身的才能,并对此进行评价,进而帮助学生努力学习,提高创新能力和学习能力。教师还可组织学生采用班级评价、小组评价等方式给予学生多次评价的机会,以鼓励他们体会到成功的喜悦之情,培养学生爱学、乐学、乐业精神。其二是从学生对教师的评价来看。学生可通过互联网对教师的职业能力和职业素养进行评价,评价标准和评价结果应进行公告。不管是谁对谁的评价,评价要公开化、实时化,这样既可以促进教师提高教育教学能力,又可以帮助学生了解自己学习情况,及时查漏补缺,为提高能力本位的教学效能服务,促进职业教育和闲暇教育的有机结合,把学生培养成全面发展的人才。

①②　徐瑛琦.基于大数据的个性化教学系统应用研究[D].河北师范大学,2019.

③　刘莹.大学生压力、时间管理倾向对学习倦怠的影响[D].华中师范大学,2010.

④　张桂群."能力本位"的高职教育观与"以人为本"的教育观比较研究[J].科技信息,2012(36):70+73.

第八章 开发基于职业素养习养的
闲暇教育的课程资源

构建高效能教学模式是基于职业素养习养的闲暇教育发展的开放动力,开发课程资源则是基于职业素养习养的闲暇教育的有效载体。开发课程资源实际上也是选择相应的教育内容,从而实现相应的教学目的。基于职业素养习养的闲暇教育的最终目的是培养学生成为拥有完整的人格、对学习和生活充满激情的全面发展的人,由此,课程资源开发则应从培养完整的人这一教育目的出发,致力于塑造完整的生活和完整的人。开发课程资源不是孤立的,开发基于职业素养习养的闲暇教育的课程资源与已有的职业院校的课程并不是互不相融的,也不是在职业院校已经存在的课程学科上再增加一些所谓的闲暇学科。事实上职业院校总体学科课程的通识课程、人文课程、职业课程和活动课程可开发相应的闲暇资源具备相应的闲暇教育功能,开发渗透闲暇观念的通识课程资源可培养学生世界观、人生观和价值观;开发关注职业道德与职业精神的人文课程资源可培养学生的职业人格和情怀;开发凸显思维、过程和方法的职业课程资源可锻造学生的职业技能,培养学生成为真正意义上的职场人;开发拓展校园文化的活动课程资源可培养学生对职业、对生活的热情和激情。通过开发基于职业素养习养的闲暇教育的课程资源,将学生培育成为人格完整、性格完善的人,成为一个在生活中始终追求积极、不断寻求完满生活的人。

第一节 渗透闲暇理念的通识课程

通识教育与闲暇教育具有一定的相似性,二者都融合了古希腊的自由教育,在教育理念上,二者具有相通性,都为了培养人的自由和全面发展,成为一个完整的人。闲暇教育使得学生学会合理利用闲暇时间,提升闲暇生活品质,塑造学生的管理闲暇生活的心性与心境,发挥闲暇教育的作用,促进学生增长管理生活智慧与灵性,从而使得学生成长为充满智慧与灵性的完整个体。通识教育类似自由教育、全人教育,其根本目的是通过通识知识与专业知识的贯通融合,使得学生全面增长知识,扩宽眼界,培养良好的文化特质和人生观念。[①] 通过职业教育与闲暇教育的有机结合,开发渗透闲暇理念的通识课程以培养学生拥有积极向上的世界观、人生观、价值观,促进学生充分认识自我,锻造自我,成为一个全面发展的人才。

一、开发渗透闲暇理念的通识课程资源的意义

在职业教育与闲暇教育有机结合过程中开展通识课程教育意义重大。职业院校办学理念是育人为本,立德树人。除了将学生培养成职业技术人才,培养学生的世界观、人生观、价值观也尤为重要。

(一)融入闲暇理念,培养学生形成科学的职业观念

通识课程体系的内容包含多个模块,涵盖多个领域,比如传统文化、人文社科、工程技术、科技创新、社会发展、创新创业、体育艺术等。开发融入闲暇理念的通识课程资源,使得各种类型的文化互相融合,创造了一个文化相互碰撞、交流、融合的资源环境。闲暇教育是追求个体自我实现与本体价值,从而使人获得愉悦情感的一种教育活动。长期以来,职业教育一直强调培育学生的职业技能,更多的时候是训练学生的谋生手段。但随着时代的发展,外部经济社会的不断发展,科技的进步需要职业教育培养人才转型,同时,现代社会人们的闲暇时间也逐渐增多,如何合理地利用闲暇时间也就成了教育的一个主题。通过融入闲暇理念的通识课程,除了相关通识知识的传授,更注重阐述闲暇的自由、创造的理念,本质上是促进学生成为全面发展的人才,其真谛在于引导学生去认识、理解生存的意义和价值,懂得如何正确工作和生活,进而根据生存和工作的价值导向,引导学生形成科学的职业态度和观念。

(二)突出学生参与,引导学生认识闲暇与职业的关系

职业院校开展融入闲暇理念的通识课程,一方面,教会学生树立相应的闲暇观念,把学生的生活交给学生自己安排,突出学生的参与度,为学生创造更加规范、有效的教育发展环境,也是对应"把成才的选择权交给学生"这一理念。另一方面,开发通识课程资源,融合了基础知识和综合知识,可积极引导学生培养形成主动参与学习和接受新知识的习惯,锻造自我学习、自我钻研的能力。同时,开发融合闲暇理念的通识课程资源,也是增加学生知识的广度与深度的方式,对于开阔学生视野具有重要意义,可增加学生的综合素养。通识与闲暇相交融,提供给学生多种多样的选择途径,使得学生在宽松、闲适的环境中自由成长。在相对轻松的环境里,学生会有更多的时间去思考,消化自己在课程上所学习的新知识,进一步形成自己对世界、对职业新的看法和观点,也就是通过融入闲暇理念的通识课程的学习和积累,形成属于自己的世界观和职业观。由此可知,这个过程实质是职业院校学生在闲暇时光里体会对自我职业人生形成规划的过程。

(三)闲暇与通识理念相融合,引导学生成长为全面发展的人才

一方面,"教育成为制造劳动者的一台机器,通过教育的塑造,人被变成追求物质利益的人,掌握生产技术成为受教育的全部目的,这样,人愈是受教育,他就愈被技术和专业所束缚,愈失去作为一个完整人的精神性",[②] 另一方面,通识教育的目的是培养全面发展的人,而闲暇

---

①　史静寰,文雯.清华大学本科教育学情调查报告 2010[J].清华大学教育研究,2012,33(01):04-16.

②　王坤庆.当代西方精神教育研究述评[J].教育研究,2002(09):89-96.

教育则是注重塑造人的本原,注重塑造人自由的精神境界,使人在自由中追求自我实现。开发融入闲暇理念的通识课程资源,是遵循人的全面发展理念的最高价值取向。在闲暇教育与通识教育在融合过程中,注重培养学生全面发展的能力,使得学生学习专业知识,发展相应的社会能力,以使学生更好地成长为"个性丰富和全面发展的人"。

二、开发渗透闲暇理念的通识课程核心资源

开发通识课程资源是传递文化的载体。通识课程与其他形式的课程都是服务育人的教学实践,都具有文化传递的功能。开发渗透闲暇理念的通识课程资源以促进学生综合素质的提升,包括思想道德素质、文化素质、业务素质和身体心理素质。通过开发渗透闲暇理念的通识课程,培养学生如何做人,有利于培养具有多元文化素养的人才。[①] 在职业教育与闲暇教育有机结合过程中,闲暇教育注重精神涵养,与渗透闲暇理念的通识课程目标一致,渗透闲暇理念的通识课程可从人文、社会和科学等向度开发通识课程资源,引导学生建立起对自身、社会和自然的共同理解。

(一)开发社会和自然科学知识资源以涵养价值精神

开发融合闲暇理念的通识课程资源,其主要目的是开展价值观教育。开发通识课程资源,向学生传授文学、历史、语言、哲学、艺术等方面的知识,培养学生的审美意识,使得学生在多元文化活动中涵养自我的精神境界。在我国,也有不少高校开展了融入闲暇理念的通识教育深化改革,首都师范大学成功进行了一系列融入闲暇理念的通识课程资源开发的探索与实践。首都师范大学在学生闲暇时间开展"问道典籍"读书活动,至今已举办了 12 期,参加学生总数 1 000 余人次,入选"问道典籍"作品集的优秀读书笔记 500 余篇,营造出浓郁的读书氛围。通过闲暇与教育的有机结合,在引导学生研读经典过程中,传递正确的看待世界的观念,训练学生观察、分析和思考问题的能力,掌握科学看待事物的基本视角。同时也可让学生学习优秀传统文化中的闲暇思维,让学生对著作所处的时代、社会、人本身形成客观理性的认识,培养正确的认知、独立思考的能力和理性的判断能力。

开发科学知识资源开展价值观教育,可囊括物理、实证与数学推理、生命科学等知识,着力培养学生的科学精神。培养学生的科学精神也包括培养科学素养。在通识课程中进行科学素养教育,融入数学、物理学、生物学和化学等知识,培养学生具备相应的科学精神和价值观念,进而将科学价值从工具理性转向人文价值理性。在开发融合闲暇理念的通识课程资源时,一些高校通识课程将科学素养的培养与实际生活联系起来,锻炼学生在实际生活中理性处理问题的能力,如设置"全球变暖:读懂天气预报"课程,其目的是致力于运用自然科学知识分析日常生活中的各类事物,培养学生形成正确的价值观。

(二)开发以理性表达为核心的课程资源提升价值判断能力

渗透闲暇理念的通识课程一般是开发人文、社会、自然科学知识作为相应的课程资源,同时注重培养和提升学生价值判断能力。通过开发渗透闲暇理念的通识课程资源,在培养正确价值观的同时致力于帮助学生习掌握和养成理性的、稳定的价值认知和判断能力。一般而言,理性分析、有效表达、批判性思维都是有效价值判断能力的重要内容。

---

① 董云川,张建新.通识课程与大学文化[J].云南大学学报(社会科学版),2006(02):83–89.

在理性分析能力的培养上,开发渗透闲暇理念的通识课程资源实际上是培养学生揭示事物普遍规律的能力,学会运用观察、实验、调查、统计、归纳、分析等方法来提炼事物的普遍规律。浙江工贸职业技术学院经贸学院开发出"像经济学家一样思考"的通识课程,其中包括数学、统计学、经济学等学科的相关知识,其目标是培养学生养成理性思维的习惯,通过理性判断引导学生做出正确选择。在国外,有很多大学,如普林斯顿大学,也设立专门的实证推理课程,涵盖了计算机科学、数学和金融工程学的研究内容和方法,其目标是使得学生习得相应的实证推理能力和数据分析能力,培养学生养成理性分析事物的习惯。

在有效表达能力的培养上,开发渗透闲暇理念的通识课程资源可从口头表达和书面写作的角度出发,在训练学生的表达能力的同时,也促进学生学会自我省视,有利于学生构建出自身价值观念体系和行为规范体系。很多职业院校都开设了"口才与表演""应用文写作"等相关课程,通过一系列的教学方法和原则,以合作参与、启发训练的形式来训练学生的口头表达能力、书面写作能力、逻辑思考能力,一方面可训练学生构建相应的认知结构,另一方面也可提升学生的价值判断和价值选择能力。

在批判性思维能力的培养上,开发渗透闲暇理念的通识课程资源能使得学生养成相关的批判性意识,对思想、理论和行为都有自己的思考,让学生养成主体意识,培养属于自己的价值立场,促进学生在面对社会事物时能作出明确价值判断,锻造了学生的选择能力,成长为拥有正确的社会价值观念的社会公民。浙江工贸职业技术学院开发《法律与人生——以案说法十五讲》教材作为通识课程的重要内容,这本教材涉及内容广泛,包括刑法、行政法、民法、经济法、程序法等诸多内容,主要是从非法律专业学生的特点和需求出发,通过创设相关的教学情境分析典型案例,每位学生在课堂上都是法官,可在事实和法律条款中学习裁判,并提升规范分析问题的能力。有利于加深学生对法律知识的理解与运用。同时,也帮助学生理性认识问题,引导其进行批判性思考,从而实现其价值塑造的现实意义。

第二节　关注职业道德与职业精神的人文课程

在职业教育与闲暇教育有机结合过程中,开发关注职业道德与职业精神的人文课程可培养学生的职业人格和情怀。开发人文课程资源可提升学生的人文素养,而人文素养包括人文知识、人文思想、人文方法与人文精神。[1]潘懋元先生曾说过:"人文科学知识必须内化为人文精神,并外表为行为习惯,才能构成相对稳定的品质结构。有些人虽然修了许多人文学科课程,获得了许多人文知识,但言行不一,品质恶劣,就是由于他们没有将人文知识内化为人文精神。"[2]开发关注职业道德与职业精神的人文课程资源,提升学生的人文素养和职业素养,使得学生成为内外兼修的全面发展的人。

①　杨叔子.绿色教育:科学教育与人文教育的交融[J].教育研究,2002(11):12-16.
②　潘懋元.试论素质教育[J].教育评论,1997(5):06-08.

一、开发人文课程资源的意义

职业教育与闲暇教育有机结合的目的是培养全面发展的人才,而不是只懂技术片面发展的"工具人"。而人文素养和职业素养是全面发展的人才的标配素质,开发关注职业道德和职业精神的人文课程资源使得学生具备人文知识和职业情感,帮助学生成长为全面发展的人。

(一)开发人文课程资源培育人文精神,有利于学生涵养职业道德

职业教育与闲暇教育相融合以培养全面发展的人才为价值追求。开发人文课程资源也是培养适应社会发展的现代公民,在职业教育与闲暇教育有机结合的过程中,开发人文课程资源、培养人文素养有利于促进学生的全面发展。人文课程对道德有聚合作用,人文知识是历史积累的知识财富,是历史长河中人类积攒的精神食粮,支撑着人类不断追求自我实现。而人文精神对人的发展具有重要的导向作用,帮助人们建立价值内核,当面对道德规范选择时,人文精神可成为道德行为的选择指示器,帮助人们形成道德认知图式和道德人格。通过开发人文课程资源培育人文精神,有助于学生深入理解人生的价值和意义,有利于提升学生的道德修养,增强社会责任感和职业意识,涵养职业道德,丰富职业情感,提高社会适应能力,特别是适应职业生活的能力。

(二)整合人文素养课程资源,有利于提升职业精神

在职业教育与闲暇教育有机结合过程中开发人文课程资源,有利于提升学生的职业精神。职业院校一直以"工学结合、校企合作、产教融合"为办学模式,着重培养学生的职业技能。但是职业教育不仅要培养学生的职业技能,还需注重培养学生的职业精神,塑造学生的职业灵魂,使得学生成长为具有深厚人文素养和良好的职业精神的全面发展的优秀人才。职业教育也要培养全面发展的职业人,而不仅仅是批量生产的社会工具人。现阶段,职业院校一直致力于培养高素质的技能型人才,但是还是有部分用人单位对职业院校毕业生存在偏见,在职业教育与闲暇教育有机结合过程中整合人文素养课程资源,培养学生的人文素养,养成良好的意志品质,有利于提升学生的职业精神,使得学生养成良好的职业观念,使其成长为技术高、意志强、讲诚信、有道德的高素质人才。

(三)重视人文素养课程资源,有利于提升学生职业品质

在职业教育与闲暇教育有机结合过程中,开发人文课程资源注重人文素养,有利于提升职业精神与职业道德,促进良好职业品质的形成。开发人文课程资源包括传送优秀的传统文化经典,文化经典是民族文化的精髓,其中有历史前辈们对生活的深刻理解和思考,沉淀着前辈对人生的思索和生活的智慧。从儒家倡导的"修身、齐家、治国、平天下""舍生取义"到范仲淹的"先天下之忧而忧,后天下之乐而乐",从顾炎武的"天下兴亡、匹夫有责"到陶行知的"千教万教教人求真,千学万学学做真人",这些人文素养课程资源都集中体现了历史先人们坚定的理想信念和社会责任感。而在现代,通过开发人文素养课程资源,有效融入经典阅读课程资源,帮助学生丰富精神世界,锻造职业品质,有利于学生步入职场养成良好的职业品质打下坚实基础。

二、开发关注职业道德与职业精神的人文课程核心资源

人文课程是职业教育与闲暇教育有机结合的重要形式之一,而开发关注道德和精神的人

文课程资源是开展人文教育的重要途径。开发和利用相关的课程资源,对于提升学生的人文素养,使学生形成积极主动的学习态度和正确的价值观,养成正确的职业道德和职业精神具有重要作用。

（一）开发音像类网络课程资源,帮助学生感悟职业道德和职业精神

在职业教育与闲暇教育有机结合过程中,音像类课程资源作为常见的课程资源,是人文教育课程中不可或缺的重要材料,它们也能够为教学提供更加丰富的课程内容。这类资源不仅可以通过校内课程资源予以实现(如在课堂上播放音频和视频资料),还可以通过互联网途径予以实现(如慕课等网络远程教学)。在开发人文课程相关资源时,可同时考虑学生的学习需求和发展需要,广泛挖掘社会人文环境中的有效资源,可与各类机构和相关单位联合,汇总多样的信息网络资源以方便教学。同时要重视互联网资源,现阶段,互联网是一种先进的信息载体,学生对于公共网络信息资源的认可度和接受度也较高,在人文课程教学过程中,教师播放相关的音像网络视频,如《我心中的榜样——黄文秀》相关视频,丰富课程的呈现形式,同时也是课程资源的别样展现形式,促使学生感悟榜样人的职业道德和职业精神,更容易被学生接受。

（二）开发行业文化资源,增强学生的职业精神

在职业教育与闲暇教育有机结合的过程中,培养全面发展的人是教育融合的主要目标。现阶段,我国职业教育的规模不断扩大,但是其内涵发展要求也在不断提升。为适应经济发展的要求,职业院校也要优化专业结构,深化教学改革,在经济新常态背景下,职业院校开展产教融合、校企合作,与产业、行业、企业开展紧密的合作,培养适合社会发展需要的高素质技术技能人才。因此,在职业教育与闲暇教育有机结合过程中,开发人文课程资源要主动融合行业、产业文化资源,使学生了解行业、企业,树立认同感,有利于培养学生的职业精神。

开发通用性行业文化课程资源。在职业教育与闲暇教育有机结合的过程中,开发行业文化资源是为了学生领悟行业文化,增加职业认同感,使得学生成为富有职业精神的职场人。部分职业院校开设“经典导读”课程,运用优秀的传统文化熏陶学生,提升学生的精神境界,为学生开展职场生涯打下坚实的意志基础;而后开发行业文化课程资源,通过“职业沟通”创设各种工作现场与生活中的场景作为课程资源,学生参与其中开展情景体验,使得学生感悟职场文化,学会职场沟通,对职业有初步体验,帮助学生树立正确的职业观念,有利于提升职业精神。通过“职业形象礼仪”帮助学生掌握行业企业的交际文化,部分职业对职场人的行为举止都有明确的要求,同时也有利于提升学生的内在修养,塑造职场自信。这些人文课程资源的最终目的都是增强职业精神。

开发发展性行业文化课程资源。在职业教育与闲暇教育有机结合的过程中,注重提高学生的职业发展和个人技能的持续发展,也是开发人文课程资源的重要内容,可以为学生提供适应职业变化的能力和继续学习的能力,并提高学生的职业表现力和职业专业度。一是制定学习方法和课程资源策略,以培养学生的学习技能。由于学习能力对学生职业技能的获得和未来的发展非常重要,是未来继续教育和终身学习的前提,所以要注重培养学生独立构建知识和分析问题的能力,能够解决实际问题,提升在职场中的处事能力,提升职业精神。二是开发创业教育与创新课程资源,通过开展创新培训和创业实践,激发学生的创业意识和创业精神,提高创新、规划、管理和自主创业能力,激发学生步入职场的热情,提升职业精神。

（三）纳入职业伦理课程资源，培养职业道德

在职业教育与闲暇教育有机结合的过程中，开发人文课程资源包括纳入职业伦理资源，职业伦理可帮助学生养成良好的职业道德和职业情感。谈到职业道德，中国伦理学会会长万军仁先生强调："所谓职业伦理，顾名思义，应该是从事各种行业的职场人所具备的职业道德规范。"[①]

纳入职业伦理课程资源，可提升学生的职业伦理水平，待学生进入职场后，可更好地规范约束自身的职业行为，最终促成整个行业的健康发展。如在职业伦理课程中，创设角色扮演的互动情景，课程可设计包含工作流程的项目，并安排学生扮演项目中的不同角色，如项目经理、一线操作员等，一方面可增强学生对职业角色、工作规范等的实际体验，寻找不足，以第一视角感悟职业伦理，提升职业道德；另一方面可以培养学生的重要技能，如沟通、协作和表达等方面的能力，通过学生参与开发综合案例分析的课程资源，在课堂上进行案例讲解和分享行业职业道德，增进学生对职业伦理和职业道德的理解，帮助学生更好地融入工作者角色。也可在学生实习实训后鼓励学生提出自己对职业伦理意识的困惑或职业行为中面临的道德窘境，引导学生对自己的困惑和职业行为进行反思和评价，以提高学生对职业伦理的认识，提升学生的职业道德。

第三节　凸显思维、过程和方法的职业课程

在职业教育与闲暇教育有机结合的过程中，开发凸显思维、过程和方法的职业课程资源对将学生从职业技能人才培养成全面发展人才意义重大。职业教育通过提高劳动者素质，为我国培养了一大批具有鲜明专业特色的技术型、应用型、多元型人才。而职业教育与闲暇教育有机结合开发凸显思维、过程和方法的职业课程资源，通过职业知识给予、职业精神熏陶、职业文化滋养，彰显全面发展的技术技能人才的核心能力与品格。

一、开发职业课程资源的意义

关键能力是职业院校学生面向未来工作与生活世界的重要发展基础，而职业课程则是形成关键能力的重要载体。在职业教育与闲暇教育有机结合过程中开发职业课程资源，在发挥职业课程工具性作用的同时，还培养个人的探究精神、批判性思维、学习能力、解决问题的意识和协作能力等，奠定职业院校学生的精神底色。[②]

（一）经济新常态下适应产业升级的需要

随着全球经济一体化的进程，灵活的市场变化和快速的技术变革，要求人类具备更快适

---

① 王荣发.现代职业伦理学［M］.上海：华东理工大学出版社，1998：01.

② 潘正茂，唐智彬.论面向关键能力养成的职业教育公共基础课程整合设计［J］.职教论坛，2021（05）：70-77.

应这些市场变化的能力。而习得技术技能知识与适应拥有社会变化的能力同样重要。职业教育与闲暇教育有机结合开发职业课程资源具有十分重要的意义,因为人的技能是在使用过程中积累的,并通过特定情境下的行为表现出来。通过职业课程资源的开发,培养学生的专业技能、工作态度和操作经验,学生可以轻松适应工作环境的发展和变化。对于职业院校学生来说,学生最终是要为行业企业发展服务的。职业院校只有与行业企业保持良好的培养模式,才能充分了解公司需要的人才类型,培养符合行业企业需求的人才。在职业教育与闲暇教育有机结合过程中开发职业课程资源,真正以产业企业的需求为出发点,使职业院校和产业企业的利益能够很好地结合起来,顺应了现代社会经济新常态下行业企业发展的新趋势。

（二）提升个体职业生活完满幸福的需要

从长远来看,职业教育与闲暇教育有机结合开发职业课程资源是落实立德树人根本任务的保障,为促进学生成为全面发展的人才奠定基础。职业课程关乎着职业院校学生关键能力的培养,让学生具备未来工作所需要的职业技能同时,又让学生做好面对未来世界各种风险与变化,使学生从心理、能力与素质等方面实现全面适应。"高职教育的'需求侧、供给侧'两端已经发生深刻的变化。各行各业要求高职人才德技并重,高职院校大学生不仅要掌握专业技能,还要具备创新精神和工匠精神",[1]不少职业院校重视职业能力培养旨在强化学生这样的观念:即职业能力的提升是为了个人的谋生和社会的发展。不可否认,生存与生计是个体从事职业的首要的基本功能,生产与贡献是社会对个体从事职业的最基本的要求。然而,一个人要想找到并获得幸福,就必须了解自己的价值,核心自我的实现是一个人最大限度的发展,其有效实现必定要以工作为载体,实现可能性来自意义、技能和乐趣。[2]通过职业教育与闲暇教育有机结合开发职业课程资源,锻造学生创造性思维和创造力,让学生形成独立的自我,对人生有掌控感,提升学生对职业和生活的幸福感。

（三）凸显思维、过程和方法,培养职业人格的需要

在闲暇教育与职业教育有机结合的过程中,开发凸显思维、过程和方法的职业课程资源,是培养学生职业人格的需要。从卢梭的"自然教育"到杜威的"生活教育",从康德的"完人"教育到小原国芳的"全人教育",从斯宾塞的"完满生活"教育到杨贤江的"全人生指导"教育,都向我们昭示了完美人格培养的必要性。以工作生活为主要目标的职场人士也需要建立完美的"职业人格"。如果职业课程只培养能记忆和学习的人,那么和普通教育没有区别。如果只培训懂技能的人,那就沦为职业培训了。职业课程不仅与经济社会发展息息相关,而且与人的职业发展、生存和生活有着最直接的关系。[3]因此,在闲暇教育与职业教育有机结合的过程中开发职业课程资源应凸显思维、过程和方法,培养职业人格,从未来全面发展的"职业人"的需求出发融合发展性与职业性内容,形成有思维、重过程、懂方法的全面发展的职业人格。

①　张廷,于健,胡一铭.高职院校第二课堂探索与研究[M].北京:北京理工大学出版社有限责任公司,2021:05.

②　王浪,庞学光,高涵.职业能力培养与个体幸福——职业幸福观视野下的职业教育反思[J].中国职业技术教育,2012(07):59-63.

③　石伟平,陆俊杰.城镇化市民化进程中我国城乡统筹发展职业教育策略研究[J].西南大学学报(社会科学版),2013,(04):53-63.174.

二、开发凸显思维、过程和方法的职业课程核心资源

随着结构性就业问题的日益凸显，在职业生涯发展中发挥重要作用的职业素养日益受到职业院校的关注。在职业教育与闲暇教育有机结合过程中开发职业课程资源，塑造"会质疑""能专攻""有情怀"的职场人，以培养具备批判性思维、专业知识和职业素养的全面发展的人。

（一）开发批判性思维训练资源，培养"会质疑"的职场人

批判性思维始于 20 世纪初美国教育家杜威提出的"反思性思维"。在我国，批判性思维能力培养的重要性已初步得到认同。目前，职业院校课堂上教师输给学生更多的是知识点，学生的思维能力，特别是批判性思维能力并未得到充足的培养和重视。事实上，质疑与批判精神的培养一直是教育道路上孜孜不倦的追求，在职业教育与闲暇教育有机结合过程中的职业课程，应重点开发批判性思维训练资源，培养学生成为"会质疑"的职场人。如长沙民政职业技术学院开发"商务谈判"课程资源进行批判性思维训练，在职业教育与闲暇教育有机结合过程中以培养学生的学习能力为目标，锻炼批判性思维，致力于培育"会质疑"的职场人。在教学过程中注重学生全程参与，形成将课堂教学与实习实践有机结合的学习思路，鼓励学生以团队的形式开展模拟谈判，从收集问题、形成观点、开展谈判都由学生自主完成，从而培养学生的自主学习和"会质疑"的能力，锻炼学生的批判思维。如此一来，批判性思维的培养过程中有效促进了学生的问题意识与分析、解决问题的能力，以及品德素质和文化素质的养成，[①] 为职业院校学生步入职场，成为"会质疑"的职场人打下基础。

（二）开发专业知识课程资源，培养"能专攻"的职场人

"十四五"期间，我国将加快构建以内圈为主体、内外圈相互促进的新发展模式。在当前新的发展阶段和关键战略节点，大力发展职业教育，促进技术技能型人才培养，是加快建设制造强国、教育强国、科技强国的重要基础和根本要求，构建新发展格局、推动高质量发展对技术技能型人才提出了强烈需求。而高素质的技术技能型人才离不开专业知识的支撑，在职业教育与闲暇教育有机结合过程中，开发职业课程资源需以专业知识课程资源为核心，致力于培养"能专攻"的职场人。

开发专业知识课程资源，以深厚的基本理论知识为基础、灵活的工作情境分析评估为核心、熟练的规范操作为表征。在智能化时代，需要根据给定的情况选择正确的方法，并分析如何正确使用该方法来解决问题。首先，通过相关文献资源，传授相关的理论知识，为学生打牢专业知识基础；其次，创设灵活的工作情景资源，为学生提供体验性经验知识，使学生在掌握相关情况和任务内容后内化，在遇到类似问题时，能迅速调用已有经验进行有效分析和评估，以满足相应的工作需要；最后，开发规范操作性资源，在解决问题时使得学生能够将已掌握的知识结构进行有效组合，进行规范性操作。综上，以理论知识、经验知识、规范操作知识为核心开发专业知识课程资源，是职业教育与闲暇教育有机结合培育全面发展的技术技能人才的重要内容，使学生以最专业的技术技能知识去打造属于自己的职业发展空间，在职场上有属

---

① 李朝红 . 批判性思维能力培养与大学英语教学的双向衔接［J］. 兰州大学学报（社会科学版），2014（05）：136-140.

于自己的"专攻技能",成长为"能专攻"的职场人。

（三）开发职业素养资源,培养"强学习"的职场人

在职业教育与闲暇教育有机结合过程中,开发职业课程资源需以职业素养为支点。职业素养包括职业精神、职业道德和职业行为习惯,而良好的职业行为习惯又包括不断强化学习的良好习惯,在开发职业课程资源时开发职业素养资源,强化学生的学习习惯,使学生成为"强学习"的职场人。

首先,可在实习实训中开发职业素养资源,职业课程是根据产业需求设置的,结合专业特点开展实习实训,了解产业发展前沿,分析产业发展背后有代表性的职业素养资源。例如,劳动模范、大国工匠、技术能手、岗位先进者等,挖掘他们身上所体现的职业道德、职业精神、职业行为、终身学习等育人元素,丰富职业课程的职业素养资源。其次,可在优秀传统文化中开发职业素养资源,中华优秀传统文化和职业课程培育职业素养所倡导的价值理念具有内在一致性,这为从中华优秀传统文化中挖掘职业素养资源提供了可能。例如,鲁班的工匠文化,李时珍编著《本草纲目》花费 30 年时间,他们都是具有职业素养的代表,都是在不断学习、不断试验中获得成功。在职业教育与闲暇教育有机结合过程中,开发职业素养课程资源,强化学生的学习行为,使学生能够自主学习新的职业技能,了解某些职业和相关工作领域随着时间推移的发展趋势和最新动态,提高学习和独立工作的适应性。总之,在职业教育与闲暇教育有机结合过程中,开发职业素养课程资源丰富了职业课程的内涵,有利于促进学生成为"强学习"的职场人。

第四节　拓展校园文化的活动课程

活动课程是指教育者根据特定的课程议题,创设相应的活动情境和活动形式,并引导受教育者"身临其境"和"心临其境",在态度的感受中进行认知体验,进而在体验—理解—认可中加深认知与理解,[①] 校园文化是开展活动课程的重要资源。在职业教育与闲暇教育有机结合的过程中,开发拓展校园文化的活动课程资源对将学生从职业技术人才培养成全面发展的人才意义重大。通过拓展校园文化活动课程资源,对学生的职业能力和闲暇能力进行训练,让学生通过参与校园活动来体验活动的乐趣和生活的美好,让他们更加热爱生活,热爱学习,让学生成长为全面发展的技术技能人才。

一、拓展校园文化活动课程资源的意义

在职业教育与闲暇教育有机结合过程中,依托校园文化加强和改进活动课程成为职业院校的重要职责和使命,校园文化活动在教育学生形成健康人格、弘扬学生理想信念、促进学生全面发展方面发挥着重要作用。

---

① 潘永志.情境·议题·体验——活动型学科课程的实践[J].思想政治课教学,2019（01）:21.

（一）拓展校园文化活动课程资源有利于培养学生的高阶能力

根据能力的相互作用,能力可以分为基阶能力和高阶能力。各种能力是相互联系、相互作用的,如果一种能力对另一种能力的生成和发展具有促进和加速作用,就认为前者是高阶的。例如,问题解决能力决定着一名机床操作工能否加工复杂的机械零件,问题解决能力就成为机床操作工职业能力的高端部分,相对于加工能力就是高阶能力。高阶能力也被称为"软能力""心智技能"和"生活技能"。[①] 现阶段,以工业互联网为动力的智能制造改变了传统的生产模式。对职业人员的问题解决能力提出了很高的要求。通过拓展校园文化活动课程资源,培养学生自主面对问题、解决问题的能力,也就是培养了学生的高阶能力。

（二）拓展校园文化活动课程资源是践行活动课程理论的内在要求

开发活动课程资源是将知识、热情和活动三者有机融合,其理论基础是马克思主义的认识论和辩证的方法论。马克思主义哲学认为,人的认识过程是一个辩证运动的过程:认识的第一阶段是通过以实践为基础的感性认知达到理性认知;第二阶段是从理性认识再回到实践。开发活动型课程的运行机制是学生通过参与校园文化活动进入一定情境,让自身的知识、经验等主观因素与生活互动,达到对事物有具体而直观的认识,这是认识的初级阶段。在此基础上,通过抽象思维活动,认识事物的本质,即理性认识。这个过程使得学生在认知提高的同时,形成对事物肯定或否定的价值判断,并获得价值认同和稳定的信念。最后,学生将这些认识和信念付诸实践,化为自觉行动。在职业教育与闲暇教育有机结合过程中,拓展校园文化活动课程资源,使学生将内心的职业信念与热情付诸行动,为学生进入职业生活打下坚实的心理基础。

（三）拓展校园文化活动课程资源有利于提升职业学习活动的深度和广度

在职业教育与闲暇教育有机结合的过程中,拓展校园文化的活动课程是培养学生综合素质的跨学科实践性课程。跨学科和实践性是活动课程的基本定位,拓展了校园文化活动内容,也涉及个人与自我、个人与社会、个人与自然的关系,涉及自然、社会、历史、科学、技术、文化、道德、艺术等诸多领域。校园文化生活丰富,可确保活动课程资源的广度,丰富学生的学习经验和职业经验,提升学生的综合素质。但"广而浅"的校园课程活动流于肤浅,缺乏必要的深度。长此以往,活动课程可能陷入单调、乏味的困境,难以激发学生的参与活动课程的热情与求知兴趣。为解决这一问题,拓展校园文化活动课程资源更重视学习生活和职业体验的深度,为学习生活和职业生活深度探究、深度体验提供充足的时间保障和广阔的空间,避免因主题过多、走马观花、内容简单、低水平重复造成的浅层学习。综上,在职业教育与闲暇教育有机结合的过程中,合理拓展校园文化活动课程资源,既拓展了学生的学习生活的深度,也为后期的职业生活提供广阔的体验空间,有助于学生成长为全面发展的人。

二、开发拓展校园文化的活动课程核心资源

职业教育与闲暇教育的有机结合使得正规学习活动与闲暇教育相得益彰。拓展校园文化活动课程,组织和培训职业院校学生利用闲暇生活的技能技巧。活动课程遵循自主性原则,要求关注学生活动的生成主题,并引导学生发展;尊重学生自主选择,让学生自身经历各

---

① 崔发周,张晶晶.高阶能力导向的职教活动课程开发[J].职业技术教育,2021,42(04):19-24.

项活动,在"做中学""探中学""创造中学",促进学生职业能力和生活能力的增长。

（一）开发传递职业经验资源,促进学生专业能力的形成和发展

培养有技术、懂生活的高素质人才是职业教育与闲暇教育有机结合的培养的目标,而技术技能的培养也可通过拓展校园文化的活动课程来实现,在职业教育活动中,活动课程还承担着形成专业技能和职业特质形成的任务,使学生成为具有持续发展能力的知识和技术技能型人才。

在职业教育与闲暇教育有机结合的过程中,拓展校园文化活动课程,以发展职业技能为导向,突出能力本位,兼顾人文素质养成。如长沙民政职业技术学院民政与社会工作学院在2021届毕业生离校之际,举行了隆重的校园毕业典礼系列活动,结合学院婚庆服务与管理专业特色,创造了婚礼式的毕业典礼。毕业生用所学的知识与技能全程参与组织、设计、布场等环节,展示了技能的运用效果。在拓展校园文化活动资源的过程中促进自身专业知识技能的提升,为步入职场提前实习。这种活动课程既展现了独具特色的校园文化,也是一种别具一格的活动课程形式,毕业生结合所学和实习实训的经验,传递了职业经验,促进了高阶思维的运用,有利于学生在潜移默化中增长专业能力。

（二）创设职业情境资源,鼓励学生融入职业角色探索实践

在职业教育与闲暇教育有机结合过程中,拓展校园文化活动课程可创设职业情境资源,鼓励学生融入职业角色探索实践,毕竟大学时期是职业院校学生生涯教育的重要形成阶段,是学生了解自己、认识社会、理解自己的职业,培养职业兴趣、明确职业意向的重要环节。创设职业情境资源,以引导学生通过参与职业体验活动,增强学生对社会职业的初步认识,提升对自我职业兴趣的认知,能够及早建立社会、职业和自我之间的联系,指向学生未来的发展,这也是职业教育与闲暇教育有机结合的目标。

拓展校园文化的活动课程创设职业情境资源,学生们可以大胆变通,巧妙转变角色,创设出许多"职业体验岗位"。如基于学校教职员工的职业体验岗位,如校长助理或各二级学院助教等;基于学校班级管理的职业角色体验岗位,如"班长"改成班主任助理,每天的晨诵领读员在早晨就是朗读者,值日生在打扫卫生的时候就是环卫工作者。这些学校班级职业岗位体验时间有长期,有短期,有相对固定,也有轮流担任。通过在闲暇时间里进行职业体验岗位的设置,学生从学习者转变成参与者,从"督促"到"管理",从"班干部"的优越感转变到"教职员"的责任感,这些都是学生融入职业角色的有益探索。再如长沙民政职业技术学院外语学院旅游专业的学生们,在疫情期间积极开展活动课程,化身专业导游,带着老师们"云游四海"。外语学院旅游专业,充分发挥旅游管理专业优势,结合授课平台、教育信息技术使用、跨专业协同,整理湖南省以及全国优秀旅游景点,通过腾讯课堂 PPT+VR 视频讲解的方式,让即将毕业需要更多实习实训机会的大三学生,化身"旅游主播",云端向老师们进行景点讲解,让大家实现足不出户,便可云游四海。进行线上讲解的都是外语学院旅游专业在校学生,讲解员们幽默风趣的讲解,生动地向大家展示了旅游景点的魅力,之后还设置了趣味抢答,全体"游客"积极参与其中,让人身临其境畅游四海。特殊的新学期,长沙民政职业技术学院外语学院通过拓展活动课程资源,创新应用,达到了让学生更好地接受知识的效果。这种学生变身"线上主播"的活动,是疫情期间拓展校园文化活动的重要举措之一,这种活动课程资源,让学生们体验了一次线上导游,能够更加提高学生的学习参与度,获得更多成就感,提升了教学质量,使得学生更加融入职业环境,融入职业角色探索实践,切实感受到了职业所需的基本技能与素养。

(三)开发专题创新活动资源,激发学生发挥主观能动性

在职业教育与闲暇教育有机结合过程中,拓展校园文化活动课程可开发专题活动资源,创新形式和内容,激发学生参与的热情,调动学生的主观能动性。开发专题创新活动资源是指学校基于明确的教育目的,把专业知识教育与安全防护教育、爱国主义教育、法制教育、环境教育、心理健康教育、国防教育、廉政反腐教育、禁毒教育、无偿献血志愿服务公益活动、垃圾分类等主题与校园文化相结合共同构成活动课程的内容。

拓展校园文化活动课程开发专题创新活动资源,调动学生的主观能动性,很多职业院校已多次开展,颇具成效与特色。如长沙民政职业技术学院结合校园文化,创新专题活动课程资源,积极组织专业社团,特别推出"云端第二课堂",开展了丰富多彩的专题活动,吸引学生参加,提升学生的主观能动性。外语学院商务英语协会、商务日语协会先后举行了线上配音比赛,同学们的配音和对话准确,对角色的情绪有准确的理解,堪比影视原声,英才办会举办网上"英语新闻播报比赛",充分展示了学生专业素养。空乘服务协会的"朗读广播大赛"、导游协会的网络摄影游记大赛、学院辩论队举办的分类网上辩论赛,这些专题创新活动资源,丰富了活动课程的内容和形式,也丰富了学生的课外生活,激发学生的主观能动性,使学生在各种活动中吸取职业经验和生活经验,又培养了学生的个性,营造了宽松、和谐、愉快的校园氛围,使学生真正热爱校园学习和生活,这也是职业教育与闲暇教育有机结合的目的。

第九章　打造基于职业素养习养的
闲暇教育发展的学习型组织

第一节　打造跨专业学习共同体

　　工作与闲暇融合的意蕴就是在全人教育理念引领下,着眼于人的全面发展,在高等职业教育领域表现为培养具备显性职业能力和隐性素养的人,他们所具备的基本人文素质和职业素养更能适应现代社会对职业人才提出的目标与要求。2021年4月,习近平总书记对职业教育工作作出重要指示,职业教育大有可为,要求提高技能人才的社会地位,培养更多高素质技能人才,弘扬工匠精神。① 高素质技能人才的培养要求学生实现职业素养和职业技能并重,高等职业教育的职业与教育属性决定了"德技并修"成为职业教育人才培养的根本要求与育人目标。重技能轻职业素养培养的现象反映了对职业教育认知上的偏差,与国家对培养技能人才的要求相违背,不利于大国工匠的培养。② 然而,大部分高等职业院校在教学过程中往往顾此失彼,只强调学生专业能力的培养,体现了对"技艺"的要求,却忽视了职业素养"德技并修"的教育价值追求。《学会生存》中指出:"每个人必须终身继续不断地学习;终身教育是学习化社会的基石。"学生接受职业教育的目的不仅是为了获取谋生手段提高就业竞争力,自我素质的提高成为学生接受职业教育的主要目的;高等职业教育不仅在于传授多少知识,教会学生多少职业技能,更应该强调培养学生形成一种正确的职业观,丰富学生的个性,为提高学生生活品质做准备。③ 跨专业学习共同体是一个由教师、企业专家与不同专业学生共同构成,包含丰富课程资源的团体,对于提高职业院校学生学习迁移能力、实现技术与人文教育的融合具有重要意义。

　　① 李梦卿,余静.我国技能型社会建设的时代背景、价值追求与实施路径[J].中国职业技术教育,2021(24):5-11+25.

　　② 魏力敏,宫婷婷,祁可.高职院校技能型人才工匠精神培育研究——以江西外语外贸职业学院实践为例[J].职教论坛,2021(10):133-136.

　　③ 孙长远.论闲暇教育对高等职业教育内涵发展的作用[J].职教通讯,2012(10):71-74.

一、概念界定——专业学习共同体

学习共同体思想认为"教育即生长""教育即生活""学校即社会"[①],学校承担着知识传递的重任,但是这种知识不是脱离实际的知识,而是能够与社会生活相联系,学校不但承担着文化传承的责任,更是进行文化创新,是知识与经验相结合的地方。学生通过主动的活动获取知识,充分发挥个体的主观能动性。同时,国外学者杜威强调学生在教学中的主体地位,学生不再仅仅作为知识的接受者被动地学习,学生身份的转变有利于打破传统师生关系中"自上而下"的结构,有利于平等和谐氛围的创造。但他并没有明确提出学习共同体这一概念,但是具备了学习共同体的意味。

学校教育的真正意义是建立师生互动的学习共同体,组织内的全体成员因共同的使命并朝共同的愿景努力,共同体中的成员通过分享学习的兴趣,并朝着这个教育目标相互作用和共同参与。[②] 1997年,专业学习共同体有了明确的定义,指出专业学习共同体是由具有共同理念的教师和管理者构成的团队,成员之间协商合作,共同探究,不断改进教学实践,共同致力于促进学生学习的事业。[③]部分研究者认为专业学习共同体包括以下五个方面的特征: ① 支持与共享的领导;② 共同的价值观和愿景;③ 协作学习及其应用;④ 支持性条件;⑤ 共享的个人实践。[④]学校作为学生进行教育的主要场所,学习是学生具备的权利也是学生应承担的义务,同时,学校是一个不固定的、统一的机构。它不是一个社群而是多个社群,涉及的人员组成十分复杂,包括学生、教师、教育领导者,等等。学校承担着促进所有人学习的重任。作为特殊组织形式的专业共同体,通过创设支持性的学习环境为组内成员的个性化发展提供支撑,组织内成员因共同的目标凝聚在一起,形成一个支持性的自我创设的共同体,进行对话沟通、合作交流、挑战思想,进行信息的深度挖掘并实现信息共享,丰富教师、学生和管理者的经验,实现自我成长与提升。专业学习共同体期望教师、管理者等多方成员通过互动实现学习资源的共享,不断探究、共同学习,实现教学效率的提高,使参与其中的学生、教师、管理者实现共同发展,使学校真正成为一个兴盛的学习者社区。[⑤]在学校内,可以构建多样的专业学习共同体,包括跨专业的学习共同体、本学科的专业学习共同体,校际学生之间的专业学习共同体,等等。在职业院校中,"跨专业学习共同体"由多元主体组成,包括不同专业教师、企业专家与不同专业学生,群内各专业有相同的工程对象、相近技术领域及专业学科基础、有共同主干课程和实训设备,培养的是某一类岗位或一系列岗位群所需人才。[⑥]组织内成员具有共同的愿景,在共享的环境中相互学习,分享学习资源,交流观念,通过协作共同完成学习任务,形成共同学习愿景,培育学生的综合能力,实现学生的全面发展。跨专业学习共同

① 周洪宇著.创新与建设——教育史学科的重建[M].武汉:华中科技大学出版社,2016:519.
② 姜翀,胡静萍,邹德新.一流本科课程建设视域下学习共同体的构建及其实现路径[J].新余学院学报,2020(04):98–103.
③ 万勇,王佳,樊莲香.专业共同体模式下的体育教研组变革研究[J].教学与管理:理论版,2017(04):3.
④ 孙传远.教师学习 期望与现实[M].桂林:广西师范大学出版社,2013:120.
⑤ 郑汉文,程可拉.论专业学习共同体[J].教育评论,2008(05):66–70.
⑥ 李赛娟.专业群视角下跨专业学习共同体研究与实践[J].高等职业教育:天津职业大学学报,2020,29(02):5.

体旨在改变传统的教育模式，即从孤立走向协作，从被动的知识接受者转向具有主观能动性的学习者，从知识的传授转向个人素质的发展，职业院校构建学习共同体有利于促进学生的多方面发展、促进教师的专业化成长，转变教学方式，实现技术与知识的融合。

二、打造跨专业学习共同体的意义

（一）提高学生跨专业学习的能力

在职业院校内，打造跨专业学习共同体对促进学生学习具有重要作用，学习本质上是学生主动进行建构的认识过程，具有主观能动性，学生不是作为被动的接受者存在的。来自不同行业的企业专家、不同专业的教师和学生共同组成跨专业学习共同体，是一个复杂的集合体。师生之间、生生之间通过交流，使个体的行为与思维发生改变，形成新的认识。我们知道，共同理解不是人类合作的先决条件而是人类活动的结果，但行动是首要的，理解上的变化是随之发生的。所有参与者因共同的目的凝聚在一起，因共同真实的兴趣产生真实的参与。跨专业学习共同体就是一个拥有共同目标的团体，参与其中的人，教师、学生也好、企业家也好，都在其中有共同的兴趣。大家通过共同参与，彼此分享自己的观念，将自己的学习与经历的日常生活联系在一起，真正做到学以致用，提高对知识的理解和把握。而个体学习具有局限性，因为学生个体掌握的知识及思维具有一定的局限性，在跨专业学习共同体这个团体内，共同体中的学生之间的密切联系，有助于对课程的理解，学习成为合作行为，能够促进不同文化背景的学生一起学习，提供不同的解决问题视角，打破专业限制，有利于帮助学生解决困扰自己的问题以及新观念的掌握。

处于实习阶段的学生来往于学校与企业之间，工作实训时间较长，在校学习时间较短。这样需要一种跨课程的协作学习策略，在跨专业学习共同体中，实习的学生可以通过与专业教师及相关企业专家一起以协作式学习的方式，通过专家的指导，帮助学生解决实习中遇到的问题，实现知识与技术的融合。同时，通过交流协作，职业院校的教师也可以获得企业的信息，了解企业的发展现状，结合到自己日常的教学经验中。通过互动，教师相互影响可以增进相互之间更多的理解、更多的情感，从而对教学更投入，实现良性循环。因此，职业院校通过打造跨专业学习共同体，能对促进学生学习和经验积累产生积极的影响。

（二）实现技术－人文教育的融合

在目前教育发展、社会发展、经济发展的多重要求下，对于"学以致用"的回归，不仅仅是教育目标，更应该是越来越多的高校和高职的目标。只有放下虚名和所谓的地位，回到教育的目标原点，把知识转为可以应用的知识，把技能转为可以运用以解决实际问题的技能，那么，我们的院校才有突破困境的可能。[①] 很明显，一些学者所侧重的是我们名之为"生活教育"的东西。但是，如果要求他在"职业教育"与"闲暇教育"之间做出选择的话，他可能除了选择两者之外，不会做出其他选择。我们也一定如此。正如杜威所说，如果在人们中间平均地分配劳动和休闲，那么它们之间就不会有明显的冲突，而且教育的任务也就是为这两者做准备。教育应该在上面所提到的沟通之间搭起桥梁。

杜威认为，人文文化和功利主义之间的差异是历史性的和社会性的；但是，这种区分却

---

① 　方言.学以致用，教育根本［N］.光明日报，2014-12-16（15）.

并不是必然的,因为该差异既不是内在的,也不是绝对的。我们被允准了同等的机会并有可能接受同样的教育,但是,这一切与精神的发展并不是相互抵触的,这是最幸运的一件,我们每一个人几乎都要工作;而同时,我们中的每一个人也还是要同时扮演其他角色并承担其他义务;事实上,我们有着比自己想象还要多的闲暇时间,在这些时间中,我们可以选择去有所作为,并不存在任何其他的替代方法为工作和文化同时做出准备,且这样的允诺也是无效的。也许人们可以在两者之间的平衡、重点等方面各抒己见,但是,不可能存在非此即彼的关系,只能采取综合的态度。虽然失业和待业问题比过去要严重得多,但是,不论我们的正规教育的程度和性质如何,我们仍须通过雇佣制来换取至少是最低程度的生活必需物,这里面既包括那些接受过文科教育的人,也包括那些为了职业需要而接受特殊教育的人。对于有些专业来说,长期训练如果不能说是极为必要的话,那么也将是非常有利的。然而,就大部分工作来说短期的学习期对于基本技能的必要发展来说已经是足够的了。除此之外,所需要的东西就是训练之外的事了。可是令人奇怪的是,这么多的人还是不能把人文专业视为有用的学科。同样奇怪的是,我们认为文科教育的内容几乎全都是一些刻板的内容,只不过是把它称为人文学科的东西而已,甚至把人文科学、社会科学、自然科学、数学、本国和外国的以某种方式混合在一起来讲授。这样说并非没有道理,但是,比起这些来说,更为重要的是教学方法。一门人文学科可能会以教条的和完全非人文的方式来讲授,相反,即使是一门很专的技术课程,只要讲授的方法得当,也能产生人文课所能达到的效果。可以设想,随着学科的专业化程度和对职业教育的重视程度的不断提高,有希望设计出产生人文教育式效果的教学计划和课程。①

近年来,功利性教育受到追捧,学以致用成为人们接受教育的主要目的,人文教育对于人们发展自己的想象力、提升审美情趣、发展人的理性具有重要意义,理应在高校占据重要地位,事实是以就业为导向的功利性教育目的在高职院校中占据主流地位,注重学生职业技能训练与培养,虽然有助于就业,但影响学生职业素养和综合素质提高,以及职业的可持续发展。打造跨专业学习共同体在一定程度上可以解决因为学科专业的分类而造成的职业教育的碎片化问题。智能化时代的到来使职业教育的目标发生变化并对学生的发展提出了新的要求,但其实质仍是专科教育,当前"重学历、轻技能"的观念也使得人们对职业教育存在偏见与歧视。认为高等职业教育低于普通高等教育,是社会客观存在的普遍看法。能上本科院校,绝不上职业院校,考上职业院校,宁愿复读也绝不上职业院校,部分职业院校招生难是当今社会比较普遍的现象。从生源的角度来说存在着一定的不公平,相较于本科生,高职院校的生源在录取分数、综合素质方面存在一定差异,更易受外部环境影响,学习行为和学习习惯存在一定问题,学习能力相对薄弱,这些特质不利于职业院校学生的综合发展。

职业教育与闲暇教育有机结合体现在高等职业教育领域是要培养全面发展的"职业人",既要具备显性的职业技能和知识,同时离不开基本的人文素质以及职业态度和情感,而不是只懂技术片面发展的"工具人"。人文课程是培养人的职业道德和职业精神的教育活动。跨专业学习共同体中人员组成来自不同领域,通过设置丰富的综合性课程,教师与企业专家相互沟通配合,了解学生发展需要,能够较好地把握学生知识学习与技能训练之间的平衡,通过

---

① （美）托马斯·古德尔,（美）杰弗瑞·戈比著.人类思想史中的休闲[M].成素梅,译.昆明:云南人民出版社,2000:192-193.

跨学科方式促进教学,引导学生开展融合知识与技术教育的协作式学习。协作式学习包括正式和非正式的协作学习、跨学科研究、课程与学科之间的联系,其目标是促进学生形成课程与课程之间联系起来的意识。同时,学校是跨专业学习共同体实践得以实施的重要载体。形成师生平等交流的文化氛围,提高教师与学生进行知识共享的意愿,有利于完成跨专业学习共同体的构建。职业院校在构建跨专业学习共同体的过程中,可以充分发挥环境育人的优势,发挥隐性教育的优势,在潜移默化中对学生施加正面影响。

校园文化是全面育人的立德之根,在学校中为其成员体悟发挥着润物细无声的教育作用。培养以工匠精神为特点的校园氛围对高职院校学生的职业认知与身份认同起到潜移默化的作用,校园文化氛围建设包括相关的人际交往、学术交流氛围及跨专业互动等,是提升育人品质与效能的关键点。校园文化为载体在无形中滋养学生的内在品质,实现职业技能型人才的个性发展和人文素养提升。跨专业学习共同体还为职业院校人文素质教育的观念变革提供参考,提出人文素质教育的愿景,有利于学生在较好地习得操作技能的同时养成良好的综合素质。同时,教师为了保证学习共同体在实际教学工作当中取得良好的成效,还需要为学生树立起正确的价值观与人生观,从而端正学生对于职业教育的态度,不仅仅将职业教育当成一种谋生工具,使学生乐学好学,充分利用闲暇时间不断充实自我,在实际教学工作开展期间,教师适当性向学生渗透正确的职业价值观、闲暇教育观,提高高职院校学生对将来所从事职业的认同感,实现从敬业到乐业的态度转变。同时,加强学生的职业能力教育,关注时代变化对高等职业教育提出的新要求,从单一的对职业技能与知识的追求向"德技并修"转变,培养终身学习的能力,为学生的持续发展奠定良好基础。构建终身型职业教育与培训体系,高职院校要树立德技并修的教育理念,不仅要重视学生职业技能的培养,更要帮助学生形成良好的职业道德和职业精神,结合当下职业教育发展新理念,与时俱进,提高高职院校学生的竞争力,助力学生终身职业发展。

三、跨专业学习共同体的建设路径

打造跨专业学习共同体对于职业院校学生的发展具有重要意义,但是在构建跨专业学习共同体的过程中存在以下问题,尽管高校有对指导教师能力和职责等方面的要求,并且也会和企业指导教师沟通协商,签订协议,但是在具体实施上,高校很难对之进行有效监控。相对于传统教学成本偏高。除了远程学习,另外如部分时间制学生的管理成本和教学成本高于传统全日制学生;在先前经验学习评价所需的管理和评价时间上的花费远远多于普通的教学评价;由于要聘请企业的指导教师,统一学习的可能性小,需要实习企业的支持,需要更多的设备配置和管理,成本比传统学术教学要高。因此,高校的工作若一旦失去政府和企业的资金支持,就很难得到持续发展。跨专业学习共同体涉及多个利益主体,不同的利益主体对质量的看法和要求是不同的,甚至是相对立的,因此,建立统一并且大家认同的有效的质量标准,相对困难。其次是质量评价的困难。相对于传统学术教学,在教师的能力和素质要求、相关的学术制度保障、课程和教学内容的选择、评价方式的信度和效度上,难以评价和监控。[①]

---

① 何杨勇.英国高等教育中的工作本位学习研究:A study of work-based learning in higher education of the UK [M].杭州:浙江大学出版社,2015:26.

（一）支持性及共享的领导是建立跨专业学习共同体的重要前提

在跨专业学习共同体中，代表理论智慧的教师和代表实践经验的专家是共同本的核心领导，这些各自领域的指导者与学生建立平等的关系，共同体成员之间相互信任，充分进行交流，形成良好的伙伴关系。关键时通过引领、点拨，促进理论与实践的交流逐步深化，支持性条件决定了共同体进行学习及创造性活动的地点与时间及组织方式。大体而言，支持性条件包括共同体所处的物质环境因素以及人文开发能量。

（二）共享的价值观和愿景是跨专业学习共同体得以建立的一个重要因素

为了充分发挥共同体的作用，必须明确全体成员的价值取向，使拥有不同教育背景的教师、学生、行业专家能具备一致的文化认同感。企业文化与校园文化融合发展，一方面在高职院校校园文化建设中渗透企业服务及契约精神，帮助学生更好理解企业文化，同时借鉴企业中高技能高素质人才的培养理念、研修实践；另一方面是将学校教育文化引入企业，促使企业中每个成员都养成持续学习的习惯，顺利解决在工作中遇到的问题，不断创新与试错，改善与提高其适应变化的能力，具备终身学习的观念，同时促进学习型企业的形成。跨专业学习共同体成员包括行业专家及专任教师，具有共同的愿景，是为了加深对教育教学问题的理解逐步走到一起，一方面，实现理论与实践的结合，以理论知识为指导用以解决实践问题，另一方面，将实践智慧提升到理论的高度，使理论不断完善，为实现理论与实践的完美融合，取长补短，促进自身的专业成长，便是共同体所有成员的信仰。

（三）形成合作学习的氛围，跨专业学习共同体的本质特征是基于合作又超越合作，鼓励不同学习个体之间的合作与分享，将合作视为整个知识意义建构的实质所在

学习过程是一个交流的过程，成员们在交流中相互学习，在学习中不断进行思考，在思考中产生新的观念，在交流过程中不断提高自己的水平。

（四）由于职业教育关注对于学生岗位适应和职业迁移能力的培养，所以需要建立基于实习场的专业学习共同体

实习场的设计应该是基于真实的工作环境，模仿从业者真实活动的学习环境，或借助信息技术设计仿真环境为学习者的学习提供真实情境，提高高职院校学生的体验感与参与感，以保证知识向真实情境迁移，可以通过将学生带进相关的企业，让学生与企业的专家建成跨专业学习共同体，从而将实践与知识更好地进行融合。[①]

（五）资金的持续性注入是维持跨专业学习共同体运行的必要支撑，以满足人力物力的投入

企业属于营利性机构，无法为共同体持续无偿提供资金支持，因此，这种公益行为的发生需要政府采取行政干预的手段。同时，由于企业的营利性行为，政府可为企业提供资金帮扶，在税费上予以补偿，从而调动企业参与积极性，同时从政策上肯定企业在合作中的付出，为行业协会提供弹性帮扶，使企业在与学校的合作中实现双赢。最终，建立以政府引导，行业协会主导，企业、学校协同参与的外部环境，以促进职业院校跨专业学习共同体的构建。

---

① 熊静雅.学校学习共同体的表现性评价研究［D］.天津师范大学,2020：09.

第二节　学习、工作与家庭及社群的良性互动

科技革命的加速发展使社会逐渐步入智能化时代,培养职业技术人才的职业教育目标已不能满足时代发展需求,智能技术的大范围使用,随之而来的是生产效率的提高,闲暇时间的增多,并且随着在终身学习观念的影响下,职业教育具有终身性和全民性的特点,贯穿我们的一生,如何利用闲暇时间满足学生日益增长的精神需求,掌握职业技能,实现"德技并修",培养全人的育人目标,单依靠学校这个教育组织是无法完成如此庞大复杂的任务,而是必须依靠相关的组织结构,形成合力,满足学生对教育的多样化需求。除了学校以外,家庭、社区等机构都应承担相应的教育责任。

一、学习、工作——融合职业教育与闲暇教育的有效方式

职业型人才培养是高等职业教育发展的目标,这决定了从教育行政部门到各职业院校对学生"谋生"技能的强调,而忽视对学生"乐生"能力的培养,对有利于提高学生闲暇生活质量,改善生活品质的人文教育重视程度不够。因此,在高等职业教育中,不仅要关注培养职业型人才的技能教育的发展,同时有必要加强闲暇教育发展,勉励学生敬业乐生,这是高等职业教育的内在要求,也是实现高等职业教育健康发展的重要前提。

(一)学习、工作在融合职业教育与闲暇教育过程中的认知误区

1. 职业教育取代闲暇教育

闲暇教育是使人们充分地拥有自由和获得自我发展的机会。智能化时代生产效率的提高使闲暇时间增多,学生获得了更多的闲暇时间,但教育评价机制对分数的"倚重"和社会对劳动者知识水平、职业技能的强调,又使职业院校学生不得不将闲暇时间变为学习时间。闲暇教育脱离本来含义成为学业教育的延伸或为未来从事某种职业做准备的训练教育,学生的个性化成长及全面发展没有受到应有的重视。闲暇教育功能的异化使高职院校学生陷入闲暇时间越多,身心反而越疲惫的困境,教育不再是关注个体"成为人"的教育,而是更为关注教育的工具价值,强调使人成"器"。使个体获得自我发展的机会从而实现自我价值是闲暇教育的重要目标。在中国人看来,休闲——是心灵的驿站,在这里,你可以驱逐精神的劳顿,安抚疲惫的心,[1]或者得到一次精神的解脱,或者促进一次精神的升华。休闲之时,或奔赴大自然的怀抱,或安卧于树荫下的竹椅上,或沉思,或对饮,或交谈……。因此,青少年闲暇教育要与职业教育协同发展,不能用工具性学习挤占学生的自由发展的时间。

2. 闲暇技能的习得教育取代闲暇价值观的教育

帮助人们树立正确的价值观念,从而选择高尚的生活方式是闲暇教育的宗旨。然而人们对于闲暇教育的理解存在一定误区。人们误认为,休闲知识及技能的掌握等同于学会休闲;只要为学生开展具体的活动,他们就能从中形成正确的闲暇观念。这种用"何以休闲"的技能教育替代"为何休闲"的价值观教育,只会使休闲教育在知识和技术的"利诱"下走向功利化、庸俗化,而失去对学生精神世界的观照和价值理念的构建。约翰奈斯比特曾预言:"21世

---

[1]　马惠娣.人类文化思想史中的休闲——历史·文化·哲学的视角[J].自然辩证法研究,2003(01):55-65.

纪是要我们必须学会把技术的物质奇迹和人性的精神需要平衡起来。"①闲暇教育不仅要使学生学会利用闲暇时间,开展闲暇活动,更要使他们思考"为何休闲",并从思考中确立正确的闲暇观念,促进其精神成人和自我的全面发展。

3. "学习""工作"概念本身的异化

教育目的决定教育活动的最终导向,影响并制约着整个教育活动过程,在价值理性观念的引导下,教育目的追求人的社会化和现代化发展,要求实现个人价值,阶段性目标的达成是工具理性教育目的的重要体现。"唯成绩""唯升学"的教育生态无疑是工具理性的教育目的,对于分数、升学的过分追求造成教育目的短视。基础教育目的出现偏差导致"学习"本身的异化,课业负担过重不仅给学生同时也给家长和教师造成负担,中小学生将学习与沉重的课程内容相联系,学习不再是个体的主动需求,学生难以将学习与兴趣联系起来,"厌学症"等心理疾患不断产生。自发性、创造性和新颖性的活动更不容易发生,学生无法利用闲暇时间开展趣味活动,闲暇时间的增多成为学生的一种负担。②

马克思认为人类真正的幸福是通过自身劳动实现的。幸福不仅在于享受劳动创造的成果,还在于能够在劳动创造过程中展现自身的才能,人们常常在创造性的劳动过程中感受幸福。因此,只要劳动是人自由自觉的活动,劳动强度维持在适度的范围内,劳动本身就是一种幸福。但当劳动被异化,劳动不再是自由使用个人的体力和智力,劳动者便丧失自主性。学习是学生劳动的表现形式,学习本身的异化导致劳动观念的变化。在功利主义的目的主导下,大部分职业劳动者即使拥有更多的闲暇时间,但是也无法适应,甚至成为生活的负担。③

（二）通过学习、工作融合职业教育与闲暇教育的发展思路

非闲暇时间的学习直接指向将来的职业活动,因此,必然受制于某一专业和某几种学习形式。闲暇时间的学习更加灵活,学习形式多样。在闲暇时间的学习中,学生的选择倾向于自己的兴趣爱好,包括阅读课外书籍、参加校内外讲座等形式满足求知欲望,培养审美情趣;或通过与志趣相同的同学交流合作完成创新型任务,深化对某一学科内容的理解。可见闲暇时间的学习因其形式的多样化与内容的丰富性使学生的文化品位、专业素质和创新素质等都能得到很好的培养。

1. 学习观念——树立终身学习的理念

随着社会科技的发展,职业教育也出现了新的特点,职业教育是一个连续不断的发展过程,不再只是局限于职业院校提供的职业教育,它不再受时间和空间的限制,职业教育可以发生在就业前,也可以发生在就业后;职业教育不仅可以发生在职业院校内,也可以发生在工作场所、家庭等诸多环境。职业教育不仅仅是某个时间段的教育,而是贯穿于人的一生的教育活动,其强调的不仅是知识和技能的学习,更重要的是形成正确的职业教育观念以及实现个人素养的提高,发展人的能力使其终身受用。科技革命加速到来使社会逐渐步入智能化时代,人类和智能机器在工作场域的交涉较之机器生产时代更为密切,这意味着职业教育传授

---

① 刘海春,吴之声. 休闲教育:青少年自由全面发展的必修课［C］. 中国自然辩证法研究会,2015:148.

②③ 马陆亭,郑雪文. "双减":旨在重塑学生健康成长的教育生态［J］. 新疆师范大学学报（哲学社会科学版）,2021（01）:12.

合格的职业技能已经无法满足需求。智能技术在人们生产和生活等方面的大量应用,随之而来的是劳作时间减少而休闲时间增多,如何在闲暇时间满足现代人日益增长的精神、物质和文化需求,学会并利用闲暇成为新时期职业教育不容忽视的重大转向。

终身学习教育思想在不断深入发展的同时也在影响着其他教育的发展,职业教育的发展也在终身教育思想的影响下不断发生着变化。随着社会经济的发展,传统化的职业教育已经不能满足社会发展的需要,因此,职业教育的终身化发展越来越受社会各界的重视。事实证明,现代职业的运行周期越来越短,职业生涯也相应地变短。过去人们认为的终身职业已经不复存在,一次性的学校教育解决一生的就业问题已经是不可能的了,智能时代的职业教育要求培养个人终身学习的能力,职业教育应覆盖个人职业生涯的整个阶段,为应对快速变化的职业要求做好准备。此外,终身学习应当成为职业院校学生合理安排闲暇时间的价值导向。终身学习是时代发展和社会进步对人提出的要求,学习时间将从固定单一与结构性过渡到灵活多样与适应性的组织形式。对学生而言,时间结构的整体形态将突破学校制度化的藩篱,变得流动和开放。闲暇时间与学习时间之间不再界限分明,而是互相嵌入和渗透。学习并非单纯显性知识与技能的学习,学习的本质是保持好奇心、求知欲和开放性,是不断自我完善的过程,通过学习推动人走出惯习之地、超出个人已有认知、打破僵化思维。面对时代的变革,终身学习也具有了新的内涵。[①]

2. 学习方式——正式学习与非正式学习相结合

正式学习与非正式学习相结合,对于实现职业教育与闲暇教育有机结合具有重要作用。"非正式学习"没有固定的时间和场所,是相对于正规学校教育而言,"非正式学习"是在工作、生活、社交等非正式学习时间和地点接受新知的学习形式。非正式学习来源于日常工作、生活等经历,描述了个体培养态度、收获价值、学会技能、获取知识的终身过程。与正式学习形态相比较,非正式学习具有非确定、模糊、开放、混沌等特征。通过正式学习与非正式学习引导学生进行职业技能实践以及学习形成正确的闲暇教育观念,让学生把课堂学习到的理论知识应用到实践当中去,对自己的实践成果在同学之间进行相互交流,锻炼他们的社会交往能力,将隐性知识显性化,可以使个体知识实现社会共享,可以促进和推动学习型组织的建构,最终实现学习者学习能力的提升和团体效益的增长。[②]

3. 学习内容——职业知识与闲暇理念并重

德技并修是现代职业人发展的目的取向。首先,职业院校要注重培养学生的职业能力,掌握扎实的职业知识,根据社会经济发展需求调整课程内容、教学目标和教学方式,与时俱进。其次,学校不仅要在日常的教育活动中渗透正确的闲暇价值观,帮助学生确立正确的闲暇态度和行为方式,同时要鼓励学生发展自己的兴趣爱好,形成适合自己的闲暇生活方式。学校的教育原则应该是,既要加强对学生闲暇生活的引导,又要给予学生充分的自由,从而才能真正促进每个学生个性的发展,进而实现其全面和谐发展。[③]

---

① 孙长远. 论闲暇教育对高等职业教育内涵发展的作用[J]. 职教通讯,2012(10):04.

② 高淮微. 非正式学习分析与设计——教学设计研究与实践的新领域[J]. 浙江外国语学院学报,2009(06):19-26.

③ 邵方益. 终极关怀视野下高职学生的闲暇教育[J]. 教育探索,2008(05):02.

4. 工作方式——做中学

"高素质劳动者和技能型人才"是高等职业教育的培养方向,高等职业教育的属性决定了以工作过程为导向的职业能力与职业素养将贯穿于高职学生职业发展始终。如1996年,联合国教科文组织强调完整的教育应包括工作教育,而"做中学"是提高学生实践能力的一种重要教学模式,这种教学模式的价值不仅在于其实用性,同时有利于学生找到学习价值,激发学生的求知欲,该种教学模式对于提升学生解决问题的能力以及工作适用能力具有显著效果。因此,"做中学"的教学模式适合于强实践、重操作的职业教育。[①]

（1）为学习技能和知识而"做","做中学"是高职院校学生学习的主要方式。通过真实情境中问题的解决来"学",通过"做"不断提高实操技能。高职院校通常以任务驱动为主,学生观察和模仿教师的演示过程,学会"如何做"。教师在"做中教",学生在"做中学",教师通过"做中学"的教学模式,直接指导学生职业技能的操作训练。随着学生知识的积累增多,要求学生提高自主学习能力,搜集相关专业资料,用以指导自己的实践操作。一方面加强学生对专业知识的理解与深化,另一方面提高学生实践操作的熟练性和准确性。学生通过"做",可以发现自己在实践中的不足,激发学生的求知欲,主动学习和研究本专业相关内容,同时还可以加深对专业内容的理解与应用,实现理论与实践的结合。"做中学"不是机械的重复性劳动,而是创造性地学习和解决问题过程,在"做"的过程中同时获得技能和知识。职业教育注重实践能力、职业能力的获得的培养目标在"做中学"过程中得到了体现。

（2）为提升学生职业素养而"做"。行为心理学研究表明,一个行为重复21天会基本成为习惯,90天后习惯基本稳定。[②]"做中学"的教学模式发生在真实情境中,因此,为保证学生学习效果,课程设计必须使学生的校内学习与校外实训形成完整闭环。根据职业素养的要求,高职院校学生在实践过程中,通过亲身完成完整的工作项目,学会学以致用、与他人合作、创造性解决工作过程中的问题,激发学生的求知欲,培养学生的团队合作意识,帮助学生确立正确的职业观念及职业态度,从而实现育人效果。如果说掌握熟练的职业技能可以造就一个合格的职业技术人才,那么职业精神则可以促进个体向"德技并修"的全人发展。通过"做中学",帮助学生建立对工作的高度认同感,乐业精神是建立在对工作的高度认同以及自觉维护职业尊严基础之上的,将职业作为乐生之道,而非谋生之道,是敬业精神的最高境界。[③]在陈桂生教授看来,闲暇育人观中,谋生仅是手段,乐生才是目的。[④]"乐生"强调人的终身发展、指向人的一生幸福生活。使敬业与乐生融通,在闲暇时不断充实自我、找到自我、完善自我,尤其是职业道德、职业素养的闲暇学习,这对实现乐生起价值引领作用。

二、家庭——融合职业教育与闲暇教育的重要场所

学生的教育和发展需要学校、家庭和社区的共同支持。而教育生态学强调人、教育以及环境的关系,家庭是学生成长的重要一环,高校在培养学生的过程中要重视学生所处的家庭

---

①　丁金昌. 高职院校基于"做中学"的教学模式改革与创新[J]. 中国高教研究,2014（01）:03.

②　丁金昌. 高职教育供给侧改革及其实施路径[J]. 高等工程教育研究,2019（01）:05.

③　王磊. 敬业价值观的马克思主义理论意蕴与当代弘扬[J]. 学术论坛,2016（02）:04.

④　魏慧慧,朱成科. 闲暇教育的反思与路径重构[J]. 教学与管理,2020（33）:03.

环境,家庭承担着保护学生不受外界不良影响及适应未来社会发展两大责任。然而事实上,人们希望教育体制能够服务于全民,正如人们希望娱乐和休闲能够弥补生活中可能出现的盲目、无聊或不快那样,他们也希望学校能够填充因其他体制无力做到而造成的种种缺失。在过去,像家庭、社区等场所对青少年的成长与发展发挥着潜移默化的作用。而且,在现在的许多场合之下,它们还扮演这样的角色。然而,它们往往做不到这一点,于是,它们的功能转到了学校头上,这种事实所导致的结果之一是迫使学校承担太多的事务。早在1829年,耶鲁大学的教师们就曾说过:"对许多重要东西的掌握不是在学校通过讲授来完成的,因为学生在其他任何地方都可以学到它们",然而,令人遗憾的是,现实并非如此。①

(一)家庭作为职业教育与闲暇教育有机结合的重要场所存在的必要性

闲暇时间的增加使得高职院校的学生在缺乏教师的管教下无所适从,学生缺乏明确的目标,不知该如何利用智能化时代逐渐增长的闲暇时间,更有甚者沉溺于网络游戏而无法自拔。古人有"逸则淫"的训诫,也有"自古英雄多贫寒,自古纨绔少伟男"的俗语,自古以来,人们就认识到,生活过分安逸、闲散易滋生邪气,不利于人才的培养。② 环境是影响个体发展的重要因素,特别是刚进入高职院校的新生,正处于外部环境发生重大改变的时期,如果缺乏正确的引导,极易导致问题的出现。③ 由此创建合适的、有针对性的学习支持服务显然是十分重要的,这里的学习既包括专业知识、科学认知,同样包括社会实践、心理素质、人际交流等,是全方位、多层次的学习。学生即将步入社会,需要面对社会的各种挑战,学习行为的发生不仅局限于学校,家庭是学生接受教育的重要场所,学生需要家长的帮助和家庭的支持,从家庭教育角度切入满足学生学习支持上的各种需求。④

家庭是学生接受教育的最初场所,家庭教育在各国都占据重要地位,相较于学校教育,家庭教育是贯彻终身且居于经济制约关系之上的教育,因此,从对学生影响的程度上看,家长的影响力往往高于教师。学生从出生时就成为家庭教育作用的对象,对学生的基本生活技能、价值观的形成以及个性发展具有非常重要的作用。通过共同生活,家庭对学生的影响持续不断地进行,贯穿个体成长的一生。因此,家庭教育不仅具有启蒙性,同时具有终身性。个体的启蒙教育主要来源于家庭并伴随个人成长的终生,家庭教育水平的高低间接影响学生在校教育质量,家庭教育与学校教育相辅相成,家庭教育作为学校教育之外的重要环境因素,是学校教育向外发展的延伸,是影响学生接受学校教育质量的关键因素。健康合理的家庭教育及良好的家庭氛围能为学校的健康发展提供支持。

随着社会科技的发展,职业教育具有终身性的特点,职业教育发生地不再局限于职业院校内部,职业素养的形成及职业观念的确定离不开家庭的熏陶。职业院校从学生进入职业院校开学那一刻便进行敬业方面的指导,具体表现为开展全程性的职业生涯指导。高职院校通过对学生进行职业指导使学生对所学专业进行初步了解,激发学生对专业学习的兴趣以及将

---

① (美)托马斯·古德尔,(美)杰弗瑞·戈比著.人类思想史中的休闲[M].成素梅,译.昆明:云南人民出版社,2000:204.

② 徐雪晶,孙长远.高等职业教育中闲暇教育的意义、问题与对策分析[J].幸福生活指南:高等职业教育,2011(05):04.

③ 赵虹元.国外的闲暇教育研究及对我国教育的启示[J].教育评论,2004(04):96.

④ 窦英心.高校家校合作中的学习支持服务[D].东北石油大学,2018.

来从事职业的憧憬，根据学生的能力及个性特征选择适当的专业，形成正确的自我认知，帮助学生树立正确的职业观、择业观，提高竞争意识。单纯强调学以致用易导致教育目的的功利化取向，为了实现个体的全面发展，必须把学生的职业发展与业余生活结合起来，避免个体的单一化发展。家庭的闲暇教育水平影响个体业余生活的质量，在职业教育体系中积极开展闲暇教育是社会发展的必然趋势，是实现劳动者个体全面发展的需要。两者的结合对推动我国职业教育发展有着重要的意义。

（二）家庭是促进职业教育与闲暇教育有机结合的实施路径

学生价值观的形成与家庭教育息息相关，职业价值观和闲暇理念作为学生价值观的一部分深受家庭教育影响。所以，提升学生的职业价值观，引导学生形成积极向上的闲暇理念，家庭教育必不可少。[①]

1. 创建家校互动协作模式

动员各方力量优化社会环境，构建学生闲暇生活的新格局。闲暇生活中的职业素养培育是自我开发式的教育，科学的闲暇生活既使闲暇主体从客体身上不断创造出适应社会发展需要的思想、道德、生态以及法治环境，同时又使其本身在这种优质的环境中得到最自由、最全面的发展。职业院校应积极引导学生积极主动地进行闲暇活动，在活动过程中挖掘闲暇活动中渗透着的职业素养资源，内化于行，通过实际行动不断巩固学习成果，在潜移默化中影响自身生活观的积极转变，促进自身可持续发展。职业生涯中有一部分闲暇生活是在家庭中度过的。家庭教育作为学生的启蒙教育对学生成长发展至关重要，在职业选择及职业素质培养方面的作用不可或缺。通过学校的指导，家长要高度重视学生闲暇生活的质量高低与成人成才的关系，形成正确的闲暇生活理念，帮助和引导他们树立科学合理的闲暇生活方式。

2. 发挥父母的教育影响作用

（1）要选择适当的教育方法，父母与学生的交流障碍，具体表现在家长对学生的期望值过高，又缺乏严格要求与耐心教育相结合的方法。部分职业院校学生认为自己回家除了吃饭睡觉、玩游戏，什么都不想做。学生缺乏学习动机，不能合理利用闲暇时间提升自己。所以，家长与学生积极交流沟通，通过言传身教的教育方法引导学生形成正确的闲暇观念，摆脱无所事事的状态，使学生能够充分利用闲暇时间发展自己的兴趣爱好，积极主动接触未来从事职业的相关信息，不断提升自我，最后在接触过程中形成正确的职业理念。

（2）提升父母自身素养。父母自身的行为方式对学生成长发展具有潜移默化的作用，言传身教是家长对学生进行教育的重要方式。因此，如果父母想帮助学生在日常生活中确立正确的职业观念，首先要提升自身文化素养，对社会主流的职业观念进行了解，并在日常行为中表现出积极向上的职业责任感和职业观，引导学生形成正确的职业认知。此外，家长要与时俱进，紧跟时代潮流，了解不断更新的职业观念和职业岗位，帮助学生做出正确选择，达到良好教育结果。

（3）树立正确的教育理念。我国已进入数字化、信息化时代，闲暇教育开始逐渐受到重视，促进职业教育和闲暇教育的有机结合以培养全面发展的人才是教育发展的必然趋势。全面发展的人才既要有职业素养，又要具备闲暇能力，而家庭是发生闲暇教育与职业观念的重

---

① 富勒.家庭与学校的联系：如何成功地与家长合作[M].中国轻工业出版社，2003：08.

要场所。因此,父母需帮助孩子选择适当的职业,培养正当的职业价值观,注重职业的长远发展。另外,父母在与孩子的交流过程中,不能仅仅将自己的观念直接强加给孩子,需尊重孩子自己的观点,共同进行选择,给予孩子充分发展的条件,在闲暇时间中选择适当的兴趣爱好予以发展。

三、社区——通过社区教育引领职业教育与闲暇教育有机结合

20 世纪 60 年代后,国外一些学校的教育目标定位在终身学习的维度上,强调自学能力,在社会中进行自我定位能力等的培养。这样,就开始了学校社区沟通和互动的时代,增进学校与社区的合作与交流成为世界的潮流。在我国,1980 年前后,伴随改革开放,信息渠道多样化,人们注意社会环境和社区环境对教育产生的影响间接影响个体发展,当社区环境与学校教育形成合力有利于提高个体德育效果,反之则不利于个体德育发展。因此,育人任务的完成需要社会各方参与,包括家庭、社区等其他外部力量,仅依靠学校一方难以完成育人任务。学校教育从封闭走向开放并向外延伸。1985 年 5 月 27 日颁布的《中共中央关于教育体制改革的决定》(以下简称《决定》)指出:"教育体制改革的根本目的是提高民族素质,多出人才、出好人才",要求"经过改革,要开创教育工作的新局面,使基础教育得到切实的加强,职业技术教育得到广泛的发展,高等学校的潜力和活力得到充分的发挥,学校教育和学校外、学校后的教育并举,各级各类教育能够主动适应经济和社会发展的多方面需要"。这个《决定》的发表为社区教育的发展提供了新的契机,丰富了学校与社区互动的形式。1990 年以来,部分国家和地区提倡学校和社区由分离走向整合,从学校角度讲,学校教育从封闭走向开放并向社区延伸成为一种新趋势。[①]

(一)社区参与职业院校教育育人的必要性

社区参与职业院校教育,通过营造良好的文化氛围实现间接育人的目的,社区作为学校教育的延伸参加职业院校教育的内容主要指作为学校教育的补充主动参与学校职业教育过程。和谐的人际关系、积极向上的闲暇活动及良好的文化氛围潜移默化地塑造学生形成健全的人格及高尚品质,对学生的健康成长至关重要。社区参与职业院校教育育人,不仅间接影响学校育人过程,而且可以通过向高职院校开放社区的公共图书馆、文体中心等场馆设施,开展公益讲座、读书日等活动直接参与学校教育过程。整合社区内的各种教育物质资源和人才资源,为人才培养提供物质帮助和智力支持。社区结合当地发展实际,丰富闲暇活动内容,创新发展职业教育理念,充分体现社区参与职业院校教育的必要性。[②]

在实施内容上,社区教育与学校教育相比内容更为广泛,与社会生活关联紧密,几乎涵盖了学校教育内容以外的所有教育。社区教育内容具有针对性、实用性(强调社区发展所需要的技能性教育内容等),关注社区成员的实际需求,目的在于提高社区成员的生活质量及素质。学校教育的教育内容要求学生掌握完整的知识体系,具有全面性、系统性、学科性等特点。另外,从实施时间看,社区教育时间更为灵活,个体终其一生都要接受社区教育,而学校教育时间较为固定,具有阶段性特征,根据个体年龄阶段和知识接受水平不同划分为不同等

---

① 刘淑兰.学校与社区的互动[M].成都:四川教育出版社,2003:63–64.
② 刘淑兰.学校与社区的互动[M].成都:四川教育出版社,2003:69.

级,具有一定修业年限。社区教育与学校教育并不是两个孤立的系统。社区教育和学校教育不是绝对对立,而是互不冲突、共同发展、同时并进的。学校教育与社区教育相互补充,形成合力,共同助力学生的全面发展。

(二)创新社区教育引领职业、闲暇教育有机结合发展的理念与思路

1. 秉持教育宗旨,强化服务职能

职业院校参与和服务社区教育,是贯彻职业教育法、履行社会职能的必然要求,是党和国家依靠人民办教育、发展教育为人民根本宗旨的具体体现。智能化时代,大学离开象牙塔由边缘参与向中心发展,校园逐渐由封闭走向开放,体现在高职教育中表现为职业教育与社区教育的融合发展,改变单一学历的传统观念,形成学历教育与非学历、正式与非正式教育并存的教育状态,通过学校教育与社区教育融合发展,实现教育对象、管理、资源等全方位地开放与交换,建立与社区教育相衔接的发展机制,发挥社区教育优势,构建终身学习的社区环境,做好高职院校学生职前准备工作,同时,注重闲暇氛围的营造,使社区成员敬业、乐业。①

2. 坚持以人为本,促进全面发展

联合国教科文组织在第二届世界技术与职业教育大会中倡导贯通职业教育与闲暇教育,实现人的全面发展。社区教育引领职业、闲暇教育有机结合发展,不仅要关注前沿技术发展、实现产业转型升级,开展以操作技能、职业素养和就业创业能力为重点的职业教育和培训,发挥其内在的工具性价值;更要关注社会生活方式及职业理念的转变,关注个体的情感、道德等精神文化需求,高职院校与社区合作,统筹规划职业教育与社区教育的资源、课程和形式,发挥其人文性价值。②

3. 推动多方参与,实现互惠共赢

职业院校引领和参与社区教育,一方面,通过开展社区服务、网络教学等方式,发挥高职院校社会服务职能,提高参与程度,扩大社会影响过程;另一方面,社区通过为学生提供实践学习机会、提供社会反馈等向高职院校师生开放,进行人才、文化等资源的交流和共享,为高职院校办学提供支持。当前,发挥社区教育引领职业教育与闲暇教育有机结合,需推动多方参与,通过外接高职院校职业教育,内联家庭教育,以教育服务为路径,确立共同愿景和职业价值理念,建立符合各利益主体的行动框架,促进社区文化生活的新发展和管理模式的新转变。③

职业教育的发展在终身教育思想的影响下不断发生着变化,传统化的职业教育已经不能满足社会发展的需要,并且随着科学技术的发展,个体的闲暇时间增多,如何利用闲暇时间实现个人发展成为闲暇教育关注的重点。对于职业院校的学生而言,要想实现把职业技术人才培养成为全面发展的人才,将职业教育与闲暇教育有机结合是实现把职业技术人才培养成为全面发展的人才发展,而学习、工作与家庭及社群的良性互动是职业教育与闲暇教育有机结合的恰好路径。

---

①②③　曹鸿骅,陈乃林. 融合发展:高职院校引领城市社区教育的战略选择[J]. 教育理论与实践(学科版),2015(07):03.

第三节 学校与行业企业及其他组织的跨界融合

在我国,职业教育在人才素质、层次和质量上不能充分满足产业高质量发展,在这种背景下,国家出台了《关于深化产教融合的若干意见》和《国家职业教育改革实施方案》等政策文件,强调产教融合的重要性。[①] 高职院校是培养高技能人才的主要场所,但是智能化时代,随着产业转型升级,职业技能和职业观念不断提升,对职业人才的培养提出了新要求,高等职业教育的培养目标从单一的职业技能向全面化发展。单一的教学环境不能满足学生发展要求,企业的参与有利于将产业的前沿知识、技能、管理和企业文化带入实际教学过程中,并为学生提供真实工作情境,满足学生多方面诉求。

一、学校与行业企业及其他组织跨界融合的内涵

高职院校承担着教育普及化的重任,多而不强,主要包含两方面的问题:职业教育与通识教育有机结合不足。其一是过弱的通识教育和过窄的专门职业教育使得学生知识面狭窄、适应能力不强、跨界整合能力匮乏。其二是人才培养与工作世界融合不足。高校人才培养与企业脱节,不能满足企业发展对高技能人才的需求。企业缺乏参与高职院校办学热情,校企双方缺乏稳定长效的合作机制,师生在企业资源获取方面存在困难。[②] 这两个不足使得职业院校培养的学生沟通协调能力不强,特别是跨界整合能力、批判能力、创造能力等高阶思维能力缺乏,无法通过企业实践了解企业文化及职业精神,无力支撑国家对高技能人才的需求。

边界效应理论聚焦于边界的存在,引起跨越边界的同质要素产生量变或质变的现象。[③] 从组织角度看,跨越边界强调开放。要求利益相关者形成利益整体,进行资源的共享与融合,同时使信息等资源跨越边界实现自由交流,快速整合组织资源并灵活调动。[④] 当前全球信息化已经进入全面渗透、跨界融合、加速创新和引领发展的新阶段。跨界融合无法进行,受制于封闭的边界资源的流动也难以实现。根据边界效应理论,大学是开放系统,大学内部之间要相互开放,包括学科与学科之间、学院与学院之间等,而且大学与外部社会之间也要相互开放,通过与外界交流实现资源、信息的交流与置换。与行业企业有着鱼水关系的职业院校更要开放办学。

高职院校与企业行业的跨界融合是高等教育系统与外部环境的跨界融合。跨界是融合的基础。没有跨界就不会融合。只有跨界后才能产生大量新的信息,然后对各要素进行重组、整合,这样就有了融合。跨越边界后,各种变化进行不同的组合,产生新的知识、新的模式、新的体系等。跨界融合的本质就是创新。跨界首先需要双方互相开放,融合也不仅仅是各要素间的简单组合,而是各要素间的深度交融。在高等教育系统与外部环境的跨界融合中,主要是产教融合。产教融合是一种企业与高职院校深度合作的方式,强调双方协同育人。李玉倩等人认为,产教融合必须是跨界融合,平台的构建需要多方利益相关者参与,既需要政

---

① 羌毅,姜乐军.产教融合中高职生文化资本再生产的基本范式探析[J].职教论坛,2021(02):149-155.
②③④ 白逸仙,耿孟茹.跨界融合:"双一流"建设高校教改新方向——基于40所高水平工科行业特色型高校的实证分析[J].湖南师范大学教育科学学报,2020(04):08.

府、行业企业以及高校的参与,也需要财务金融等生产服务部门的参与。因此,只有实现高职院校与外部企业行业的跨界融合,加强高职院校与企业行业的深度合作,才能培养出符合高职院校与企业行业两者需求的高素质人才,从而实现科研成果的转化,助力实体经济的发展。[1]人才培养应该是产教融合的初心和使命。

二、学校与行业企业及其他组织跨界融合的必要性

(一)培养职业人的需要

高职院校通过与企业深度合作培养提高学生的职业技能和职业素养,在职业能力不断提高的过程中,学校对具有学科性的专业知识和程序性操作进行讲授,企业对学生的培养更多体现在具体的工作岗位上,在"做中学"的过程中进行职业技能与职业素养的培养,在较短时间内通过具体的实践提高学生的各方面素养,使学生随着实践积累的过程不断推进,能力水平层次不断提升。

(1)通过产教融合,学生有机会提前在实践中操作学习,锻炼实践技能,帮助学生将理论知识与实际情况相联系,提高知识的实用性,明白理论知识在他们的职业生涯中具有重要作用,促使他们更加努力学习、掌握知识技能,提高对学习的热情。

(2)在真实的环境中进行实践,不仅能够掌握职业技能,更重要的是能体验到真实的工作环境和社会人际关系,亲身尽力劳动的辛苦,对于职业环境有一个客观的认识,通过亲身体验了解企业文化,看到周围企业职工对待工作的敬业精神和高度的责任感、强烈的质量意识等平常理论学习了解不到的内容,使学生做好心理准备,毕业后能够迅速进入职业角色。

(3)通过学校与企业的跨界融合,利用假期闲暇时间,要求教师假期指导学生实习及教师个人顶岗实习,通过实习的形式融入职业素养教育,更有效地将闲暇教育和职业素养培育相结合,帮助学生树立科学的价值观和职业理想。

(二)培养全面发展的人才的教育目的

职业教育领域实施全人教育的基本方略,在新时代语境下,技术的变革、产业的升级以及社会竞争的加剧,要求职业教育毕业生拥有多方面的能力。过去强调单一能力发展不再适用于现代化社会对个人发展提出的新要求,学校要改变过去单纯强调显性内容学习的观念,强调闲暇时间的合理利用,以推动学生的全面与自由发展。在职业院校,学生在完成学校规定任务外,缺乏利用闲暇时间提升自身发展水平的意愿,不愿给自己增加额外的学习内容,缺乏自主探究、勇于创新的精神,遇到难以解决的问题,缺乏信心、毅力与自主探究的精神。职业教育越来越偏向就业教育,就业率成为高职院校人才培养的风向标,在这种背景下,强调就业技能的职业教育往往忽视对学生精神世界的重塑。培养全人就是要在健全受教育者人格与心智的基础上,让个体生命的潜能得到自由、充分与和谐的全面发展,使被教育者成为有道德、有知识、有能力、和谐发展的全面发展的人才。对全面发展的人才的培养既是一种教育哲学,涉及教育的终极目的和根本价值问题,同时又是一种教育实践,着眼于课程设置、教育内容、教育方法等具体问题。培养既关注以社会为本,又关乎以人为本,旨在实现社会经济价值与

---

[1] 白逸仙,耿孟茹. 跨界融合:"双一流"建设高校教改新方向——基于40所高水平工科行业特色型高校的实证分析[J].湖南师范大学教育科学学报,2020(04):08.

人文精神价值的融合与统一。因此,在职业教育领域实现培养,并不是要将受教育者培养成仅仅懂技术会操作技能的、具有工具价值的职业技术人才,而是要更加注重发展他们的人文精神和人文情怀,注重他们的整体发展与全面发展。①

职业教育作为培养人的一种教育类型其特殊性在于职业性。因此,职业教育发展要遵循两个基本规律,即教育教学规律和产业发展规律。人的全面发展和个性化发展是教育的最终目的,遵循教育规律,就是要回归到以学生的全面发展和能力培养为根本价值取向上来。阶段性、迭代性是产业发展的基本规律,职业教育的发展必须顺应产业的发展需求,形成职业教育发展与产业转型升级良性互动的格局。因此,在职业教育领域实施全人教育,就必须抓住职业教育育人的特性,在遵循产业发展规律的基础上实现个体全面发展,从探索全人教育的内外部动因出发,深入了解职业教育内部实施全人教育的特点、类型以及模式,找出一个理想的理论模型与实施框架。②

学校与企业深度融合是培养全人的重要模式。职业教育领域的全人教育要求个体突破单一技能、知识的学习,是针对纯粹的就业教育、知识教育或者技能教育而言的,要求个体提高综合素质,实现全面发展。这种全人培养模式的实施以校企深度合作为基础,强调学校与企业的协同育人,从特色的课程模块出发改变学校生态,培养学生成为完整的人,即人格健全、情感丰富的人。产教融合是职业教育办学内在规律的体现,也是职业教育领域实施全人教育的关键点与支撑点,全人教育的目标、内容、方法、手段和评价等多个方面通过选择合理的校企合作模式得以践行。学校通过让学生到企业轮岗实习,通过合作完成项目,体验企业生产的真实场景与文化氛围,加深对职业的认知,将学校所学内容与真实实践相结合,强化专业知识的应用性,提高对专业知识的记忆,在工作过程中学习职业技能,培养学生的职业态度和职业精神,锻造他们的职业素养;企业通过派遣行业专家以及提供实习等形式参与学校教学过程,参与全人教育活动的全过程,通过学校的智力支持,进行产品研发,引进新技术、新工艺,实现技术设备的改造升级,让学生全程参与到企业的生产和研发过程,培养他们的工匠精神。③

（三）实现职业教育与闲暇教育有机结合的恰切路径

为将来从事职业作准备的职业教育,另一种是为闲暇生活做准备的闲暇教育。"消除这种二元对立的思想是民主社会的教育问题,因此,教育应该作为桥梁,连接工作与闲暇,职业教育和闲暇教育都要重视",学校与企业的跨界融合是职业院校促进职业教育与闲暇教育有机结合的恰切路径。

学校通过与企业合作,进行跨界融合,通过联合培养,帮助学生掌握专业知识并提高职业技能;此外,让学生完成创造性职业计划是促进学生全面发展的有效方式,创造性职业计划的完成需要运用学生综合能力,包括职业知识、职业技能和职业素养等。简单的重复性劳动是提升职业技能的基础,值得注意的是,越是单调的重复性劳动越不能将它作为最终教育目的,而是作为实现个体创新性发展的一种手段。此外,职业教育不能孤立发展,与德育、智育、体育、美育相结合,提升职业道德感,培养个体审美情趣,激发个人对将来从事职业的兴趣与热

①②③　李名梁.新时代语境下职业教育领域实施全人教育的挑战、逻辑及模式[J].教育与职业,2018（17）:06.

爱,从多方面的培养实现个人的全面发展。培养学生形成良好的职业素养,即教育学生要掌握一定的职业知识与技能、形成良好的职业习惯等。

学习者学会合理利用日益增多的闲暇时间使自身发生某种改变是闲暇教育的主要目的,这些变化通过学习者的知识、行为等方面表现出来,闲暇教育的发生不受时间和空间的制约,发生在任何时间、任何地点,包括正式与非正式的教育环境。例如,学校、企业等。总的来说,闲暇教育能有效地指导人们有价值地利用闲暇时间。教师在课堂教学过程中渗透闲暇教育的内容,挖掘学科材料中出现的闲暇教育知识,融会贯通,潜移默化地对学生施加影响,之后,把闲暇教育融合在日常课堂教学中,并把闲暇观念、有关闲暇的知识与技能教给学生,为学生打造丰富且具有教育意义的支持性环境,给学生提供选择的自由,让学生在一定范围和一定方向上进行自我选择、自主活动、自我发展。教育者在对受教育者进行教育时,既要重视职业教育,又要重视闲暇教育,把职业教育与闲暇教育结合起来,使人的教育真正为人的全面发展服务。[①]

三、学校、企业跨界融合的实施路径

（一）健全多元化办学格局,推动企业深度参与协同育人,凝聚职业教育所有参与者的育人合力,以学校文化、行业文化和企业文化感染学生,使学生从职业技术人才向兼具职业技能与职业素养向全面发展的人才发展

一方面,从职业教育的基本规律出发,要求学生不仅掌握将来从事职业所需的职业技能与职业知识等基本能力,同时还需具备必要的人文素养和科学素养,在实践过程中培养良好的职业道德和精神,形成团队合作意识,提升人际交往能力,激发出学生更多的发展潜力与自主创新能力,培养具有卓越职业能力和技术精神的职业人。[②]另一方面,倡导终身教育理念,充分利用闲暇时间,探寻生活本真与价值。终身教育应该是个体或团体为了实现自身发展而逐步提高并接近目标的过程,是个体通过接受正式教育和非正式教育不断提升自我的过程,终身教育也包含个体在发展过程中形成的个性特点和职业发展等。终身教育的意义在于帮助个体在漫长的人生中寻求自我价值与自我实现,而现阶段教育的发展进程与此理念相违背,个体更加关注教育的社会价值,寻求自身对于社会的适应性而不发掘个性。让技能渗透生活,将终身教育理念根植到个人生活的土壤中,促使个体关注当下自身生活与发展的内在价值与意义,寻求与周围世界的联系,从"抽象之人"转变成"具体之人",是技能型社会建设内涵的深刻意蕴。[③]倡导终身教育理念,是为了实现个体的可持续发展,智能化时代闲暇时间的增多要求个体学会学习、学会合理地利用闲暇时间提升自我,学习行为的发生不再局限于正式场所和课堂时间,要求个体在与外界积极互动的过程中找准自身定位,合理利用闲暇时间,开展闲暇活动,实现个体的全面发展。

---

① 冯虹,刘美佳.劳动、闲暇与教育[J].教育科学文摘,2021(01):02.

② 何茜,黄蕨.中西部职业技术大学提升人才培养能力的关键路径[J].西南大学学报(社会科学版),2021(06):108-114.

③ 李梦卿,余静.我国技能型社会建设的时代背景、价值追求与实施路径[J].中国职业技术教育,2021(24):05-11+25.

（二）要推动从传统的校企合作转变为多元主体协同的发展模式，整合产教融合的各类资源，建立多元协作的产教融合治理体系

职业院校的"专业和课程应根据社会经济发展的需要而不断进行革新，即使是传统专业，其课程资源也要根据市场对人才能力的要求而不断调整"，其内容把职业技能教育与闲暇教育所需要的知识和学生的个性化发展融合进去进行编排。职业院校要根据职业教育和闲暇教育的特点对课程进行整体设计，所涉及的内容需要把职业技能知识和闲暇知识相融合，请企业、科研机构和社会参与，按照服务全面发展的人才教育和学生个性化发展进行课程教学内容和方式的设计，构建系统化的促进职业教育和闲暇教育有机结合的课程体系。资源整合理论源于企业经营管理理论，是指对不同来源、不同层次、不同结构、不同内容的资源进行识别与选择、汲取与配置、激活与有机融合，使其具有较强的柔性、条理性、系统性和价值性，并创造出新的资源的一个复杂的动态过程。① 产业链与教育链往往是不可分割的。以校企合作为基础，发挥政府、行会等多元组织的协调作用，有利于汇集优质教育资源，合力助推多元人才的培养。

（三）明确人才培养的能力目标，制定系统科学的培养目标

高职学生主要是以技能性知识学习为主，知识应用的范围较为广泛，智能化时代的到来对职业教育提出新的要求，单一的职业技能不能满足学生职业发展的需求。因此，在教育过程中不仅要满足学生对基本职业技能的需求，还要提升学生的综合能力和职业素养，坚持全人教育观，有效实现学生的多方面发展。坚持将职业知识学习与学生的个人成长有机结合起来，进而为社会培养出更多高素质的人才。在明确职业教育能力目标的基础上，进行系统化的产教融合设计。首先，组织行业专家和教育专家进行市场调研，搜集并梳理整合产业、市场对技术技能人才的新要求，重构职业教育人才培养目标，现代职业教育人才的培养不能局限于单一技能的培养，而是要培养具有综合素质全面发展的人才。其次，研究面向产业发展的能力目标，高职院校与企业深度合作，建立培训基地、复刻企业生产的真实场景，学习者通过亲身体验获得相关的知识与技能，通过过程培养，促使高职学生全面发展。再次，根据能力目标进行宏观层面的设计，将能力发展要素融入产教融合项目中，培养适应我国社会经济发展的高素质人才。行业专家与高校教师协同合作，完成高职院校人才培养方案的设计。在培训内容和思路上，由技能培训向全人素质培训与发展性培训转变。职业教育培育机制长期以来存在一个误区：注重技能培训，由于技能培训专注于某项技能的提高，其更具有针对性，学时短，见效快，因此，训练中广受青睐，如在当前的培训中大量开设计算机、统计学等方面的课程，但是随着终身教育理念的普及，相对于技能培训，全人培训以及发展性培训的理念被提到一个更加重要的位置。因此，在职业教育过程中，应该深入贯彻全人培训以及发展性培训的理念，在培训内容设置上应全面提高高职学生的素质与能力，使之成为全人，在培训模式上要突出发展性培训的理念，促进高职学生的全面和谐发展。② 最后，进行微观层面的系统化设计。新时代科技发展对于技术技能人才职业能力提出了新要求，有针对性地进行培养目标、设施

---

① 胡税根，莫锦江，李军良．公共文化资源整合绩效评估指标体系构建与实证研究［J］．理论探讨，2018（02）：07.

② 谢文新，欧阳秋景．外语类院校青年教师培育机制研究［J］．黑龙江高教研究，2014（01）：03.

设备、教学手段、师资配置、教学模块、教学过程、教学反馈等方面的系统化设计,保证职业院校的实践教学与真实的生产情境相结合。[①]

职业教育的发展需要多方协同完成,全面发展的人才的培养离不开社会各界的支持。高等教育随着生产效率的提高由边缘走向中心,与产业的依存程度逐步提高,高职院校通过提供高技能人才为企业发展提供智力支持。反之,产业发展支撑并推动职业教育发展,也促进学校不断提高人才培育水平,实现人才的全面发展。

[①]　何茜,黄蘋.中西部职业技术大学提升人才培养能力的关键路径[J].西南大学学报(社会科学版),2021(06):108−114.

读者意见反馈

为收集对教材的意见建议，进一步完善教材编写并做好服务工作，读者可将对本教材的意见建议通过如下渠道反馈至我社。

咨询电话　400-810-0598

反馈邮箱　gjdzfwb@pub.hep.cn

通信地址　北京市朝阳区惠新东街 4 号富盛大厦 1 座　高等教育出版社总编辑办公室

邮政编码　100029